U0910681

On Life

On Life

·世·界·文·学·名·著·典·藏·

On Life

论人生

[英]培根　著

刘慧　周英　等译

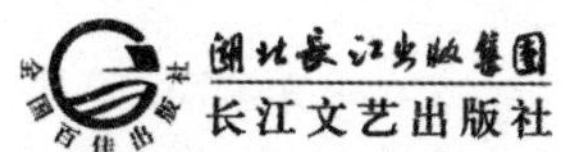

图书在版编目（C I P）数据

论人生 / （英）培根著；刘慧、周英等译. --
武汉 ：长江文艺出版社， 2011.6（2022.1 重印）
ISBN 978-7-5354-5011-1

Ⅰ. ①论… Ⅱ. ①培… ②刘… ③周… Ⅲ.
①随笔－作品集－英国－中世纪②人生哲学－英
国－中世纪 Ⅳ. ①I561.63②B561. 21

中国版本图书馆 CIP 数据核字(2011)第 037301 号

责任编辑：刘程程　陈俊帆　　　　责任校对：毛　娟
美术编辑：徐慧芳　　　　　　　　责任印制：邱　莉　　胡丽平
封面设计：异一设计

出版：长江出版传媒　长江文艺出版社
地址：武汉市雄楚大街 268 号　　　邮编：430070
发行：长江文艺出版社
电话：027—87679360
http://www.cjlap.com
印刷：三河市百盛印装有限公司

开本：880 毫米×1230 毫米　1/32　　印张：9.25　　插页：4 页
版次：2011 年 6 月第 1 版　　　　2022 年 1 月第 3 次印刷
字数：210 千字

定价：55.00 元

目　录

上卷：论人生

下卷：古人的智慧

导　读

有一句我们耳熟能详的名言，“知识就是力量”，这句话，让我们感悟到认知的重要，理解到精神的勃发，同时追逐着理性和智慧。而这句名言，正是大名鼎鼎的弗兰西斯·培根所说。这位被马克思称为“英国唯物主义和整个现代实验科学的真正始祖”，以其朴素的唯物主义观念诠释着世界物质，以其博学而充盈着科学界、文学界，是著名的哲学家、思想家、作家和科学家。

培根于 1561 年 1 月 22 日出生于伦敦一个官宦世家，良好的家庭教育使培根成熟较早，各方面都表现出异乎寻常的才智。在剑桥大学三一院校深造时，他对传统的观念和信仰产生了怀疑，开始独立思考社会和人生。此本《论人生》一书，是培根的散文集，分为上卷《论人生》和下卷《古人的智慧》，并以上卷名来命名。固然，丰富渊博的培根在科学界、自然界、哲学界都有着出类拔萃的成就，我们不能割裂他的社会思想和哲学思想来阅读他的文，然而，大师的造诣，即在于融会贯通了人文科学和自然科学，在于以他的人格魅力和思想魅力凝结成优美华丽的文字，供后来人感悟。

“论人生”诸文第一次出版是 1597 年，共 10 篇，第二次是 1612 年，共 38 篇，第三次是 1625 年，共 58 篇。培根在 1926 年去世，可以说将“论人生”断断续续反反复复地写了30多年，而这些文章被他经常修改、精雕细琢，其贯穿了作者思想发展的历程，融入了他的持续发展的成就，最终沉淀为经典之作。

本版《论人生》，不仅辑录了培根原著的小册子“论人生”的诸文作为上卷，而且汇编了其“论古人的智慧”等诸文等作为下卷。诚如培根所言，“古人的智慧，要么伟大要么幸运。如果创作者在创作之初，就将这些道理巧妙地运用于故事之中了，那么就伟大；如果创作者本无此意，但作品恰巧蕴含了如此卓越的思想，那么就是幸运。如果我自己的辛劳能为他们做点什么有益的事情的话，那么我想，要么是揭示古代，要么揭示事物本身”，在今天看来，我们不仅可以看到培根笔下的古人，而且更容易带着“审美距离”去看培根审视古人的视角，这不啻为一件妙事。

上 卷

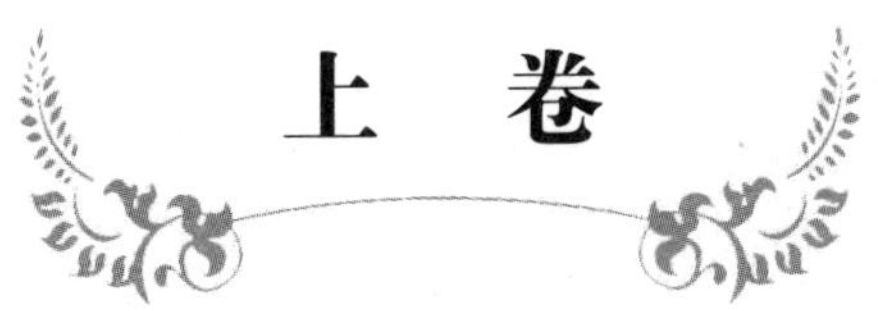

论 真 理

“真理是什么?”彼拉多曾这样嘲笑过[①]，而且他也不指望能够得到答案。当然，有些人的思想就是这样浅薄，并且认为一旦坚持某种信念，就如同戴上枷锁一般，思想和行为也就不会遵循自由意志了。虽然这一哲学流派的各个分支已经成为历史，但仍有些人继承了他们的余脉，尽管这些人的血统未必像古人那样纯正。但是，人们宁愿相信谎言的原因，不仅是因为慑于寻找真理的困难和艰辛，也不是惧怕找到真理后，发现真理会束缚人的思想，而是出于一种喜欢谎言的天性。希腊晚期有一位哲学家曾研究过这个问题，他不懂得谎言为什么能轻易地俘获人心，要知道，它仅仅是一个谎言而已，既不像诗歌一样，能给人带来愉悦的享受，也不像商道一样，能使人从中获利。我实在不明白，朴实无华的真理就像阳光一样，能照耀出人世间种种华丽外表下的真相，但这远远不如在烛光摇曳下，一切幻象都显得那么高贵优美。真理也许就如同珍珠一样，在日光下是最美丽的；但是它却比不上钻石或者红宝石，这些只有在多姿多彩的光芒折射下才最迷人。真假莫辨的谎言往往会给人带来快乐。一旦人们将心中那

① 见《圣经·新约·约翰音》第 18 章。彼拉多（Pontius Pilate）是罗马委任的犹太国总督。他审讯耶稣，当耶稣说，我来到世间是为了传播真理时，他嘲笑地说了这样一句话。

些虚妄的自以为是、自欺欺人的希望、错误的价值判断和随心所欲的想象去掉的话，许多人就会变得非常可怜和畏缩，心中充满了忧郁和不快，就连自己也会厌恶自己。对于这一点，难道会有人怀疑吗？

有一位先哲曾经不留情面地将诗比作“魔鬼之酒”，因为诗歌不仅充满了幻想，而且总是和谎言如影随形般在一起。真正有害的不是心中一闪而过的谎言，而是那渗入内心、根深蒂固的谎言，正如前面所说的那样。尽管世道败落，人心不古，但人们依旧会被真理所折服。因为真理既能评判自身，又能给予人们许多教益。热爱和追求真理，真正认识真理，敢于勇敢地面对和相信真理，并能够从中得到乐趣，也就是与真理同在，才是人性的最高境界。在上帝创造宇宙的最初几天里，他首先创造的是感性之光，最后才是理智之光。从那以后，上帝还在安息日将启迪的甘霖洒向世间。首先，他用光明照亮了混沌的世界，接着又用光明照亮了人类的心灵，最后还把他神圣的恩宠撒向了他的选民。有一个哲学派系，在其他的方面远不如其他学派，可是有一位诗人却使这一派系脱颖而出。他曾说过：“站在岸边，遥看大海上颠簸的船只是一件乐事；站在堡垒的窗前，观赏外面激烈的战争是一件乐事；但是没有一件乐事能与站在真理的高峰之上（一座高出一切的山峰，那里的空气永远是清澈而宁静的），目睹尘世间的种种谬误、迷途、障碍和风暴相比拟。”只要俯瞰的人永存恻隐之心，而不是心怀骄傲或自我膨胀，那么这句话说得好极了。当然，一个人若能以仁慈为念，以天意为皈依，并且以真理为行动指南的话，那这人虽身在人间却早已步入天堂了。以上是哲学和神学方面的真理，现在来谈谈实践的真理。即使是那些行为并不怎么坦诚正直的人，也承认光明正大是一种崇高的美德。而真假相混则有如掺有银子的金币，也许照样可以购买东西，但它们却失去了原有的品质。因为这些见不得人的勾当有如蛇的行走：它只能用肚皮爬行，而无法用脚走路。没有一桩罪行比虚伪和欺诈更能使人蒙羞。所以，蒙田在研究为什么说谎让人觉得可耻的时候，说过一句极好的话："深思一下吧！说谎者就是这样的人，他们在上帝面前大胆狂妄，但面对世人时却很怯懦。"因为说谎是一种敢于直面上帝却躲避世人的行为。可以说，谎言就是上帝前来执行末日审判时敲响的丧钟，对于虚伪的背信弃义者来说，是一个严肃的警告。正如预言所说的那样：基督重临的时候，将是在大地上找不到诚信的时刻。

论 死 亡

人类惧怕死亡，就像孩子害怕进入暗处一样。孩子与生俱来的恐惧，会随着他听到的故事传说而日益递增，人类对死亡的恐惧也是如此。

当然，冷静地看待死亡，会发现它只是罪恶的救赎，通往另一世界的必经之路，是神圣而庄严的。但是认为死亡是人对自然界的被迫纳贡，必定会深感恐惧，这是懦弱的表现。然而在宗教冥思中，又添加了一些虚妄和迷信。在一些修道士的禁欲教条中，你可以看到这样的言辞，说一个人应当自我反思：如果他的指端被挤压或受刑，那将会是怎样的痛苦啊！由此再想象一下死亡，全身腐败溃烂的痛苦更是无以复加！经历过多次死亡，远非肢体上的痛苦所能相比的。实际上，整个生命死亡的痛苦往往不及某一局部肢体受刑的痛苦；因为人体最性命攸关的器官并不是感受最灵敏的器官。一位哲人（当然也是世间的常人）说得好："对死亡的宣扬，比死亡本身更恐怖。"呻吟和抽搐、变色的面孔、朋友的哭泣以及丧服和葬礼，诸如此类，都使死亡更加令人惊骇。

然而，人类的心灵并非真的如此软弱，以致不能抵御对死的恐惧。既然一个人身旁有这么多的"侍从"，就一定能战胜死亡。因此，死亡并不是多么恐怖的敌人。对于死亡，仇忾之心可以战胜之，爱恋之心可以蔑视之，荣誉之心可以希冀之，忧伤之心可以奔赴之，恐怖之心可以预期之。不仅如此，我们知道在奥托大帝自杀以后，怜悯之情（这是种种情感中最温柔的一种）使得许多臣下以死殉主，他们的死仅仅是出于对至高无上君主的同情，很像是最虔诚的信徒。此外，塞奈喀认为还有苛求和厌倦这两样，他说："试想你做同样的事有多久了。不只勇敢的人和贫困的人想死，厌倦无聊的人也求一死。"一个人虽然既不勇敢，也不贫困，却会因为厌倦了反复做同一件事而去寻死的。同样值得注意的是，死亡的临近难以改变那些精神超拔的人，因为直到生命的最后一刻，这些豪杰之士依然故我。奥古斯塔斯大帝死时还在赞颂他的皇后："永别了，丽维亚，请你终身都不要忘记我们的幸福婚姻。"提比乌斯到死都如此虚伪，如史家泰西塔斯所谓："提比乌斯的体力日渐衰退，但他的虚伪没有因之改变。"维斯帕显临死时还在说笑话。他坐在一个凳子上说："我想我正在成仙啊！"加尔巴临死还说出了这样的豪言壮语："砍罢！假如这样做有益于罗马的人民！"他一边说着，一边伸出脖子。塞普谛米犹斯·塞外拉斯死得很干脆。他说："假如还有什么我应该做的话，快点动手吧。"诸如此类，不一而足。那些斯多葛学派的哲学家把死亡的价值抬得很高，然而正是因为他们对于死亡准备充足，死亡才显得更加可怕。"他把生命的终结看做是自然的恩惠之一"，这句话说的很对。

死和生一样，都是很自然的事情。对于刚出世的婴儿来说，生和死也许都同样痛苦。死于狂热追逐的人，就像因受伤而喷洒热血的人一样，彼时彼刻是不觉得痛楚的。因此一颗坚定的、向善的心灵，是能够免于死亡的痛楚的。但是，最重要的是请相信，人生最美好的挽歌就是当一个人获得了圆满的结局和期望之后所吟唱的那样："主啊，如今请你让你的仆人离去。"死亡还有一点，那就是它打开了荣誉之门，熄灭了嫉妒之心——一个人如果生前遭嫉恨，死后将受人爱戴。

论宗教一统

作为维系人类社会的纽带，宗教本身也能处于真正的统一维系之中，自然是一件好事。关于宗教的争执和分裂是异教徒所没有的。原因是异教徒的宗教并没有任何坚定不移的信仰，只有繁缛的仪式和典礼。他们教会中的主要导师和神父乃是诗人，由此你可以想象，他们的宗教该会是怎样的虔诚。但是，只有真正的上帝才葆有这种特质，那么他就是个“嫉妒的神”；因此，他所崇拜的宗教决不容许有任何混杂，也不容其他人介入。故而，我们想就教会的统一说几句话，所说的无非是结果怎样，其间有怎样的界限以及达成的手段是什么。

统一的结果（仅次于得上帝的喜悦，这便是至善至美的）有二：其一是对教会以外的人而言，其二是对教会内的人而言。对于前者，异端和分裂无疑是所有丑事中最丢人的：的确，这些甚至比伤风败俗还糟糕。因为，肉体上的创伤或割裂比堕落的性情更坏？精神方面也是如此。所以，再没有比“破坏统一”更能使教堂之外者无法进入，而教堂之内者却急欲逃离。因此，每当这种情形发生，有人就会说：“看哪！他在旷野之中！”也有人会说：“看哪！他在密室之内！”也就是说，有人在异端的秘密集会里寻找基督，另外一些人在徒有其表的教堂里寻找基督。这时，人们的耳畔就会回响起一句话：“不要出去！”外邦人的宗师（他所肩负的使命的特性，就是使他对于教会之外的人特别注意）曾说："假如一个异教徒进来，听见你们七嘴八舌地说话，难道他不会说你们是疯了吗？"而且，倘若无神论者和世俗之人得知宗教之中有如此多矛盾冲突的话，他们的意见比上面所说的异教徒好不到哪里。这肯定会使他们离开教堂，径直走向并坐上嘲弄者的位置。显然，这件事如此说来有些言过其实，却很好地表现过失之处。有一位戏谑大师在他的虚构丛书中列下这样一个书名：《莫里斯——异端教派之舞》。实际上，从异教各个流派不同的态度和卑鄙模样来看，这不能不招致世俗轻薄之徒和下流政客的讥诮，这些人本来就惯于污蔑神圣的事物。

至于宗教统一的结果，对教中人来说，那就是和平，这本身就包含了无限的福祉。和平能够建立信仰，能燃起仁爱之心，教会外在的和平会演化为内心的宁静，而且还会将撰写和阅读争论文章的工夫，转移到忏悔和敬神著作的论述和阅读方面去。

关于统一的界限，其真正位置是至关重要的。在这个问题上似乎有两个极端。在某种激进派看来，所有公允调和的言论都是可憎的。"耶户①，这是和平么？你与和平有什么相干？你转到我身后吧。"和平对这一派的人来说不算什么，党派反而更加重要。与之相反，某种教派一味追求妥协折衷，他们认为自己可以公允巧妙地调和宗教上的问题；好像他们能够在上帝与人类之间作出公断似的。这两种极端都应当避免，趋避之道，在于知晓基督自己为基督徒手订的盟约中那两则相反相成的条文，并将它们解释清楚。这两则条文分别是"不帮助我们，就是反对我们"和"不反对我们，就是帮助我们"。以这两则条文解释基督的盟约的人，就是要把宗教基础中最实际的要点，同那些并不纯粹属于信

① 耶户：《圣经》人物之一。

仰而是有关分歧、教派以及居心的问题真正区分开来。这在许多人看起来也许无关紧要，并且是已经身体力行了。但是，如果做这件事的时候少一些党派之见，那么它将会得到更加广泛的拥护。

关于这个，我给出的仅仅是一己之见，也是微不足道的。人们应该注意到，千万不要因为争论而分裂上帝的教会。一种是所争的事过于细微，根本不值得激烈地争执，一切都是因辩驳而起。基督教中一位早期的著作家曾经说过："基督的外衣的确是无缝的，但是教会的衣服却是斑驳陆离的。"因此他说："服色不一，可以听之任之，但千万不要有割裂。"原来"统一"与"划一"是两码事。还有一种就是争执事关重大，然而争论到了后来趋于微妙或模糊，以致这种争论会流于技巧，而不切实际了。一个有判断力和理解力的人有时会听见一些无知的人表示不同的意见，虽然他心里很明白这些指的是同一件事，但是他们自己却决不赞同。因为人与人之间的判断力不同，所以就会导致这样的情形发生，我们就不能相信天上那明了世人之心的上帝，难道他能看出人们争论的其实是一件事情，并且接受双方的意见吗？像这样的争论及其性质，圣保罗曾经在他的关于本题的警告和教训中完美地表达出来了："避免世俗的新说以及故意制造敌视对立，这是一门似是而非的学问。"人们制造出实际并无冲突的矛盾，并将这些冠以新的名词，然后又赋予这些名词以本来应有的意义。事实上，名词反而支配了意义。"统一"亦有两种假相：一种是以绝对的愚昧为基础，因为在黑暗之中所有的颜色都是一样。另一种是以干脆接受根本要义上矛盾之处牵强而成的。这样一来，真理与谬论就像尼布甲尼撒王梦见的神像脚下的铁和泥一样；他们也许互相依附，但无论如何也不会融为一体①。

谈到达成统一的方法，人们必须注意，不要为了达到或增强宗教统一的目的，而消灭和毁损了博爱的教义和人世的准则。基督徒有两把剑，精神的和尘世的，二者在捍卫宗教尊严上都有责任和地位。但是我们不可以拿起那第三口剑来，那就是默罕默德之剑，或是与它同类的剑。也就是说，不可以战争为传教布道的工具，或者通过流血牺牲的手段强迫人信教，除非是遇见有明目张胆的丑事、亵渎神明的行为，或者当宗教陷入不利国家的阴谋之时。更不可暗蓄异志；明助阴谋和反叛；授平民以刀剑。诸如此类，旨在颠覆政府的行为都应避免，因为政府是上天所定下的秩序。如不避上述种种，就用记录上帝旨意的第一块石牌猛烈撞击第二块石牌，把人类当作基督徒看，而忘了他们也是人。诗人卢克莱修见阿伽门农忍心让他的女儿牺牲，不禁喟叹曰：

“想不到宗教逼人为恶乃至于此。”

假如他知道法国的大屠杀②和英国的火药案③，不知他又会有怎样的感慨。恐怕他要变得七倍于原来的享乐主义和无神论。因为那口尘世的剑，在因宗教而拔出的时候，需要极端的审慎。一旦将它放在普通民众手里，就变得非常荒唐了。这种事情留给那些再洗礼论者和别的妖魔罢。当魔鬼说“我要上升并且要和至

---

① 这是一个关于世界列国兴衰的预言：当巴比伦王尼布甲尼撒掌握世界王权的时候，他梦见一个巨大的人像，头是金的，胸膛和膀臂是银的，肚腹和腰是铜的，腿是铁的，脚是半铁半泥的。见有一块非人手所凿出来的石头，打在这半铁半泥的脚上，把脚砸碎，于是金、银、铜、铁、泥，都一同砸得粉碎……先知向尼布甲尼撒王解释这个梦说：“王啊，你是诸王之王，就是那金头。在你以后必另兴一国，不及于你。又有第三国，就是铜的，必掌管天下。第四国必坚壮如铁，也必打碎压制列国。你既见你的脚和脚指头，一半是泥，一半是铁，那国将来也必分开。脚趾头既是半铁半泥，那国也必半强半弱。你既见铁与泥掺杂，那国民也必与各种人掺杂，却不能彼此相合，正如铁与泥不能相合一样……”（参见但以理书第二章）

② 1572年，法王查理六世对胡各诺新教派的大屠杀，共有六万余人丧生。

③ 1605年，英国天主教徒福克斯企图用火药炸死英王及其议员，结果未遂。

尊一样”的时候，那是对神明的极大亵渎；但要是把上帝安排成某种角色并使这角色登台说：“我要下降并要和黑暗之王一样”，这是更加极端的渎神之言。一旦宗教的大义堕落为谋杀君主，戕害人民，颠覆国家与政府的那些残忍而可恨至极的行为，与上述的渎神言行相比，哪个比较好一点呢？当然，这样亵渎圣灵的言行，有如应把圣灵的像画作鸽子却画成兀鹰或渡鸦，基督教会的船上悬挂着一面海盗或刺客的旗帜一样。因此教会必须借教义和教律，国君必须借助手中的剑和胸中的才华（有关教会以及伦理的），借助诱导的力量（如神的禅杖一样）把那些倾向于拥护上述诸恶的行为和意见的人，明确其罪名并将之投入地狱，就像一大部分人已经做到的那样。在关于宗教的言论中，那位使徒的话无疑应当引以为戒：

“人的怒气并非出自上帝的正义。”

又有一位明智的早期教会作家说：“凡是施行或劝人压迫他人的人，多半是为了自己的利益的。”

论 复 仇

复仇是一种疯狂的审判，人类的天性越趋向于它，法律就越应当把它铲除。因为，那最初的罪恶不过是触犯了法律。复仇却是离经叛道，致使法律的地位受到威胁。

当然，采取报复行为只能使你与对手平起平坐，而原谅你的敌人，将使你比敌人高出一筹。因为，宽容是一种君王般的气度。我确信，正如所罗门所言："一个人如果有怨仇而不报，那是他的光荣。"过去的事情已经过去了，一切无法挽回。聪明人着眼于现在和将来，真正值得做的事情还很多，念念不忘过去只是枉费心机。没有人做恶是为了食恶果，相反却是为自己寻找利益、乐趣、荣耀和希望等。因此，我犯得着因为别人爱自己胜于爱我而生气吗？如果有人纯粹因生性邪恶而犯下过错，那又怎么样呢？正如荆棘和石楠只能给人们带来伤痛，要知道，它们除此之外不会做别的事情。

然而，有一种复仇行为是最值得原谅，因为那是为了惩治法律没有惩治的恶。即便如此，仍需注意：复仇的行为要能逃脱法律的惩处才行，否则他的敌人仍会处于优势，因为他要比敌人多受一次伤害。有些人在复仇的时候，会让对方知道仇恨的来源，这样做比较大度。因为复仇的快乐不在于使对手受到伤害，而是让他悔恨莫及。那些卑鄙狡诈懦弱的人，就喜欢在背后放冷箭。科斯莫斯·佛罗伦萨公爵有句犀利的谚语，是有关背信弃义的。

大致意思是说背叛是不可饶恕的，他说："你可以在圣书中读到基督教我们饶恕敌人的话，可是你永远读不到有教我们饶恕朋友的话。"然而约伯的精神境界更高，他说："难道我们只想从上帝手中得到好的，而不要坏的吗?"依此类推，朋友也应当如此。的确，如果一个人一直念念不忘复仇，自己的伤口也会永远新鲜如初。如果他淡忘复仇，伤口就会慢慢愈合。

公开复仇的结局多半是比较好的：例如为恺撒而死，为波提拿克斯而死，为法兰西亨利三世而死以及许多类此的复仇事件。然而，私底下则不尽然。复仇心重的人，整天过着人不人鬼不鬼的生活。这种人活着对别人有害，死了也不会善终。

论 厄 运

塞内卡有一个模仿斯多葛学派的高论："幸运的好处给人以希望；但是，不幸的好处是带来钦佩。"的确，如果有超越自然的奇迹的话，那么它多是在逆境中诞生。塞内卡还有一个更高明的论述（这话从一个异教徒口中说出，简直不可思议）："一个人，既有凡人的脆弱，又有上帝的庇护，那才是真正的伟大。"这句话如果出现在诗歌中，也许会更好一些，因为诗歌允许这种夸张的手法。诗人们确实也常常这样说，因为这句话实际就是古诗人常说的那个奇谈中所说的——虽然这个奇谈似乎并无神秘之处；非但如此，它所描写的还很有些接近基督徒的情形：当赫克利斯去解救普罗米修斯（他是人性的象征）时，他坐在一个陶盆或瓦罐里渡过了浩瀚的大洋。这个故事生动地描绘出了基督徒的决心——以血肉之躯渡过世间的惊涛骇浪。但用通俗的说法来说，幸运所带来的美德是节制，不幸所带来的美德是坚韧。从伦理上来讲，坚韧是一种更加伟大的美德。

幸运是《旧约》的福祉；厄运是《新约》的福祉；而厄运所带来的福泽更大，上帝所昭示的恩惠也更明显。然而即使在《旧约》中，如果你去聆听大卫的琴声，将听到与颂歌一样多的哀歌；并且，用圣灵之笔描绘约伯的痛苦，比描绘所罗门的幸福更加吃力。幸运并非没有太多的恐惧与烦恼；厄运却会带来太多的安慰与希望。在手工和刺绣中，我们常常发现，在沉郁的底子上绣上鲜艳的图案，比在明快的底子上绣上深色的图案令人赏心悦目得多，因此可以从眼中的乐趣推断心中的快乐。的确，美德犹如檀香，经燃烧或轧碾而释放出更多的芬芳，因为幸运最能暴露邪恶，厄运最能彰显美德。

论作伪与掩饰

掩饰不过是策略或机智中较差的一种，因为要知道什么时候应该说真话，什么时候做实事，需要极强的头脑和心胸。因此政治家之中较差的一流，是那种善于掩饰的人。

泰西塔斯说："丽维亚同她丈夫的智谋和她儿子的虚伪不相上下。"就是说奥古斯塔斯有智谋，而泰比瑞阿斯善于掩饰。再如，当缪西阿奴斯劝维斯帕显举兵攻打维泰立阿斯的时候，他说："我们现在发起进攻，反对的并不是奥古斯塔斯的洞察力和判断力，也不是泰比瑞阿斯的极端审慎或隐蔽。"这些特质——权谋或策略与掩饰或隐秘——确是一种习惯与能力，并且是应当区分的。因为假如一个人有非凡的洞察力，能够看得出哪些事应当公开，哪些事应当保密，哪些事应当在半遮半掩中略露一二，并且看得出何时这样做，对何人有利（这些正即是泰西塔斯所谓的治国与处世的良策）。如此说来，这种掩饰的习惯对他而言是一个障碍，也是一个弱点。但是假如一个人达不到那种明察秋毫的地步，凡事都不得不谨小慎微，最终成为一个掩饰者。因为一个人在不知道如何选择和变通的时候，一般来说，选择最安全最谨慎的途径比较好。就像视力不佳的人，最好走得慢一些、轻一些。当然，最有能力的人从来都是行事坦白而直爽，这一切都是实至名归的；如此一来，他们就像训练有素的马一样，深谙何时该停下，何时该转弯。当他们认为需要掩饰的时候，他们自然会去掩饰。因为他们一直以忠实正直的形象出现，而且英名远播，所以很少为人们所怀疑。

这种自我掩饰分三等：第一是秘而不宣、缄默不语和保守秘密；就是不让别人有机会看出或推测出他的为人。第二是消极地掩饰；就是故意露出某些端倪和迹象，掩盖自己的真正为人。第三是积极作伪，主动骗人；就是故意装出他原本不是的那种为人。

说起第一件事——隐秘，这真是一位忏悔神父的美德。能保守秘密的人确实可以听到许多忏悔。因为谁肯向一个喋喋不休的人自白呢，因为他有泄密的可能。但是一旦某个人被认为能保守秘密，就会有人向他倾诉，就好像密闭的空气会摄取外界的空气一样；又比如在忏悔中，吐露心迹并没有实际的意义，仅仅是为图一时痛快。这样一来，口风较紧的人能知晓很多的事；毕竟人们大多喜欢宣泄心事，而不是增加心理负担。简而言之，秘密能够称之为秘密，取决于是否能够保密。另外，裸露（无论是精神的还是肉体的）总是不美的；一个人的行为举止如果隐而不露，便会令人更加尊敬。至于饶舌之人，多半虚妄而且轻信，他不但知无不言，其所不知的也会言无不尽。因此，切记：养成保守秘密的习惯，对于为人处世以及修身养性都是有益的。而且在这一方面，一个人的面部表情最好不要随着说话内容而变来变去的。一个人在掩饰的时候，最好表情自然一些。要是一个人的内心可以通过表情流露出来，这是一个很大的弱点，是对自己的背叛，其引人注意和取得信任的力量有时甚至超过语言，这弱点有多大就可见一斑了。

说到第二种，也就是掩饰，必然常常与做事隐秘如影随形般互相依存。所以一个人若要做事隐秘，他就不得不在某种程度上成为一个掩饰者。因为人们都是非常狡黠的，断不允许一个人在坦白与掩饰之间保持中立。而从表面来看，做事隐秘实际上不偏袒任何一方。这样的一个人，人们必定会百般诘问他，设法引他上钩，并使之吐露出心中的秘密。所以，除非他打死也不开口。

或者，即便他守口如瓶，人们也会从他的缄默中推测出潜台词。至于说一些模棱两可、含糊其辞的话，也不是长久之计。所以没有人能够保守秘密，除非他给自己留一点掩饰的余地。可以说，掩饰是做事隐秘的辅助手段。

但是说到第三等，那就是作伪或欺骗。我认为，这些伎俩除了在重大与罕见的事件中运用外，多是罪过大于聪慧的。因此，一种普遍的作伪习惯（也就是这最下等的一种）是一种罪恶。其起因或者出于天性中的好伪或胆怯，或者源于一种严重的心智缺陷。这种缺陷是因为一个人不得不掩饰，这让他在别的方面也作伪，以免会被别人抛弃。

作伪与掩饰有三大益处：第一是当对手麻痹大意之际，自己可以出其不意。因为一个人的意图一旦公之于众，就等于拉响了让所有敌人做好戒备的警报。第二是为自己留下安全的退路。因为一个人要是明说要做什么，反而会束缚自己，他要么一条道儿走到黑，要么就会在途中栽跟头。第三是可以较好地看透别人的心思。因为对于敢于泄漏自己秘密的人，别人几乎不会对他有什么敌意的，反而会干脆让他继续说下去，这样他们就会由言论的自由变为思想上的自由。因此西班牙人有一句成语说得好："撒一个谎就会发现一个真相。"这话仿佛是说，除了作伪之外，没有什么能够获得真相了。公允地说，作伪与掩饰也有三大弊端：第一，作伪与掩饰通常总带有一丝畏怯，以这种恐惧的态度处理任何事，都不免有阻挠直达目的之处；第二，作伪与掩饰让许多人感到迷惘和莫明其妙，这样让本来有可能会助他一臂之力的人不解其意图。这样一来，作伪的人只好单枪匹马，一切都只能靠自己；第三种也是最大的弊端，就是作伪与掩饰会使一个人丧失信任——这是为人处世的主要凭借。在这方面要做到万无一失，最好的办法是，在涉及名誉和观点方面开诚布公，要养成保守秘密的习惯，在合适的时候，也可以适当地作一点伪。倘若不是万不得已，不要轻易撒谎。

论父母与子女

父母的欢欣是不常溢于言表的，悲伤与恐惧都是这样。他们不会说出自己的欢欣，也不会泄露自己的忧伤与恐惧。孩子让辛苦充满了甜蜜，但孩子也会让不幸更加苦涩。他们让人对未来充满忧患，也会淡化死亡造访的痛苦。人和动物一样，会世代繁衍下去，但英名、美德和伟业却是人类特有的。而人们也确实应该明白，世间最伟大的功勋都是那些没有子女的人所创下的。既然他们在身体方面遭到挫败（不能传宗接代），只好通过精神上的丰功伟绩来证明自己。从这个角度来说，他们这些没有后代的人，反倒成了最关心后代的人。那些最早立下功勋的人最容易纵容儿女，他们不但把孩子看作自家香火的延续，而且也是自己事业的延伸。因此，他们对自己的孩子与自己所造的事物都是一视同仁。

父母对几个子女的宠爱常常是不平等的，有时甚至不合理。对母亲来说尤其如此。正如所罗门所言："聪明的孩子使父亲欢乐，没有教养的孩子使母亲蒙羞。"在子孙满堂的家庭中，人们常常会尊重其中最年长的一两个，对最小的却非常偏爱，而居中的几个仿佛已被人遗忘了。事实证明，他们往往是最好的孩子。

在金钱方面，如果父母对孩子过于吝啬将会贻害匪浅。因为这将使孩子自感卑贱，从而学会投机取巧，乃至与品质低劣的人为伍。即便他们变得富有之后，也会过分放纵贪念。因此，父母对孩子们要求严格些，但在金钱花费上要放得宽松些，这样做才最好。人们（尤其是父母、老师以及仆人）有一种愚蠢的做法，就是在几个兄弟的童年时期，使他们养成一种竞争的习惯。但他们长大成人后，往往会兄弟失和、家庭不睦。意大利人对自己的子女及侄甥或近亲几乎一视同仁。只要他们是本族，即使不是自己亲生的也视如己出。说真的，自然界也大抵如此。有时我们会发现，侄子非常像他的叔伯或某位同族，而不是他的父亲，这是因为他们血脉相连的缘故。

父母应当及早选择他们认为孩子应当从事的职业及训练，因为在那个时候孩子最具有可塑性。同时父母也不能过于注重孩子的意向，以为他们最乐意做的就是最好的。如果孩子的喜好和能力是超群绝伦的，那么最好不要拂逆他，这是千真万确的；但是就一般情况而言，下面这个原则更加适用："选择最好的（职业或训练），习惯会将它变成合适和容易的。"子女中没有继承权的幼子一般比较幸运，但如果兄长被剥夺了遗产继承权，他们就会坐享其成，很少或决不会成就大业了。

论结婚与独身

有家室的人等于已经向命运之神做了抵押，因为妻子和孩子是干大事业（无论是善举还是恶行）的拖累。无疑，最有益于公众的伟业和善举往往来自那些无家室的人。因为这些人把自己全部的爱与财产以及自己的一切都献给了他们唯一的情人——公众。然而按理说，有子嗣的人应当最关心将来，他们知道，一定得把自己最贵重的抵押物留给自己的后代。要知道，有些人也是孑然一身，却仅仅考虑自己如何善终，根本不在乎未来如何。而且还有些人只是把妻子和孩子看成经济上的累赘。更有甚者，那些愚蠢而贪婪的富人竟以无子嗣为豪，自以为在别人眼中显得更加富有了。也许他们听过这样的对话：一个人说，“某某人是个大富翁”，而另一人却不以为然，说，“是的，可是他的儿女却是很大的拖累。”好像儿女会瓜分他的财产一样。然而，人们选择独身生活最常用的借口是自由，尤其是那些自得其乐的可笑之人，他们对于各种约束都很敏感，所以差不多连腰带袜带都觉得是锁链似的。独身的人是最好的朋友，最好的主人，最好的仆人，但却不是最好的公民。因为他们随时可以逃跑，差不多所有的逃犯都是独身。独身生活比较适合僧侣，因为仁爱之举若必须先把自己的池塘注满，则难以广泽四方。至于法官与其他官员，是否独身关系并不大。因为他们如果自身腐败而且易听谗言，一个坏幕僚的祸害足以抵上五个妻子。而军人，我知道，将帅们有时会让他们想想自己的妻儿，以此来鼓舞士气。我还认为，土耳其士兵之所以更卑鄙无耻，是因为土耳其人不尊重婚姻。妻子和儿女对于人类的确是一种考验。独身的人，虽然他们往往很乐善好施，一方面是因为他们的钱财不易消耗，而在另一方面，他们较为残忍无情（这很适合当审判法官），因为他们的仁慈之心很少被唤醒。庄重的人常会受到风俗的影响，因而矢志不渝，所以世间多有情爱甚笃的丈夫，正如古人评价尤利西斯那样："他宁愿要他的老妻，也不愿意长生不老。"贞洁的女性往往骄傲不逊，正是因为她们自恃贞洁。假如她相信自己的丈夫是聪慧的，她就能够保持贞操及柔顺的特性；然而假如这妇人发现丈夫猜忌心重，她的这种美德或许就不保持了。妻子，是年轻时的情人，中年时的伴侣，老年时的佣人。所以，只要一个人愿意，他任何时候都有娶妻的理由。然而有一个被大家公认为智者的人，人家问他，人应当在什么时候结婚？他答道："年青的时候不应该结婚，年老的时候更不该结婚。"常见并不出色的丈夫经常会娶到好妻子；其原因也许是他偶尔表现出的优点格外珍贵，也许是做妻子的会因自己的耐心深感自豪。但是有一点是永远肯定的，那就是，如果这种失败的婚姻是她们自己不顾亲友的反对而选择的，那么她们就一定要自食其果了。

论 嫉 妒

人的各种情欲之中，没有一种可以比恋爱和嫉妒更令人着迷入魔了。这两者都有很强烈的愿望，很容易引发虚妄的幻想和暗示，而且都通过人的目光表现出来，尤其是当对象在场的时候，这些都是蛊惑形成的原因——假设有蛊惑这回事的话。由此，《圣经》中将嫉妒叫做“凶眼”，而占星家把星宿的坏影响叫做“恶象”，所以有人认为，嫉妒的言行似乎像目光一样可以投射出去。不但如此，还有一帮好事之徒，竟说嫉妒者的目光最伤人的时候，正是受嫉妒那人鲜花着锦、烈火烹油之际；因为这种情形让他那颗嫉妒的心越绷越紧。再者，在这种时候，那受嫉妒者的得意之情往往溢于言表，因而他受到打击也是必然的了。

现在暂且撇开这些奇谈怪论（虽然在某些恰当的时候，它们并非毫无道理），先来谈谈哪种人最容易嫉妒；哪种人最容易受人嫉妒；以及公妒与私妒之间的区别。

首先，那些无德之人常常嫉妒有德之人。因为如果一个人心灵之营养不能取之于自己的好处，就要取之于他人的坏处，并且缺乏这二者之一的人一定要设法使得两者兼备。要是有人根本没有希望达到他人美德的高标，他就一定要设法压抑别人的幸福，以此来求得内心平衡。

凡是爱打听消息的好事之徒每每善妒。要知道，他之所以劳心费力地刺探他人的情况，不是因为这些劳碌与自己利害相关，而是因为他通过观察别人的祸福而得到一种看戏般的快感。而且，一个人如果专注于自己的事情，就不会一心为嫉妒搜集素材了。因为嫉妒是一种追求刺激的欲望，像在大街上徘徊而不肯回家的人，正所谓："没有好管闲事而不心怀恶意的人。"

对于那些新晋们的飞黄腾达，生来就是贵族的人常常心怀嫉妒。在新晋们腾达之时，一般贵族中人常常流露出嫉妒之情。因为两者之间的距离发生了变化，好像一种视觉上的错觉一样，他们认为别人在前进，而自己早已落后了。

身有残疾者、宦官、老人与私生子都很善妒。因为自己的一切已经于事无补，就要竭力损毁别人所拥有的，这样才能抬高自己。除非这些缺陷落在一个英勇伟大的人身上，这样一来，他与生俱来的缺陷就会成为荣耀的一部分。他们希望别人说一个宦官或一个跛子竟作了这样的大事，那就是一种传奇般的荣耀了。例如宦官拿尔西斯和跛人阿盖西劳斯及帖木儿即是如此。

同样的，经过大灾大难而再东山再起的人也富于嫉妒心，因为这些人与那些不合时宜的人一样，以为如果别人受到损害，自己的痛苦也就得到了赔偿。

那些浮躁虚荣往往想在各种领域都出人头地之辈，他们的嫉妒心也很强。在他们不可能事事都比别人强，肯定会有人超过他们的，既然如此，他们就很容易能找到嫉妒的缘由。这就是埃德烈安皇帝的特性，他非常嫉恨诗人、画家与能工巧匠。因为在这些领域，皇帝本人的确是有些过人之才的。

最后，亲戚、同事、与一起长大的发小，原本大家都是平起平坐的，一旦有人飞黄腾达，就会催生嫉妒之心。因为这些发达者的幸运更加衬托出他人的平庸，让他们受到伤害。而且，这些发达者经常在同辈的记忆之中挥之不去。同样，更容易引起他们的注意。这种嫉妒之心更会因人们的交口称赞而一发不可收拾。该隐对他的兄弟亚伯的嫉妒是很卑劣和恶毒的，虽然亚伯的供品被上帝看中时并没有人在场旁观，也不至于太丢面子，但是该隐还是杀死了自己的弟弟。以上内容是关于容易嫉妒别人的人。

现在姑且来谈那些多多少少会遭人嫉妒的人。第一，对于那些品德高尚的人，品德越是高尚，受人嫉妒的几率就越小。因为他们的幸福似乎是他们应该得到的。人们不会嫉妒偿还债务的人，但是却会嫉妒那些得到过当的赏赐和报酬的人。再者，嫉妒总是在与别人攀比的过程中产生的，没有比较的地方就没有嫉妒，因此皇帝除了受皇帝的嫉妒外，不受他人的嫉妒。然而应当注意的是芥微之人在崭露头角的时候最受人嫉妒，时间一长，这种嫉妒才会消歇。反之，功勋卓著的人在福祉绵延时最受人嫉妒。因为那个时候，虽然他们的德行仍在，但其光芒却不如从前了。要知道，后起之秀们早已使他的这些德行黯然失色。

生来就是贵胄的，在腾达时不怎么受嫉妒。因为那好像是他们与生俱来的权利。并且他们的显贵不见得在他们的幸福上增色多少。嫉妒之心有如阳光，照射在危岸沙滩或高地上，比射在平地上要炙热得多的。因为同样的缘故，那些逐渐发达的人们较之那些突然腾达，一跃而跻身于贵显之列的人们是少受人嫉妒的。

如果他们的荣耀是非同寻常的劳苦、忧虑、或危险换来的话，这些人是少受嫉妒的。因为人们认为这些人的荣耀来之不易，并且有时还可怜他们，而怜悯永远能够治疗嫉妒。因此你可以看到那较为深沉庄重的政界要人，虽然地位显赫，但他们总是自嗟自叹，说他们过着何等不快的生活，唱着“我们是何等地受苦”之类的歌曲。这并不是他们的真正感受，而是要防止被嫉妒的锋芒所伤。但是这种嗟叹所指的要是别人给他们加上的负担才行，不可以指向自己孜孜以求的事业。原因是，再没有什么比野心勃勃的揽事之人更增别人的嫉妒的了。再者，一个大人物如果能使所有居于下位者保持所有的权利和适当的身份，再没有什么比这个更能消灭嫉妒的了。因为这种办法将他与嫉妒远远地隔开了。

最甚者，有些人在大富大贵的时候，表现出一种桀骜不驯的态度。这样一来，他们最容易成为受嫉妒的对象。这些人总要彰显自己的伟大才会心满意足——或通过外表的奢侈浮华，或者通过克服一切反对与竞争；而智者则宁可做自己的事情，也不去嫉妒别人。甚至在自己不怎么关切的事件中，他们故意让人阻挠或压倒。然而，说真的，若以一种朴素坦然的态度来处尊荣（那就是不带丝毫的骄矜与虚荣），比起那种狡诈多黠的态度来，要少受人嫉妒一些。因为在后一种举止里，那人简直就是表明他不配享受那种幸福，并且还好像也很明白自己毫无价值，这就像是教导别人来嫉妒自己。

最后，来总结一下这一部分：我们一开始就说嫉妒行为具有一点儿巫术的性质，那么要治愈嫉妒，除了“祛魅”之外再没有别的方法。也就是除去人们所谓的“妖气”，使之落到别人身上。为了这个目的，绝顶聪明的智者总会让他人粉墨登场，这样一来，那本要落到智者身上的嫉妒心转到那些人身上去。有时这嫉妒会落到下属或仆役身上；有时落到同事或朋友身上；诸如此类，不一而足。总有一些莽撞的好事之人，只要能够得到权利和职务，什么代价都愿意付出，哪怕是受人嫉妒这样的事情。

现在且来谈谈公妒。公妒至少还有一点好处，而私妒则一点好处也没有。因为公妒好似一种古希腊的流刑，会在一些人位高权重时压制他们。因此，公妒对于大人物来说是一种制约，可以使他们不至于跨越雷池。

这种公妒，拉丁语叫做 Invidia，今天称之为“公愤”；关于这个，我们将在《论叛乱》中再说。对国家来说，这仿佛是一种疾病，其结果和感染了病毒一样。因为正如病毒可以侵袭本来健康的肌体，并使之饱受痛苦。国家如果激起了“公愤”，将会感染国家最好的举措，使之变得臭不可闻。所以，如果为政者分不清怎么做会得民心，怎么做会失民心，那样绝少会取得成功。因为那样只不过是一种懦弱的表现，一种对嫉妒的畏惧，这对国家是有百害而无一利的。这正如人们通常感染病毒的情形一样。你要是怕它们，就千万不要招惹它们上身。

这种公愤好像是主要针对那些重臣高官的，而不反对帝制本身。但这是一条可靠的定律，就是假如某位大臣激起了很大的公愤，但却很少是因为他本人的缘故。或者这种公愤是遍及于国中之每一位大臣；那么这种公愤（虽然藏在冰山之下）对国家真的很不利。以上谈的是关于公妒或公愤及其与私妒的差别，关于私妒我们前面已经说过了。

关于嫉妒这种情绪，我们总的再来说几句：就是在一切的疾病中，嫉妒是最胡搅蛮缠和最历久弥新的。因为对别的情绪来说，其起因不过是非常偶然的，而激发嫉妒的原因每时每刻都有。因此古人说得好："嫉妒永不休假"，因为它老是在这人或那人心上活动。此外还有人注意到恋爱与嫉妒会使人消瘦，而别的情绪则不会这样，因为它们不如恋爱和嫉妒那样持久。嫉妒也是最卑劣最堕落的情绪，所以嫉妒是魔鬼本来的特质。魔鬼被叫做"那个夜间在麦子中种下稗子的嫉妒者"。嫉妒永远都是这样：使用那些见不得人的阴谋诡计，暗中损坏好的东西，正如田里的稗子之于麦子。

论 爱 情

舞台上的爱情，比人生中的爱情更有欣赏价值。因为在舞台上，爱情可以不断地提供喜剧素材，当然有时还会提供悲剧素材。但对于人生，它带来更多的是伤害。有时它像一个能迷惑人的妖女，有时又像一位复仇女神。你可以看到，所有真正的伟人（只要他们永铭于人们的记忆中，不管是古人还是今人），没有一个因狂热爱恋而如醉如痴，这说明崇高的人和伟大的事业可以抵制这种柔弱的感情。然而你必须把曾经统治过一半罗马帝国的安东尼和十人执政之一及立法者阿皮亚斯·克劳底亚斯排除在外。这两个人之中的前者确实是一个荒淫无度的人，但后者却是一个聪慧而简朴的人，所以似乎（尽管很少）爱情不仅仅会占领敞开的心扉，而且假如把守不严，爱情也可以闯入壁垒森严的心灵。伊壁鸠鲁这句话说得不怎么样——“我们彼此之间有如隔了遥远的时空”。好像这个本应仰观天象、俯察万物的高贵之人什么都不应该做，而只应跪在一座小小的偶像前面，并且臣服于它，尽管还不是口腹之欲的奴隶（犹如动物一般），然而却是目迷五色的奴隶（而上帝赐人以眼睛，本来是被赋予更深远的用途的），这是一件奇怪的事情。由此可注意到这种过度的激情，以及它如何凌驾于事物的本性及价值之上，长期的夸张言辞只适宜于恋爱中人，在其他情形中是不奏效的。不仅仅言语如此，有句话说得好，世界上最大的谄媚者其实就是自己（当然，其他的一些谄媚者也和它沆瀣一气)。当然，情人比这些阿谀逢迎者还要厉害。因为从没有一个骄傲的人如此荒谬地看重自己，一如情人之钟情于其所爱之人。因此，古人说得好："恋爱会冲昏人的头脑。"其他人都看出了这个弱点，恋爱中人却视而不见。反之，这种弱点，被爱之人的心中是最明了的，除非那人的爱情得到了回报。这条定理是真的，因为对爱情的报答永远是这样的，要么是爱的回应，要么是内心隐秘的轻蔑。由此可见，人类更应当谨慎地对待这种情感，因为它不但使人失去了别的事物，而且甚至连自身都要保不住了。至于其他的损失，一位诗人给我们做了很好的描述：喜欢海伦的人，便是放弃了朱诺和派拉斯的赏赐。因为不管是谁，如果过于看重爱情，将同时失去财富和智慧。这种情感泛滥成灾之时，正是人最脆弱的时候，也是人生中最鼎盛或最不幸的时候，尽管后者（最不幸）很少被注意到。这两个时候都会燃起爱的火花，并使之更为炽烈。因此这一切表明，爱是愚蠢的产物。有些人做得极为妥当，在不得不承认心中之爱的时候，仍能安之若素，并把它和人生中的要务彻底分开。因为如果爱情一旦掺和到事业当中，就会坏了人们的好运，并且使他们不再坚守自己的目标。我不知道为什么，尚武的人更容易坠入爱河。我想这也许正像他们嗜爱饮酒一样，或许危险的生活更需要快乐的补偿。在人类的天性中，有一种隐秘的倾向和动机，即对他人的爱。这些爱如果不集中到某个人或某些人身上，将很自然地施与更多的人，并使他成为一个博爱仁慈的人。这样的情形有时在修道士中间可以看到。

夫妇之爱，使人类生生不息；朋友之爱，使人类趋于完美无瑕；淫荡之爱，则使人类卑贱堕落。

论 高 位

身居高位的人是三重奴仆：君主或国家的奴仆；声名的奴仆；事业的奴仆。所以他们是没有自由的，既没有个人的自由，也没有行动的自由，更没有时间的自由。为了追逐权力却失掉了自由，或者说，为了追逐凌驾他人之上的权力，却变得连自己都无法把握，失去了驾驭自己的权力，这是一种奇怪的欲望。要想身居高位，其经过是很艰难的，但是偏偏会有人之所以吃苦，是为了换取更大的痛苦。有的时候，还必须自卑自贱，于是就有人借着卑贱的手段达到尊严的顶峰。保持身居高位是很艰难的，一不留神就会有垮台的危险，或者至少会声名狼藉，这是一件很可悲的事。“当你到了今日之我非昨日之我的时候，就没有理由再要活下去了。”的确如此，人们在愿意退休的时候是不能退的，并且在应该退休的时候是不肯退的。人们大都难以忍受退休后的生活，甚至在年迈和生病需要隐居之时，亦复如此；比如城里的老头儿，总喜欢坐在自家的街口巷边，虽然这让别人会看不起老年人。当然，居高位的人需要借助他人的眼睛，才能判定自己是否幸福；因为仅仅依靠自己的感觉来判断的话，他们永远也不会发现自己生活在幸福之中。但是假如他们自己想一想，别人是如何看待他们的，并且想到别人会乐意和他们交换生活；如此一来，他们就会像别人说的那样快乐了，哪怕内心恰恰相反。虽然这些人能够首先觉察自己的忧患，却直到最后才发现自己的过失。毫无疑问，那些身居高位的人，对自我的认知是完全陌生的，并且在紧张忙碌的工作中，他们无暇兼顾到自己的健康——无论是身体上的还是精神上的。“如果一个人在死的时候，别人过于知道他，而自己不知道自己，那么死亡之降临真算得上是一桩大祸了。”身居高位之人，既可以为善，也可以作恶，虽然后者是一种被诅咒的自由。因为谈到作恶，最好的情形是不愿意，其次就是不能够。但是，为善的权力才是真正合法的，也是众望所归。因为善念（虽然上帝接受）对于世人，要是不能身体力行，就像镜花水月一样虚幻。而要行善事，就一定要有权有位，非要有一种居高临下之势。功与德是人类一切行为的目的，而感觉到自己已经有了这两样，这才有一种自足的成就感。因为，如果一个人像上帝那样看待自己的公德，那么他也可以像上帝那样安息了。“上帝转身看了看他亲手缔造的一切，心里非常满意。”此后便是安息日了。在你履行自己职责的时候，在你面前要有最好的范本；因为模仿就等于是一套箴言。过了些时候，可把你自己的行为当作范本放在面前，并且进行严格的自省检查，看看你现在是进步还是退步了。当然，不要忽视从前那些在其位而不谋其政的反面教材。这并不是要刻意诋毁前人的名声，以此来彰显自己的好处，而是要更好地指导自己，知道什么该引以为戒。因此，你在弥补以往过失的时候，不应当欺凌或损毁前人，一定要给自己立下一个好的规矩，既要树立好的榜样，又要尊重前人。任何事都要追踪溯源，要考察它们为何并且如何渐渐退化的，但是要注意古时和今日这两个维度：向古人要问什么是最好的，向今人要问什么是最适当的。你必须努力把你的事情做得很有规律，前后一致。如此一来，别人就知道他们可以预期什么，但是也不要过于斩钉截铁和不容置疑。这样，在你自己稍有违背的时候，就可以把缘由解释清楚。既要享受你所处地位应有的权利，又不要引起法律的争端。宁可静静地享受一些切实的权利，也不要用索取和吵闹的手段去强求。同样，应给予下属一定的权利。应当以指挥一切为荣，而不是从头忙到尾。在行使权利的时候，欢迎并邀请能给你提供帮助和忠告的人，不要认为他们是好事之徒而驱逐他们。反之，要很好地采纳他们的诤言。高位主要有四种缺点：延宕、贪污、粗暴与易为他人左右。关于延宕，这很容易看出来。做人一定要守时，今日事今日毕，千万不要掺杂其他不必要的事情。关于贪污，不仅管好自己的手，还要管好下属的手，不要接纳贿赂，另外还要管好对自己有所求之人的手，不要让他们呈上贿赂。因为一个人自己所奉行的节操是约束自己和下属的，而宣扬出去的节操，再加上公开的对贿赂的厌恨，则是约束他人的。又者，不但应该避免因纳贿之实授人以柄，而且还应该免去有纳贿的嫌疑。一个人要是被人认为反复无常，或者无明显的缘故而公然改弦更张，就会招致贪污的嫌疑。因此，无论何时，当你改变主意或行事之道的时候，就等于公开承认这件事了，一定要把这件事和你变更的理由公之于众，别想偷偷摸摸糊弄过去。假如你的仆人或亲信仅仅是与你亲昵，却没有什么明显的过人之处，就会被认为是暗行贪污了。至于粗暴，总会招致不必要的怨恨。严厉生畏，但是粗暴生恨。即便是针对公事方面的谴责，也应当慎重对待，而不应该嘲笑辱骂。至于易欺，那是比受贿更糟糕的。因为贿赂不过是偶尔为之。但是，假如软磨硬泡和无由来的挂念可以打动一个人的话，那么这个人将永远无法抽身。如所罗门所言："看情面是不好的，因为这样的人是会为了一块面包而徇私枉法的。"有一句古语说得极是："地位显出为人。"地位总会现出人的长处，但也会暴露他的短处。"假如他从来没有做过皇帝，公意也要说他是适于做皇帝的。"这是泰西塔斯说嘉尔巴的话。关于维斯帕显，他却说："维斯帕显是唯一一位其权力和人格相得益彰的皇帝"——虽然前一句话是关于统治能力的，而后一句是关于举止及感情的。一个人因有权位而人格增进，这是他人格高尚的明证。因为权位是，或者应当是，美德之所在。自然界的情形也是如此，天下事物都是失其所则乱，得其所而静，同理，而在当权之人当权时是安稳平和的。一切跻身高位的行为都像攀登一条迂回曲折的楼梯一样。如果遇到有派别纷争的时候，他最好是在上升阶段加入某一派系，而在腾达之时最好保持中立。对待前人的功业应当公允而敬重，因为假如你不这样做，就会欠下一笔债务，等到将来你离职时，是一定要偿还的。如果你有同僚的话，尊重他们，并且宁可在他们并不想被召请的时候召请他们，而不要在他们有理由希冀被召的时候拒见他们。而且，在谈话和私下答复请求者的时候，不要自我感觉过于良好，也不要刻意暗示你的地位。最好让人家说："他当官之后，品德变得更高尚了。"

论 勇 气

小学语文课本中有一个微不足道、但是却值得博学之人深思的故事：有一次，有人问德摩斯梯尼演说家最主要的才能是什么，他说，表情。该人又问：其次呢？也是表情。又问：再次呢？还是表情！他之所以这样说，是因为最了解所说的事情，同时他在自己所推崇的才能上又没有天生的优势。这真是一件奇怪的事情：表情在一位演说家所有的才能中不过是最表面的东西，并且更适合做秀者，却被抬得这样高，甚至超出其他如独创、口齿清晰等更高一筹的本领。不仅如此，这种表面的才能简直好像是独一无二的，是一切的一切。然而其理由是显而易见的，人性中通常是愚蠢多于明智，因此那些能引起人心中的愚蠢的才能是最有说服力的。与此有惊人相似之处的就是在处理事务中表现出的气概：首先是什么？勇气！其次呢？勇气！再次呢？还是勇气！可是，勇气不过是卑鄙无知的产物，远远次于其他美德。然而它能迷惑并束缚那些见识浅薄或缺乏勇气的人，而这种人又是数量最多的。甚至这种盲目狂妄的伪勇者能趁智者脆弱时大获全胜。因此我们常见勇气在民主政体国家中才会创造奇迹，而在有参议院或君主的国家中，效应就小多了。而且勇气总在大胆的人们首次活动的时候功效更大，其后就未必那么奏效了。因为勇气不善于坚守诚信。当然，在人的肉体方面，有游医郎中；在政治团体方面，也有江湖术士，这些人担任着治愈疾病的伟大使命，也许在最初的两三次试验中会建立奇功，但因为缺乏科学基础，所以这种效果不会持久。而且，你可以看到许多大胆的家伙居然屡次创造出穆罕默德式的奇迹。穆罕默德让人们相信他可以把一座山叫到面前，然后可以坐在那座山的山顶上，为那些信奉他的人祈祷。人们聚集在了一起，穆罕默德反复地叫那座山到他面前来，但那座山依然屹立不动，他非但一点也不沮丧，反而说道："要是山不肯到穆罕默德这儿来，那么穆罕默德到山那儿去好了。"同样，当那些江湖术士们预先答应了很重大的事，结果却很不体面地失败了。但是他们（如果他们有足够的勇气的话）很快就会忘记这些挫折，并且掉过头去，再不会为此劳心费力。无疑的，在有远见的人看来，所谓勇者不过是可笑的莽汉而已。不仅如此，在一般人的眼中，勇气也是有点可笑的。因为，如果"荒谬"是引人发笑的东西，那么毋庸置疑，伟大的勇气很少是没有一点荒唐之处的。尤其可笑的是，当一个大胆的家伙遭人反对的时候，他的面貌变得极其猥琐，或者呆若木鸡，一定是这样的。因为在退让之中，人的精神是彷徨不定的；但是在上述情形中，那些勇夫们给人的感觉精神呆滞，好像下棋下成和局一样，虽然算不上输，然而那一局棋是无法走下去了。但是，这最后所说的事，或许更适合讽刺的说法，而不是很严肃。有一点我们要注意：大胆永远是盲目的，因为它看不到危险和困难。因此，大胆在策划中是不好的，在执行中却能派上用场。所以对有勇无谋者来说，英明的做法是永远不要让他们担任决策的首脑，而应当让他们当副手，听从别人的指挥。因为在策划时必须能预见危险，而在执行中最好对艰险视而不见，除非那危险非常之大。

论善与性善

我所选取的关于“善”的意义，就是那种旨在利人的善行。这就是希腊人所谓的“爱人之道”，而用“人道”这个词（一如当下的用法），显得分量有些轻。我称爱人的习惯为“善”，称那种天生的倾向则叫做“性善”。这在一切德性及精神品格中是最伟大的。因为它是上帝的特性，并且如没有这种德性，人就成为一种碌碌无为、为害匪浅、甚至卑贱堕落的生物，比那些虫豸强不到哪里去。善与神学中的德性仁爱相符合，也许有时会用错地方，但却永远不会过分。过度的权力欲会使天神堕落，过度的求知欲会使人类堕落，但是在“仁爱”之中，永远也不会有过度的情形，无论是神或人，也都不会因它而陷入危险的境地。向善的倾向在人性中的烙印很深，到底有多深呢？就是如果这种善不洒向人的同类，也会泽及其他生物的。这一点，土耳其人表现得很明显。土耳其是一个残忍的民族，然而他们对待禽兽却很仁慈，甚至还会向狗和鸟类施舍粮食。据布斯拜洽斯的记载：君士坦丁堡有一个耶教青年，因为在玩笑中撑住了一只长喙鸟的喙，差一点被人用石头打死。在这种“善”或“仁爱”的德性中，有时错误也是难以避免的。意大利人有一句骂人的俗语：“他是个老好人，好得简直像个废物。”意大利的宗师之一尼考劳·马基雅维里居然也是这样认为的，他几乎明明白白地写道：“耶教把善良之人做成鱼肉，贡献给那些专横无道的人。”他说这话是因为真的从来没有一种法律、教派或学说曾如耶教一样地尊重过“善”。因此，为了避免诽谤及危险起见，最好是好好研究一下，如此良好的习惯究竟有什么错。我们要努力利人，但是不要被人们的面貌或妄想牵着鼻子走。因为若是那样，就是容易被欺骗，或者太过怯懦了，不要太怯懦或容易受人欺负，白白浪费了满腔的热忱。也不要像《伊索寓言》中那人一样，不要给雄鸡宝石，因为一颗麦粒更能使它欢喜。上帝的例子给我们很真切的教训：“他降雨给义人，也给不义之人；叫阳光照耀好人，也照歹人”，然而他不会降下财富，也不让所有的人拥有同等的荣誉和美德。平常的福利应该使大众共有，但是特殊的福利则应当有所选择。并且我们要小心，不要在临摹的时候把底稿毁了。因为神学教给我们说，当以人之爱己为模范，爱我们的邻人则是这种爱己之心的仿作。“变卖你的所有，分给穷人，并且来追随我。”然而除非你要来跟从我，否则不要把你所有的都变卖了。也就是说，除非你有一种与生俱来的使命：无论是用很少的资产，还是很多的资产，都能行得出一般多的善来。如若不然，则是灌溉了支流，却汲干了源泉。不仅有一种受正道支配的为善习惯，并且在有些人的本性之中，也是有一种向善的心理趋向的，如同在另一方面是有一种与生俱来的恶一样。因为也有些人天生不会关心别人的福祉。诸恶之中较轻的一种趋向于暴躁、不逊、喜争或顽强，或者与此类似的倾向，而较重的一种则是趋向于嫉妒或纯粹的伤害。可以说，这样的人完全是靠别人的灾难而发迹，并且还会落井下石：他们连那舔拉撒路的疮的狗[①]都不如，反而像极了那些总在人体的溃烂处上方嗡嗡直叫的苍蝇。这些“恨世者”，习惯于引诱别人到他们的树上吊死，尽管在他们的园中却连一棵有如此用

① 《新约·路加福音》中，耶稣设了一个比喻：有个财主，衣饰华丽，生活奢侈。又有一个讨饭的名叫拉撒路，浑身生疮、被人放在财主门口，靠财主桌子上掉下来的零碎充饥，并且有狗来舔他的疮。后来拉撒路死了，被天使送到亚伯拉罕的怀里。那财主也死了，却在阴间受苦。

途的树也没有的（和太蒙的事迹相反）。这样的坏心迹正是人性的溃疡，然而他们却正是制造杰出政客的材料，他们就如同曲木一样，造船最好，船注定是要颠簸的。但是这种木材却不适于造房屋，房屋是需要站得牢的。性善的特质和特征有很多。如果一个人彬彬有礼地对待异乡人，那就足以见得他是个“世界的公民”。他的心是与陆地相接的大洲，而不是一个与陆地隔绝的孤岛。若是他对别人的痛苦和灾难表示同情，那就是表明，他的心有如一种珍贵的树：为了驱除他人的病痛，自己宁可忍受刀割的痛苦。如果一个人很容易宽宥别人的过错，那就足见他的心是能够超越伤害的，因此也就很少受到伤害。如果他很感激别人，哪怕是很小的恩惠，那就表明他看重的是人心而不是他们的钱财。但是，最重要的是，假如他有圣保罗那样的美德，也就是说，假如他肯为了救赎他的兄弟们而忍受基督的诅咒的话，那就表明他颇合乎天道，与基督本人竟有不谋而合之处了。

论 贵 族

关于贵族，我想从两方面来论述。首先是关于贵族阶级在国家中的地位；其次是关于贵族的特质。一个没有贵族阶级的君主制国家，只能成为独裁专制的帝国，土耳其便是如此。因为贵族可以控制部分民众，这在一定程度上，可以使民众对君权关注有所转移。但是，至于民主制国家，它们是不需要贵族的。并且，同有贵族巨室的国家相比较而言，它们通常是较为平静，不易有叛乱的。因为在民主制国家中，人们的目光专注于事业，而不是个人。或者，即便眼光是在个人身上，也是因为事业的原故。要问某人与否适当，不能看他的门第与血统。我们看到，虽然瑞士这个国家有很多宗教派别，而且行政区域的划分也大小不一，但是国家却能长治久安。这就因为维系他们的是实利，而不是对王权的个人崇拜。荷兰合众国在政治方面表现也很优异，因为在有平权的地方，政治上的集议是重事不重人的，并且人民也乐于缴纳税款。一个强有力的贵族阶级虽然能够增加君王的威严，也减少了他们的权力。使人民更有生气，更为活泼，可是却减损了他们的福利。最好的是，贵族不要凌驾于君权或国法之上，同时却又要保持在一定的高位。这样，当下民有犯上的怨气时，贵族阶层可以在君主的威严受到威胁之前，缓解这种桀骜的怨气。如果贵族人数众多，那么国家就会贫而多艰。因为这是一种过度的消费，并且，在经过相当的时间后，贵族中有许多人会家道中落，结果在应享有的尊荣与实际所拥有的财富之间便大不相称了。至于身为贵族的个人，我们看见一座古垒或建筑物依然完好，或者一棵好树英姿挺拔的时候，谁都免不了会肃然起敬。同样，面对一个几经风雨依旧巍然屹立的古老贵族豪门，更多的敬意将会从人们心中油然而生。因为新贵之家不过是权力成就的，而豪门望族依靠的却是威望。第一个升到贵族阶层的那些人，大多比他们的后人富于才力，但是却不如后人那么单纯。因为在飞黄腾达的过程中，很少有人不采用善恶交织的手段。但是这些人留给后人的记忆中只有长处，而他们的短处也随着他们的离去而烟消云散，这是合乎情理的。身为贵族的人则多半轻视劳作，而自己不勤劳的人会嫉妒勤劳的人。再者，贵族如果不能继续升到更高的地位，而只是在原地止步不前的话，看到别人升迁时，难免会生出嫉妒之心。与此相反，世袭贵族却能抵消别人对他们的消极嫉妒，因为他们似乎理应享受这些荣华富贵。当然，国王如果选择贵族中的精英，并加以重用的话，一切就会进行得很顺利。因为民众会认为贵族生来就有权发号施令，自然而然就会臣服于他们。

论 叛 乱

管理民众的官员一定要知晓国家政治风暴的预兆，并且要有所警觉，这些风暴在各方势均力敌的时候最为激烈，就好像自然界的暴风雨，在将近春分秋分的时候最为猛烈。并且，正如一场暴风雨之前，会有风平浪静的假相，国中如果发生叛乱也会有类似的情形：

> 他（太阳）发出警报，预示暗潮将发，
> 祸乱迫在眉睫，险象环生。

如果人们公开发表毁谤与背叛国家的言辞，而且此类言辞屡见不鲜；或者各种各样有损国家利益的谣言满天飞，这些都是乱象将至的征兆。维吉尔在叙述谣言之神的家世时，说她是巨人的姊妹之一：

> 地母因恼怒众神遂生了她——谣言，
> 这巨人族最后的一名，
> 锡乌斯和安塞拉多斯的妹妹。

表面来看，谣言好像是以往的叛乱遗留下来的，但是实际上，谣言也确实是未来叛乱的前奏。维吉尔所言极是，那就是叛乱的举动和谣言之间差异甚少，有如兄弟之于姊妹，阳性之于阴性一样。尤其本应是最受到赞扬、最深得民心的国家良策，竟被肆意地曲解和违背：因为表明完全出于一种强烈的妒恨之心，如同泰西塔斯所说的一样："当政府不受欢迎的时候，它的一切举措都会激怒民众，无论是好的还是坏的。"但是，如果仅仅因为这些谣言是乱象的征兆，就以为制止谣言是止乱的方法，而用高压手段去制止谣言的产生和传播，这是非常错误的。因为，事实上，蔑视谣言常常是事半功倍的制止方法。到各处去设法禁止谣言，反而让人们的疑心更重。还有泰西塔斯所说的那种服从，也是应当提防的。"他们并非不愿意效力，只是喜欢批评和不服从长官的命令。"争论、推诿、对命令和指示吹毛求疵是一种脱离羁绊的举动，一种叛逆的尝试，尤其在争论之中，主张服从者出言畏首畏尾，而反对服从者畅所欲言，这种情形便是如此。

又如，马基雅维里说的很好，应当为民父母的国君如果自成一党，偏向一方的时候，就会像负荷不平衡的船只，随时都有倾覆的危险。在法兰西王亨利三世时期，这一点可以很明显地看出来。因为他自己先加入同盟，要消灭新教徒。此后不久，这个同盟就转而反对他本人了。如果国君的权威仅仅被视作达到某种目的的手段，并且王权的维系反而弱于其他力量时，那时就要大权旁落，他差不多就要受到驱逐了。

再者，当冲突、互诟和党争等公开而肆无忌惮地进行时，那就是一种征兆——政府已经失掉了民众的敬畏之心。因为政府里的大人物们的举动应当如老派天文学中所说的第九重天之下的诸行星的动作一样，每个行星受一种更高的规律的支配，快速地公转着，而在自转中则是很缓和的。因此，当大人物们在自转运动中很激烈，有如泰西塔斯的名言："过于自由，与臣道不符"的时候，这就足以见得，天体运动失常了。因为尊崇上帝正是上帝对人君的约束，因而上帝曾经警告过他们，"我也要解除列王的腰带"，就是这个意思。

因此，当政府的四大支柱（宗教、法律、会议和财政）之任何一个受到动摇或者削弱的时候，人们就不得不祈祷上天庇护了。不过，我们暂且不谈这些预兆的部分（关于这一点，下面所谈的不失为一种参考），先来说说叛乱的原材料、动机和防范之道。

关于叛乱的原材料，是很值得认真思考的，因为防止叛乱的最稳妥的方法（假如时势允许的话）就是杜绝这类叛乱的一切隐患。因为要是预备好了柴火堆，说不准从哪里来的火星子就会将它们点燃。叛乱的材料有二：极度贫困和严重不满。有多少破产的人，就有多少支持动乱的人，这是肯定的。鲁侃对于罗马在内战前的情形说得极是！

苛政猛于虎，
摇摇欲坠的信用，
这些都会引发对民众有利的战争。

这个“对民众有利的战争”的确是一个明白无误的征兆，表明一个国家即将陷入叛逆和变乱。并且假如这种上流阶级的贫乏，与破产和普通人民的穷困连在一起的话，祸乱将会一触即发。因为食不果腹所引发的叛乱是最厉害一种。至于不满情绪，这在政治团体之中，有如人的肉体中的体液一样，会聚集成一种异乎寻常的“火”而引起炎症的。每一位君王万万不能以这种危险的大小来判断这种不满的是非曲直：因为那样就是把一般人想象得过于合理了，而他们其实是常常会拒绝对自己有利的事物的。也不可以这个为标准——就是不满所引发的痛苦在事实上是大是小：因为有几种不满，其畏惧之情远超痛苦之感，这种不满是最危险的。“痛苦是有限制的，而恐怖是无限制的。”再者，在严厉的压迫之中，那激刺人的耐性的事物同时却也能制伏勇气，然而在恐怖之中则不是这样。任何君主或国家也不要因为不满经常有，而且持续时间长，就认为不会带来危险，因此对之不加提防：因为固然每一股水汽或雾气不一定就能降下暴风雨，虽然暴风雨只是一晃而过，可是终究要大下一场的，西班牙成语说得好："终有一天，绳子会被最无力的拉扯弄断的。"

叛乱的原因和动机是：宗教改革、赋税、法律与风俗的变更、特权的废除、普遍的压迫、小人的擢升、异族的闯入、饥馑、散兵、非常严重激烈的党争、以及任何足以激怒人民，使万众一心团结起来的种种举措。

关于叛乱的整治，我们会说一些一般的策略，至于具体的疗救方法，必须对症下药，所以这个不能由个别的理论推演，而必须要大家共同商榷。

第一种疗救的方法，就是尽其可能消除我们以上所说过的叛乱根源，而物质根源就是国内的贫困。要杜绝这一根源，就应当采取如下的方法：开放贸易；保护并鼓励工业；禁除游手好闲；明令禁止消耗与浪费；改良并垦殖土壤；控制物价无限上涨；减轻赋税，以及与此类似的方法。一般而论，应当预先注意使国内的人口（尤其是没有受过战争戕害的时候）不要超过国内所能供养的人数。而且，人口也不能仅仅用数目来计算；因为一个人口虽少但是消耗大于生产的国家，反而比一个人口众多但是生产大于消费的国家更容易衰落。因此贵族及其他官员的增长如果超过了平民的增长的比率，这样的话，一个国家很快就会濒临贫困的边缘，僧侣过多也会发生类似的情况；因为他们都不事生产，同样的，受教育的人如果多于可提供的职位的时候，也是如此。

与此类似，应该记住，任何一个国家的财富的增加如果必须靠外国人才能实现（因为任何事物都是有得必有失），那么，只有三种东西是可以用来出售：天然的矿产；手工或机械制品；贸易或运输业。因此，若是这三个轮子转个不停，则财富将如春水一样涓涓不息。再有，事情往往是这样的，"人力胜于物质"，那就是人力劳作和运输比物品更有价值，更能增加一个国家的财富，荷兰人就是很明显的例子，他们是世界上地面矿藏最丰富的国家。

最重要的是，国家要采取非常手段，使国内的财富不要落入少数人的手中，如若不然的话，一个国家就有可能拥有巨大的财富，却不能让人民免于饥馑。金钱就像肥料一样，如果不撒匀的话，就会失去其效用。要使财富平均分配，就要禁止或严厉约束那些暴利行业，比如高利贷、垄断行业、过大的牧场等等类似的产业。

说到消除怨愤，或者说要消除怨愤的危险，我们知道每个国家里都有两种臣民：贵族与平民。在二者之中只有一种是心怀怨愤的时候，那危险是不大的，因为平民若没有上流社会的挑拨，是不会有什么举措的，如果平民不能或不准备起事的话，上流社会的力量就不够强大。所以，如果下层的民众中间有了骚动的话，而上流社会也明白地表示了自己的态度的话，情况就变得非常危险了。诗人们的寓言说，众神想把丘比特缚起来，这种阴谋被丘比特听见了，于是从帕拉斯之计召百臂的布瑞阿瑞欧斯来帮助他。这无疑是一种比喻，表明为人君的如果能够讨得一般民众的欢心，那么他们之间就可以相安无事了。

给人民一定的自由，使他们的痛苦与不平得以发泄（只要发泄的时候不要过于不逊或夸张），这样做会比较安全。因为那种压抑体液、使伤口的血倒流入体内的做法将会导致毒瘤以及脓疮的产生，这是十分危险的。在与怨愤有关的情形中，埃辟迈修斯的所为是很适于普罗米修斯的，因为再没有比他的所作所为能更好地预防怨愤了。埃辟迈修斯在许多痛苦与祸患飞到外面之后，终于盖上了盖子，把希望留在了箱底。无疑的，巧妙而适宜地为人们培养并保留“希望”，让新的希望由此得以生生不息，这种办法真是治疗和救济怨愤之毒的最佳良药。而一个政府当其不能得人心的时候，若能使他们有希望实现愿望，并且当其将事情办得没有任何祸患，而总要使它显得有解决的希望的时候，那的确是一种贤明的做法了。后者比较容易做到，因为个人和党派双方都心存侥幸，或者至少也易于装出不相信某事是没有希望的样子的。

再者，假如国内没有适当的领袖可以召集或统领心怀不平之徒，这种先见和预防虽众所周知，但仍然不失为一个良策。所谓适当的领袖，就是要那些心胸宽广，声誉良好的人，受心怀不平的党派的信任和尊敬的人，被认为他本人对自己的利益上也有所不满。这样的人应当把他拉拢过来，使之与政府交好，而这种事还得要切实做到，或者使他受同党中另一个人的争衡，使其名誉受损。一般地说来，分裂一切将不利于政府的党派集团，使之反目成仇，或者至少互不信任，不能算是一种顶坏的治疗怨愤的方法。因为假如赞成政府措施的人们之间充满了不和或党争，反对政府的人们则是万众一心的话，那情况就太危险了。

我们经常看见，有一些君主口中吐出机警锋利的言辞，曾经燃起过叛乱之火。恺撒曾以“苏拉不文，所以不会独裁”一语对自己贻害无穷，因为这句话使一般希望他早晚会放弃独裁的人完全失望了。加尔巴以“我不收买兵士而征募兵士”一语自戕，因为这句话使兵士们都没有受赏赐的希望了。同样的，普罗巴斯，以“假如我活下去，罗马帝国将不再需要兵士了”一语自戕，因为这句话使兵士们大失所望。类此者甚多。无疑的，为人君者，在危险的事件上和不安的时代中，需要慎其所言，特别需要注意这些犀利的言辞，它们的传播像飞箭一样迅速，并且被人们看做是君王无意泄露的天机，比那些干燥无味的长篇大论更受世人关注。

最后，君主为预防一切叛乱起见，当在身旁常有一位或数位有勇略的大将，这些人可以消除叛乱于萌芽之中。如果没有这样的人，则叛乱一起，举国上下便会惊皇失措。并且政府所冒的危险将如泰西塔斯所说的：“虽然很少有人敢做叛国这样的丑恶之举，但是却有多人愿意这种事情实现，而一般人都是准备赞成这件事的——当时的人心的确如此。”但是这样的军人须要可靠而且有好名誉，不可以是那种喜欢党争、希望由此而讨得众人的欢心的人；他并且还须与政府中其他的大人物相得益彰，否则用来治病的药，其危害也可能比疾病本身更可怕。

论无神论

我宁愿相信《金传》，《塔尔木经》及可兰经中的一切寓言，也不愿相信这宇宙的整体构造不是由一位神灵主宰的。进言之，上帝从没有创造奇迹，以说服那些无神论者，因为神的普通业绩就足够有说服力的了，足以说明一切。哪怕是一丁点儿的哲学，也会使人倾向于无神论，这是真的；但是深究哲理的话，又会将人带回到宗教那里去。因为当一个人的精力专注于许多互不连贯的次因时，就会被这些次因所纠缠，因而停滞不前；但是当它看见那一串的次因相连相系的时候，它就不能不飞向天神那里去了。不仅如此，就是那因无神论而最被诟病的哲学派别（即留基伯，德谟克利特，伊壁鸠鲁一派）也被证实是宗教。因为主张这宇宙万物的秩序与美不是由某一位神灵，而是四种可变的元素和一种不变的第五元素组成的，这样合理而永久地形成了这个宇宙。这种学说比那种主张宇宙万物是由一大群无限小，无定位的原子构成的原子说更加可信千百倍。《圣经》上说："愚顽之人说他心中并没有神"，但是并不曾说："愚顽之人打心眼儿里认为没有神"；他不过是在嘴巴上随便说说罢了，或许只是听别人这样说，其实他的内心并不是这样认为的。因为除了那些主张无神可以有利于自己的人外，没有人否认神的存在。无神论者总是将无神论挂在嘴边，而不是放在心上。他们总是喋喋不休地谈论自己的主张，好像他们也不太自信，只有别人的附和才能增加他们的信心。不仅如此，谁都看得见无神论者努力地吸收信徒，和别的宗教派别一样。并且，最重要的是，你还可以看见有些无神论者宁愿为无神论而受刑，也不愿意收回自己的主张。然而如果他们真的相信世界上没有神明之类的东西，为什么要自寻烦恼呢？伊壁鸠鲁有一段话备受指责，他曾说神明是有的，不过他们自得其乐，根本不管世间的纷纷扰扰。因为人们认为，他的心里压根儿就认为没有神明，他之所以这样说完全是见风使舵，为了沽名钓誉而作伪罢了。但是，无疑这是别人在诽谤他，要知道他的话是高贵而且虔诚的。“渎神之举不在否认世俗所谓的神灵，而在以世俗之见加之于神灵。”就是柏拉图也不能说出比这更好的话了。再者，伊壁鸠鲁虽然有胆量否认神的作为，却没有能力否认神存在。西印度人有他们心中诸神的名字，却没有上帝的名字（就好像假设异教徒有丘比特、阿波罗、马斯等等名字，而没有“神”这样的字眼似的）。足以见得，即使是这些野蛮人也有关于神的观念，虽然这些观念没有文明人关于神的观念那么博大精深。因此，在反对无神论者方面，野蛮人和最高深的哲学家是相通的。思想家中的无神论者很少：一个迪亚哥拉斯、一个巴昂、也许一个鲁先和其他一些人而已，然而就连他们好像也是盛名之下其实难副。因为凡是那些对既立的宗教或迷信持异议的人，总被反对者冠以无神论者之名。但是，真正的无神论者实际上是伪善者，他们在对待神圣的东西时无动于衷，因此他们最终是要受火刑的。无神论的原因首先是宗教上的分裂。因为任何分为两大派系的宗教，反而会激起彼此竞争的热忱；但是派别过多就会导致无神论的诞生。其次，就是僧侣的丑闻，就如圣伯纳所说的情形一样：“我们现在不能说僧侣有如一般人，因为一般人现在是比僧侣强了。”第三个原因是一种亵渎和嘲弄神圣事物的风气，这种风气一点一点地侵蚀着宗教的尊严。最后还有一种理由，就是学术昌明的时代造成的，尤其是既太平又繁荣的黄金时代。与之相比，祸乱与困厄更能使人心倾向宗教。否认神明的人，也就是摧毁了人类的尊严，因为人类在肉体方面的确是与动物很接近，如果人类在精神方面不再追求接近神性的话，那么人就完全成了卑鄙下贱的动物了。同样，无神论也让人类追求英雄气概与人性提升的希望破灭了。以一条狗为例，看它在发现自己受人护佑时显得如何高贵勇武。对它而言，人类就是一位神灵，或者是一种更高的品性。这种勇武之气，是由于那条狗信仰一种比自己的天性更高的神明而激发出来的。显而易见，如果它没有信仰就永不能达到这种境界。人也一样，当他信赖神灵的保护及恩惠，并以之自励的时候，就能聚积一种力量和信心来，这是单凭人性本身所做不到的。因此，无神论在任何方面都是可恨的，在这一方面尤其如此，因为它褫夺了人性所赖以超越人类弱点的信念。这在个人如此，对于一个民族也是如此。从来没有一个国家像罗马帝国那样伟大。关于这个国家，西塞罗曾经说过："无论我们自视多高，一定要知道，我们在人数上比不过西班牙人，在体力上比不过高尔人，在狡黠上比不过迦太基人，在艺术上比不过希腊人，并且在那些天生的、属于人民与土地的乡土之感上，连土著的意大利人和拉丁人也比不过；然而在慈孝上，在宗教上，并且在那唯一的大智慧上——就是认为世间的一切是由众神的意志管理并支配的——在这些方面上，我们胜过一切的国家与民族。"

论 迷 信

关于神明，宁可没有任何信仰，也比陷入错误的信仰好。因为前者是不信，后者则是一种侮辱，迷信的确会使神明蒙羞。关于这一点，普卢塔克说得很好："我宁愿人家说从来没有普卢塔克这么一个人，也不愿人家说从前有一个叫普卢塔克的人，他会吃掉自己刚刚生下来的孩子。"就如诗人们关于塞特恩所说的一样。这种对神的侮辱越大，对人类自身的威胁也就越大。无神论把人类交给理性，交给哲学，交给自然的虔诚，交给法律，交给名利之心……所有这些可以将人类导向一种表面上的道德澄明之境，即便没有宗教的存在。但是迷信却将这一切抛开，在人的思想中树立起一种绝对的君主专制。因此，无神论从没有干预朝政，因为无神论使人警惕谨慎，除了自己的福利之外，不考虑别的东西。所以我们看见那些倾向无神论的时代（如奥古斯塔斯大帝执政时）都是太平盛世。但是迷信却给许多国家带来混乱，带来了一个新的第九重天，这第九重天使得各个国家纲纪大乱。迷信的主人公是民众。在一切迷信活动中，智者被愚人牵着鼻子走。并且理论是先于实践的，这完全是一种颠倒的次序。在纯特会议中——在该会议中学院派的学者们是很占优势的——有些高级教士曾说过以下这段意味深长的话：学院派中人有如天文学家，假设离心圈、本轮、及此类的轨道等学说以解释天文上的现象，虽然他们知道是没有这种东西的；同样，经院派的学者们构造了许多奥妙复杂的原理和定律以解释教会的行为。迷信的原因是：令人目眩神迷的律条和礼仪、对外观的过分重视、法利赛人式的虔诚、对传习的过度尊崇（这种传习是一定要给教会施加压迫）、高级僧侣源于野心或财富的计谋、过于爱重个人的良好意图（这种意图足以引起夜郎自大及标新立异倾向）、以人间的事理去揣度神明（这是一定要产生杂乱的狂想的）以及野蛮的时代（尤其是灾祸频仍的年头）。迷信若毫无遮掩地进行，就显得格外丑陋畸怪：譬如一只猿猴，因为它太像人了所以更加丑恶；所以迷信若是披着宗教的外衣，也就显得更加丑恶了。又如，鲜肉会因小蛆而变成腐肉一般，宗教中良好的仪式及规律也可以演化为迷信的繁文缛节。

有时人们以为，离以往的迷信越远越好，这时就产生了一种反迷信的迷信。因此应当留心不要（像涤除体内积毒而施术不善时所发生的情形一样）把孩子同洗澡水一同倒掉。当一般民众来做改革家的时候，通常会发生这种情形。

论 游 历

旅行对年轻人来说是教育的一部分，对老年人来说是阅历的一部分。如果对一个国家的语言还没入门就去该国旅游，这是去上学而不是去旅行。我很赞成年轻人随着导师或可靠的同伴去旅游，只要那导师或同伴以前曾经到过那个国家并且懂得该国的语言。因为这样他就可以告诉同去的年轻人在所去的国家哪些景观值得一看，哪些人物值得结识，在那里可以学到什么。否则的话，年轻人到了外国，有如蒙上眼睛一样，很少能够看见外面的世界。奇怪的是，在海上航行时，除了蓝天和大海什么也看不到，然而人们却常写日记；在陆地上旅行的时候，尽管有许多层出不穷的新奇事物，人们却常常忽略写日记，似乎偶然见到的事物比用心观察的事物更值得记载。所以，还是应该记日记。在游历中应该观察的是：君主制国家（尤其是当他们接见外国使臣的时候）、法庭（当他们开庭的时候）、宗教法院（教堂、僧院以及其中的纪念品）、城市的墙垣与堡垒、商埠与港湾、古物与遗迹、图书馆、学院、辩论会、演讲（如果有的话）、航海业与海军、大城附近壮丽的建筑与花园、武库、兵工厂、国家仓库、交易所、马术训练、剑术、军操（以及与此类似的事物）、上流人士所去的戏院、金缕玉衣般的珍藏、木器与珍玩，最后还有任何当地值得记忆的事物。关于这一切那当导师或仆人的是应当问清楚的。至于那些盛典、宫剧、宴会、婚礼、出殡、杀人以及此类的景象，是无须乎记忆的，然而也不可忽略。如果你把一个年轻人的游历局限在一个小小的地方，并且要他在短时间内收集到如此多的信息，有些事情是他必须得做的：第一，如上所述，他出发前一定要对那个国家的语言略知一二。然后他必须找一个熟悉那个国家风土民情的同伴或导师，如上面所说的那样。他还要随身带上有关所要去国家的地图或书籍，这些将成为他访问观察的最好向导。他还应当记日记。在一个城或镇中不能呆太久，停留时间的长短取决于那个地方的价值，但不可过长。不仅如此，当他住在一个城市的时候，他应当把住所由城市的一端或一个地方迁移到另一端或另一个地方，这样他就会结识更多的朋友。他应当和他的同乡分开，不要来往过于频繁，而且还要去那些可以邂逅所在国家的上流人士的地方吃饭。在从一个地方迁移到另一个地方的时候，他应当设法让别人给介绍一些名流，并且住在有可能结识他们的地方。这样一来，这人就可以在想见或想了解的事物上替他帮忙。从而他就可以缩短旅程，同时又获得更多的益处。至于说在旅行中寻求友谊，最有益处的就是和各国使节的书记或私人秘书交往，这样，一个人虽在一个国家旅行却可以汲取到许多国家的知识。他也应当拜访一下各界在国外都很显赫的名流，这样他也许可以看出这些人的生活与他们的声名有多少相符之处。至于争斗，那是必须要小心谨慎避免的。争斗的原因通常是为情人、饮酒祝寿、地位以及语言。并且一个人应当注意如何与易怒和爱吵架的人交往，因为这些人会把他卷入他们的争吵中去。当一个旅行者回到自己的国家后，不能把曾经游历的国家完全置之脑后，而应当与他所结交的最有价值的异国朋友保持书信往来。而且，他的国外经历最好是在他的谈话中出现，而不是通过他的服装和举止来体现，即使在谈话中也最好是谨慎地回答问题，而不是急于讲述自己的经历。并且他应当让别人看出，他并没有因外国的一些东西而改变本国的习惯，只是把从国外学来的精华，移植到了本国的风俗之中。

论 王 权

想要的东西很少，但却有很多顾虑，这是一种十分可悲的心理。然而，做帝王的很多便是如此情形。他们因为自己至尊已极，所以没有什么可希冀的，这让他们的精神显得有些萎靡不振。同时他们的脑海中又有许多关于危难和灾祸的画面，这又使他们达不到心境澄明的境界。这也就是《圣经》中所谓“天难测，地难测，君心更难测”的原因之一。因为畏惧的东西很多，而想要的东西却没有多少，其余的欲望就没有了主脑，心智就不再那么井然有序，这种心理会使得任何人的心都难以揣测。因此有许多君王常常为自己寻找一些欲望，并醉心于一些琐碎之事：有时是一座建筑，有时是创立某种秩序，有时是擢升一个人，有时是专精于一门技艺，如尼罗善于操琴，达密善于射箭，可谟达斯善于击剑，卡剌卡拉善于驾驭，等等诸如此类，不一而足。不可思议的是，有些人竟然不知道下列的原理：人们更乐意从事一些微不足道的小事，并且从中得到乐趣，而不愿意在大事上倾注心血。我们也常见那些早年曾幸运地征服他人疆土的帝王，因为不能永远保持进取，就遭遇到了一些挫折，幸运之神也就不再眷顾他了，在晚年变得很迷信而且郁郁寡欢。例如亚历山大大帝，代奥克里先，还有我们都记得的查理五世，以及其他的君王的所作所为即是如此。因为那些一贯战无不胜的人在后来碰了钉子的时候，都不免要自轻自贱，再也不是原来那个他了。

现在来说说王权的真正气度，那是很少也很难保持的，因为真正的气度和失常的气度都是由矛盾冲突所造成的。然而掺和相反的事物是一件事，交换相反的事物又是另外一件事情。阿波郎尼亚斯答维斯帕显的话是最有教育意义的。维斯帕显问他："是什么造成了尼罗的颠覆？"阿波郎尼亚斯答道："尼罗善于调弦弄瑟，可是在政治方面，他有时把螺栓拧得很紧，有时又放得太松了"。毫无疑问，有时恩威并施，忽然过度松弛，再也没有什么比这种不平衡的政策变换更能破坏权威的了。

这是真的，近代人讲起国君的事情时，他们的智慧多在巧妙地避免和转移迫在眉睫的危险，一切都不是建立在坚固合理的基础之上，自然不能避免危险。但是这简直就是在和幸运之神争权夺利。人们也应当小心，不可忽视或容忍变乱的厚积薄发，因为没有人能防微杜渐，也没有人能够看出燎原的星星之火将从什么地方来。君主的事业中会有很多艰巨的困难，然而，最大的困难常常是在他们自己的心里。因为作帝王的人有矛盾的欲望实在不足为奇："君王们的欲望多是强烈而又自相矛盾的。"权势的自然弱点就是想要达到某种目的，却不肯忍受那必需的手段。

君主必须处理好以下关系：跟邻国、王妃、子女、高级僧侣或教士、贵族、第二流的贵族或绅士、商人，平民和兵士。因为，假如他不谨慎对待的话，所有的这些方面都可能成为危难的发端。

先说他们的邻国。关于这点除了一条永远可靠的定理外别无其他普遍的定理可说（因为形势总是变化多端）。那就是：为人君者应当保持高度警惕戒备，不要使任何邻国（通过扩张领土、贸易入侵、外交手腕等等此类的手段）强大到比以先更能为威胁本国的程度。要预测并防止这种情形发生是某个政府部门永远的工作。在从前三大君主——就是英王亨利八世，法王法兰西斯一世，皇帝查理五世——当欧洲领袖的时候，他们之间互相监督制约，三位之中谁也不能得寸土之地，不然的话，其余的两位立刻就会把这种情形纠正过来，其方法或者是通过联盟，如果有必要的话还会发起战争，无论如何也决不会贪一时之利而讲和。又如奈波尔斯王飞迭南，劳伦斯·麦地奇与卢道维喀斯·斯福尔察（二人都是霸君，一个是佛罗伦斯的，一个是米兰的）缔结的那个联盟，即古察迪尼所说的意大利的保障，与之有些相似。还有经院学派中某些学者的意见，即使是因为先受到伤害或挑衅而宣战仍是不义之师，这种意见是不可取的。毫无疑问，因为敌人虽然还没有开战，但是我们有充分的理由预见临近的祸患，这也算是战争的正当理由。

至于后宫妃嫔，她们之中不乏一些残酷无情者。丽维亚因为毒害丈夫而臭名昭著；罗克撒拉娜，梭利满的王后，也就是杀害那位赫赫有名的王子苏丹穆斯塔法的人，并且虐待他的家人和子嗣；英王爱德华二世的王后带头废除并杀害了她的丈夫。因此，当后妃为了立自己的孩子为储君而施展阴谋诡计的时候，或者当她们有外遇的时候，这种危险是最应当防范的。

至于子嗣，同样的，由他们而来的灾难和所招致的不幸也不胜枚举。一般来说，如果父亲对儿子产生猜忌之心，这无论如何都是不幸的。穆斯塔法之死（前面我们已经提到过这个名字）对梭利满王室是致命的一击，因为土耳其王室自梭利满以致今日的王位继承都有不正之嫌，恐怕有外来的血统。因为有人认为塞利马斯二世是私生子。克瑞斯帕斯是一位非常温顺的年轻王子，却被康士坦丁努斯大帝所杀，这同样是他那个王室的致命伤。因为康士坦丁努斯的两个儿子，康士坦丁努斯和康士坦斯，都死于非命。他另外一个儿子，康士坦洽斯，结局也不怎么好，他虽然确实是病死的，但是他是在丘利安努斯起兵之后死的。马其顿王腓力普二世的王子德米垂亚斯的死，让他的父亲受到了报应，因为他的父亲是悔恨而死的。类此的例子很多，但是父王因这种猜疑之心而得到益处的例子却是很少或没有，唯有在做儿子的公然举兵反叛的时候，那可算是例外，如塞利马斯一世远征巴亚塞提，以及英王亨利二世的三太子。

至于高级僧侣，在他们有权有势的时候，也会带来危险，如安塞尔马斯和坎特白雷大主教汤玛斯·拜开提的时代尤其如此。这两个人几乎以他们的圭杖与帝王的刀剑相争，但是奇怪的是，他们所与之抗衡者竟是傲慢冥顽的君主，即威廉·鲁夫斯，亨利一世与亨利二世。这种危险并非来自僧侣阶层本身，只有在以下这些情形中，才是有危险的：当他们倚仗国外的势力的时候；或者在僧侣们的入选当权不是由君主任命，而是由民众直选出来的情形之下。

至于贵族，哪怕是对他们稍为疏远一点，也不足为过。但是，如果压制他们，也许可以使国君的权力更加集中，但是却不太安全，也不容易达到自己的目的。本人在拙著《英王亨利七世本纪》中提过这一点，即亨利七世是压制贵族的，因此他统治的时期充满了艰辛与祸乱。因为那些贵族虽然仍旧忠于亨利，但在事业上却不再与他合作了。因此，他就不得不亲自处理所有的事情。至于那第二流的贵族，是没有什么危险性的，因为他们是一个散漫的团体。他们有时候也许会大放厥词，但是那是一点害处也没有的；并且，他们对高级贵族来说是一种平衡力，使他们不能过于强大；最后，他们因为是与一般人民最接近的掌权者，所以他们也是最能缓和民乱的。

至于商人，他们可算是国家的命脉；要是他们不富有，那么就像一个国家也许有健康的四肢，但血管却是空的，严重缺乏营养。对国君的收益来说，商人所缴纳的赋税也是无所谓的，因为他在小处得来的在大处失去了，那就是各项税率虽然增加，而商业的总额却被减削了。

至于平民，除非他们有非常伟大英明的领袖，或者国君对于他们的宗教问题、风俗或生计加以干涉的时候，他们是不具有什么危险性的。

至于军人，当他们在一起过集体生活，并且惯于接受赏赐的时候，他们是一个危险的阶级。如此的例子我们参见土耳其之亲卫兵与罗马之护卫军。但是，将士兵分成等级，给以装备，由好几个将帅统领，并且不加赏赐，即便是用以自卫也不会有什么危险的。

为人君者有如天上的星宿，能造福天下也能招致祸端，虽然他极尽尊荣，却要整日操劳。一切关于帝王的箴言，实际是包含在以下两句铭语里："记住你是人"和"记住你是神或者神的代表"。前一句话约束他们的权力，后一句话控制他们的欲望。

论 议 事

人与人之间最大的信任就是给予忠告的信任。因为在别人的信任中，人们不过是把生活的某些部分委托给他人：如田地、产业、子女、信用以及一些个别事项。但是，他们却会把自己生活的全部都托付给那些他们认为是诤友的人。由此可见，这些进言之人不得不肩负起所有的信赖和忠诚。最聪明的人君不会认为诤言会有损于他们的威信和才干。连上帝自己也是离不开诤言的，并且他把进言这件事定为圣嗣的尊号之一："进言者"。所罗门曾经说过："采纳忠言，才是安全之道。"凡事都有一个前因后果，果不因为言论的辩驳而横生枝蔓，必将会随着幸运的波涛而上下颠簸，自始至终都会飘摇不定，好像一个醉酒之人步履蹒跚的样子。所罗门的儿子发现了言论的力量，就如同他父亲发现了言论的必要性一样。因为上帝宠爱的那个国家是最先被谗言所分裂和颠覆的。这个谗言有两个特点（这两个特点可说是上天赋予它的，以教训世人如何可以看出谗言来）：在人的方面，是年青人的意见；在事的方面，是主张暴力的言论。

早在古代，人们就已经形象地阐明：帝王与诤言如何息息相关以及帝王应该如何善用诤言。其一，古人说丘比特娶了墨提斯，而墨提斯就是诤言的化身。他们借这个寓言表示君权与诤言是应该合二为一的。其二就是这故事的下文，古人说丘比特娶了墨提斯之后，她怀了他的孩子，但是丘比特却不肯等到她生产，就把她吞入了腹中，因此他自己竟然也怀孕了，后来就由头中生出了全副武装的帕拉斯。这个荒唐的神话暗寓为君之道的秘密，也即人君应当如何利用朝议。第一，做帝王的应当把事情交付给朝议，这就好像授胎怀孕的过程一样，但是通过论证，这些事情已经孕育成型之后，帝王却不让朝议继续支配主宰这些事情，好像非仗着他们不可似的。反之，却要把这些事情收回自己的手中，并且要使世人看来那号令及最后的决断（这些号令及决断，因为它们发出的时候是审慎而且有力的，因此可以用全副武装的帕拉斯来比喻）是他们自己做出的，并且不仅是由他们的威权而来，而且还是他们的脑筋及智谋的结晶（这样就更可以增加他们自己的威望了）。

现在让我谈谈诤言的害处及其补救之道。人们认识到，征求和采纳诤言的害处有三：第一，泄露很多事情，因此也显得不是那么机密了。第二，君主的权威被减弱，好像他们不能自己作主似的。第三是谗言的危险，因为这些谗言对进言者来说比对纳言者更为有利。因为这三种害处，所以意大利的理论和法兰西在某几位君王执政时期的实践——创立枢密内阁制，这是一种比疾病本身更糟糕的治疗方法。

说到秘密，为人君者不必一定要把所有的事情都告诉所有的知事大臣，而是应该有一些选择的。并且，他咨询别人自己该怎么的时候，也不一定要透露他将要怎么办。然而为人君者必须提防，他们自己千万不可以泄露机密。至于那些内阁秘议，下面这句话可为它们的座右铭，就是“隔墙有耳”。一个喋喋不休、且以告人秘密为荣的多嘴之人，其为害之烈是许多懂得保密的人所远远不及的。有些事情需要高度保密，除了君主本人，不会有一个或两个以上的人知道，这是千真万确的，然而这一两个人的言论也不见得没有好处，因为，在保守秘密之外，这些言论还能继续依着同一方针进行而不受扰乱。可是要达到这种情形，帝王就必须要是一位明君，一位自己有能力办事的明君；并且那些参与机密的知事大臣必须是明智之人，尤其是必须对君主无限忠诚。

英王亨利七世，他在最重大的事件中从不把秘密告诉任何人，除非是摩吞和福克斯，这就是一个例子。

至于权威的削弱，上述寓言已经表明了补救之道。不仅如此，参与议论不仅没有降低帝王的尊严，反而使之增高了，从来没有人君因为接受言论而失去臣仆。惟有的例外是，某个议事官过于飞扬跋扈，或者某几个议事官串通一气的时候；但是这些情形很容易发觉和采取补救措施。

再说那最后的一件害处，就是人们进言的时候会存有私心。无疑的，“他在地面上将找不到忠诚”这句话是形容一个时代，而不是针对某个人而言的。有些人天性忠实诚恳、质朴直爽，而不是狡猾难缠；为人君者当首先把这样天性的人吸引到自己身边来。再者，谏臣并非都是团结一致的，反之，他们常常是一个警惕着一个。因此如果有一个人的言论是为党争或私心而发的，多半是要传到君主的耳朵里的。但是最好的救治方法就是，人君要懂得谏臣，正如谏臣要懂得人君一样：“王者之至德在知人。”

另一方面，谏臣也不能过于喜欢揣测他们的君主的为人。一个能够进言的人真正应该具有的品质是熟悉主人的事务，而不是深谙他的性格。因为这样他就会很好地规劝他，而不至于迎合他的性情。君主在听取议事大臣的意见时，假如既能听取个人私下的意见，又能听取当众的意见，那会特别有用的。因为私下的个人意见是比较自由的，而当众的意见则较为谨慎。在私下，人们敢于说出自己的真实想法；而在公众面前，人们比较容易受别人的意见的影响。因此，最好是两种意见都采纳。听取较为低级的人们的意见，最好是在私下，这样他们就可以畅所欲言；听取较为尊贵的人们的意见，最好是在公众场合，这样他们就会出言慎重。如果君主仅是为事情而征求谏言，而不考虑与事务相关的，那一切都是徒劳的。因为这样做，一切事情就像是一幅毫无生机的图画，只有选对了人，才会让画面妙趣横生、兴味盎然。要用人而征求意见时若仅依靠阶级的标准，去探究其人的人品与性格，就好像在研究一种观念，或者一道数学题的时候分门别类的那种办法一样，那也是不够的；因为一切大错的酿成，或大见识之显出，都取决于人的选择是否得当。古人说："死了的人才是最好的进言者。"此话不假。当进言者有所不能言的时候，就可以通过书籍直接说出来。因此最好熟读书籍，尤其是那些曾经身历其境的人所作的书。

大多数情况下，今天的议事机关不过是一种普通的会议而已，其间只是在谈论问题，而不是辩论。这样就显得过于草率，因而也不能得出正确的决议命令。在重大事件上，最好在一天前提出议题，直到第二天始讨论，"黑夜带来良言"。在英格兰和苏格兰的合并会议上，就是如此做的。那是一个审慎而有序的会议机关。我主张，议事之前应该腾出一定的时间，这样做可以让陈情人的请求更受重视，会议机关也有时间来讨论国家大事。在议事委员的选任方面，任用那些不偏袒某一方议事官，对正反两面都加以审慎的对待。我也赞成委员会永久制，例如关于贸易的，关于财政的，关于军事的，关于诉讼的，以及关于某项特别事务的都是如此。因为若有许多特殊的小议事机关而只有一个国家的议事机关（如在西班牙就是这样），那他们就实际上等于永久委员会，不过它们的权力大些罢了。凡是由他们的特殊职业而对于议事机关有所报告或陈述的人们（如律师，海员，铸币者等）应当先到各委员会报告，然后，看时机适宜否，最后再到议事机关那里。并且他们不可以成群结队浩浩荡荡地来，或者带一种傲慢不逊的态度；因为那样就是对议事机关的示威，而不是陈述了。一条长桌或是一张方桌或是依墙排列座位，这些都好像是形式上的东西，其实是有关本质的。因为在一条长桌之旁，在上端坐的少数人就可以实际上指挥一切；但是在别的坐法中，那些坐在下位的议事人的意见将会更有用处。当君主主持会议的时候，应当注意不要在言辞中泄露自己的意向；否则那些议事官就会因此而见风使舵，不会给出自己的真正意见，而要给他唱上一曲"恭祝我主万事如意"的赞歌了。

论 延 迟

幸运有如商道，如果你在其间能够多停留一会儿，物价就会下落的。可是，有时它又像西比拉报价[①]一样，一开始，她所售出的是一整件商品，然后再一部分一部分地减少，而价格却是同样的。因为（如常谚所说），机会先把前额的头发给你捉而你不捉之后，就要把一颗秃头给你捉了；或者至少它先把瓶子的把手递给你，如果你不接，它就要把瓶子那浑圆的身子给你，而那是很难拿得住的。最大的智慧就是，懂得在最初的时候抓住机会。危险如果有一次是无关紧要，那么以后就再也不能小觑了。而欺骗的危险性比逼迫的危险性更大。不但如此，虽然危险并未临近，而主动出击比被动等待其前来要好得多。因为一个人如果长期处于对危险的高度戒备之中，他就很有可能会睡着。在另一方面，如果受长长的影子的欺骗（如在月亮很低而且照着敌人的脊背时，有人就曾如此经受过），而过早地采取行动；或者因过早的警备而招致危险，那又是另一种极端了。正如我们所说的那样，时机的成熟与否永远值得深思。而一般言之，最好把一切大

① 西比拉，Sybilla，曾向罗马皇帝兜售自己的九本书，皇帝嫌贵不要。她离开后烧掉了三本书，然后又以原价向皇帝兜售，再次遭拒。如是者二，最后只剩下三本的时候，皇帝询问左右，才知道那是占卜用的宝书，后悔不迭，然后以九本书的价格买下了最后的三本。

事的开端交给千里眼阿加斯，而把结局交给千手观音一样的布瑞阿瑞欧斯，这样既能审慎观察，又能快速执行。因为使从政者隐形的普鲁托之盔，就是能在议论中保守秘密，而在执行上也雷厉风行。因为事情一旦到了该执行的时候，除了快速敏捷之外，没有什么诀窍可言。这就好像一颗子弹在空中的穿梭一样，因为其速度飞快，肉眼是看不见的。

论 狡 猾

我认为狡猾就是一种邪恶或者扭曲的聪明。一个狡猾人与一个聪明人之间，的确有很大的差别，这差异不仅在品格方面，而且也包括才能方面。譬如打牌，有些人很会配牌，打得却并不好。与此类似，有的人很善于结党营私，但在其他方面却碌碌无为。又如，懂得人的性格是一回事，而明白事理又是另外一回事。因为有许多非常善于揣摩别人心思的人，真正办起事来却没那么出色了。一个对人的研究多于对书的研究的人，其本质便是如此。这样的人较适于做事，而不适合与之一起谋事。而且他们只有在熟悉的领域才得心应手，一旦转向不熟悉的领域，惯用的那一套就不再奏效了。因此，正如那条辨别智愚的古老准则："把他们两个都赤裸裸地派到生人前去，你就可以看得出了"——对于他们不是很适用。再者，因为这些狡猾的人就像小贩一样，我们把他们的商品一一列举出来，这样没有什么不妥之处。

狡猾术之其一，就是你在与人谈话的时候，一定要用心地观察对方。就如同耶稣会员的训练项目一样：因为有很多聪明人的表情是会泄露心中的秘密的。然而察言观色的时候，一定不要过于露骨，而要保持谦卑，仿佛若无其事的样子。正如耶稣会中人那样做的。其二就是，当你有紧急的事情求他人办理的时候，一定要用别的话题去逗那个人开心，使他不至于过于清醒，也就不会反对你所求之事了。据我所知，有一位议政员兼书记员，他前来请求英格兰的伊丽莎白女王批准文件的时候，没一次不先诱导女王谈论国事的。这样一来，她对那些文件就不是很在意了。

还有就是，在某些办事的人很匆忙的时候，出其不意地提出某事，这样他就没有时间仔细考虑这件事，事情就很顺利地办完了。

又如，假设一个人要阻挠某事的进行，又恐怕别人会比他更漂亮有效地提出的话，他最好亲自提出此事，而且要装出很赞成的样子，这样就会达到自己的目的。

还有就是，一个人仿佛要说出某事，中间突然欲言又止，好像强行勒令自己不要说一样，这样足以吊起与你交谈那人的胃口，更想知道你所说的事情。

最好是让人家以为某话是从你的嘴里问出来，而你自己不是很愿意说出来。因此，你就可以装出一副与往日不同的样子，为他人的问题设下钓饵，这样别人就会问你改变的原因。就如同尼希米认为的那样："我在王面前从来没有表现出过愁容。"

在难言与不快的事件上，最好是让那些人微言轻者先开口，然后再让那说话有分量的人装作偶然进来的样子，如此可使关于别人所说的事件向他发问。例如那西撒司要向克劳底亚斯报告梅沙利娜和西利亚斯的结婚事件时就是如此做的。

如果一个人不愿意搅进某些事情里的话，一种狡猾的办法就是借用世人的名义。比如说"人家都说……"或"外面传说……"等等。

我知道一个人在写信的时候，总要把最要紧的事情写在附言里头，好像那是一件顺带提起的事情一样。

我还认得一个人，在他说话的时候，总会绕过他心中最想说的话，王顾左右而言他。然后，再兜转回来，说起那件事，好像是他差不多快忘了一样。

有些人想对付某人，就会在这人出来的时候，故意装出惊惶失措的样子，好像那人的出现很意外，并且故意手里拿一封信或者做某种他们不常做的事；为的是那人好问他们，然后他们就可以把自己心里想说的话说出来了。

狡猾术还有一点，就是自己说出某种话来，而刻意让别人在后面学舌，然后再伺机以此陷害那个人。我知道，在伊丽莎白女王时期，有两个人争夺部长的位置，然而他们之间的关系很好，并且经常互相商量这件事。其中的一个就说，在王权衰落的时代，当部长是一件很棘手的事情，所以他并不怎么渴望这个位置。另外一个人立刻就学会了这些话，并且同他的许多朋友这样说，说在王权衰落的今天，他没有理由想做部长。那个对手抓住了这句话，并且设法使女王听见；女王一听到“王权衰落”这样的话，顿时大为不悦。此后，她再也没有理会过另外那一个人的请求了。

有一种狡猾，我们英国人叫做“锅里翻猫法”的，也就是，甲对乙所说的话，甲却赖成是乙告诉他的。说实话，像两人之间若是发生这样的事情，很难查出这话究竟是谁先说的。

有些人还有一种办法，眼看着或者陷害别人，但是最后却极力撇清从而影射他人。仿佛说：“这不是我干的”。例如梯盖利纳斯对布豪斯所做的那样，他说：“他并无二心，而惟以皇帝的安全为念。”

有的人常常准备许多故事，所以无论他们要含沙射影地暗示什么事，就会旁敲侧击地讲一个故事。这种办法既可以保护自己，又可以使别人乐于传播他的话。狡猾的上策就是把想要得到的答复先用自己的话描述出来。这样就可使与你交谈的人不至于太为难。

有些人在说某话之前，等待之漫长，迂回之曲远，所谈他事之繁多，都是令人惊讶的。这种方法需要很大的耐心，但却有不少用处。

一个突然、大胆、出其不意的问题，常常能够使人大吃一惊，并且使其袒露心迹。这就好像一个更名改姓的人，当他在圣保罗教堂漫步的时候，另外的一个人突然走到他的身后，用他的真名叫他一声，他一定会马上回头去看。

狡猾的这些小伎俩数不胜数，而把它们一一列举出来，也是一件好事。因为在一个国家中，再没有什么比狡猾冒充明智为害更烈的了。

但是，的确有一些人，他们懂得事务的起因与结果，但是却不能得其要领。就好像一所房子，有很方便的楼梯和门窗，但却不能说它就是一间好房子。所以你可以看出来，这些狡猾之人在商议事情的时候，可以找出许多可以取巧规避的漏洞来，但却完全不能审察或辩论事务。然而他们通常却善于利用自己的长处，让人们以为他们可以发号施令。有些人做事的基础是建立在对他人的欺骗上的，或是（如我们现在所说的）在他人身上要诡计，而不在乎他们自己处理事情是否可靠。然而所罗门曾说："智者行事稳妥踏实，愚者却爱弄虚作假。"

论自谋的智慧

在为自己打算方面，蚂蚁是一种很聪明的动物，但是在一座果园或花园里，它就是害虫了。当然，越是深爱自己的人，对公众就越有害无益。所以，应当把利己之心与为人之心理智地分开。对自己要诚实，不要欺骗他人，尤其是要对君主和国家忠诚。如果一个人的行为都是围绕着自己的私心，这是很可悲的。那就像地球一样。因为只有地球是以自己为中心，其他一切天体则是以他物为中心而运行的，并且对这些别的物体是有利的。一切事物都以自己为标准，这对一个君主来说或许是可恕的，因为君主自身并不就是他们个人，相反，他们的善恶乃是公众的安危之所系。但是这种情形如果发生在一位君主的臣仆或一个共和国的公民身上，则是一件很糟糕的事情。因为无论何事，如果经过这人的手，肯定会因他的私利而遭到歪曲的。而这种行为一定常常是与他的君主或国家的利益相违背的。因此，君主或国家元首应当选择没有这种性情或习惯的臣仆，除非他们有意要利用这种人办理一些琐碎之事，那么是可以有例外的。为私的最大的弊端就是使事情完全失度。先顾及到臣仆的私利，然后才是主上之利益，这就很不相称了。然而有时竟会因臣仆的小利，而置主上的大利于不顾，这样的害处最大了。这就是那些不良的官员、财吏、使节、将帅以及其他的奸臣酷吏所做的事情。这种善于自谋的情形，使他们不走正路，总是倾斜于自己的微利与恩怨，而导致君主那些重大事项的失败。然而就最大多数情况而言，这般臣仆所得到的好处只不过是他们个人的好运气而已，但是他们为之付出的代价以及造成的危害，却与其君主的祸福息息相关了。而且，那些极端自私的人之所以引火烧房，只是为了烤熟鸡蛋，他们的天性就是如此；然而这样的人往往会得主上的信任，因为他们很注意揣摩和逢迎主人的心思，并从中给自己牟利。为了这两者之中的任何一项，他们都会完全将主上的利益抛在脑后。

在许许多多的聪明之中，善于为自身牟利的聪明是一种卑鄙的聪明，就像那房屋倒塌之前迅速逃离的老鼠，就像那驱逐为自己挖掘洞穴的獾的狐狸，就像那要吞噬猎物时会落泪的鳄鱼。但是，尤其应当注意的是，那些“爱自己甚于任何人的人”（就像西塞罗说庞培那样）往往是不幸的。他们虽永远为自己而牺牲他人，但是最后他们却成为福祸无常的命运的牺牲品。尽管他们认为，自己以前曾经用智谋缚住了福祸之神的双翼。

论 革 新

一切生物在初生之时都是不完美的，一切革新也是如此，因为革新是时间的新生儿。虽然这样，有如打下江山的人通常比继任者更强，最初的先例（如果是好的）也是后人很难模仿的。因为就人性而言，“恶”似乎有一种自然的动力，这种动力在持续的发展中最为强大。而“善”似乎缺乏那种原动力，总是在开始时最强。无疑的，每一种药的发明都是一种革新，不愿意用新药的人，一定要做好得其他病的心理准备，因为时间是最伟大的革新家。如果时间可以使事物自然而然地衰败下去，并且智慧和忠告并不能使之出现转机，结局将会怎样呢？的确，约定俗成的事物，尽管并不好，但至少会适合时世，并且久而久之，就会适应这一切的。而新事物尽管有用，却与旧习俗不太相符，就是因为与旧事物的不相融，容易引起麻烦。此外，它们像外乡人，虽然让人艳羡，却很少真正受欢迎。假如时间是静止不动的，这些话都不错。可时间是不断向前行进的，所以，恪守旧习本身也会带来动荡，与革新没有什么不同；而那些过于尊崇古老传统的人也不免受到世人的嘲笑。因此，那些有志改革的人们最好向时间学习。要知道，时间的确是一个伟大的革新家，因为它的变革是悄无声息的，其渐变几乎不为人所觉察。如果不然，任何新事物都不会被看好，任何改变必定会有所损坏，受益的人固然欢欣，一切要看时机如何；受损失的人则必然会归罪于改革的发起者。还有，除非是迫切需要或者特别有用的时候，最好不要在国家中试行新政；并且应当注意，改革必须确实有必要才发起，而不是出于标新立异的想法，假装很渴望改革的样子。最后，革新的举动虽不一定遭到拒绝，但却应该像对待嫌疑犯一样审慎，千万不可以草率从事。正如《圣经》上所说：我们应站在古道上，环顾四野，找到笔直而正确的康庄大道，然后顺着这条路阔步前行。

论 敏 捷

急于求成是做事的最大危险之一。就好像医生所说的“前消化”或“过速消化”一样，一定会使人体中酸液过多，埋下各种疾病的祸根。因此，不能以做事耗时多少做为评价是否敏捷的标准，而应当以事业进展的程度为标准。同样，在赛跑中，速度并非是步子迈得最快或腿抬得最高。因此在事业上，迅速与否在于是否专心致志于一件事，而不在于是否一次包揽许多事。有些人只是追求表面上的迅捷，一心只要显示自己能在短时期内做许多事，甚至还会把并未办完伪装成已经了结的样子。然而以紧密的手段缩短办事时间是一件事，以省略的手段缩短时间又是另外一件事。与此相似，通过几次会议办成的事每每需要再次返工，原因是做出的决定太草率。我认得一位智者，当他看见别人急于达成决议的时候，常说一句俗语：“稍待一会儿，我们就会更快！”另一方面，真正的敏捷是很有价值的。因为时间是衡量事业的标准，就如金钱是衡量货物的标准一样。所以做事太磨蹭，一定会在事业方面付出高昂的代价。斯巴达人和西班牙人曾以办事迟缓而闻名，因而有一句谚语：“我宁愿采用西班牙式的死法”；因为这样死亡一定来得很慢。应当好好听那些报告消息的人说，宁可报告之前下指示，也不要在他们讲话过程中插嘴。因为人们在说话的时候被人打断，不免就会重复，并且他靠着记忆复述，比他顺着自己的思路说下去更为冗长乏味。但有时那些乱插话者比发言冗长者更令人讨厌。重复说话多半是浪费时间。但是，再没有比反复强调某事的要点更为节省时间的了，因为这样一来，那些琐碎无关的话在将要说出时都被删减掉了。冗长而琐屑的言辞之于敏捷，就如同宽袍长裙之于赛跑一样。前言、承转的套话、致歉的话以及其他关于一个人自身的话都是极大的浪费时间；并且它们虽然好像是出于谦虚，其实是做做样子而已。然而当一个人心里有阻挠或反对之意的时候，应当留神，不可过于直截，因为怀有先入之见的心在任何时候都是需要前言的，就好像对病患者一定要先经过一道热敷，然后方可用药，这样药效才能发挥。在所有的事情当中，次序、分配以及选择是敏捷的关键所在，只是这种分析不要过于精细。因为不善于分析的人永远不会做事，而分析过细的人则永远不会干净利落地把事情做好。选择时间就意味着节省时间，而不得要领的行动则等于乱放空炮。做事情通常有三个步骤——准备、讨论（或审查）以及完成。如果你想要迅速完成的话，在这三项中，只有中间一项是多数人的工作，第一项与最后一项则是少数人的工作。把要讨论的事先写个草案，然后依据所写的东西商议，在极大程度上是有助于提高速度的。因为即使所写的那些意见或计划被完全推翻，然而有所否定的决议总比模糊不定的讨论更富有指导意义，就像灰烬比尘土更有助于植物的生长一样。

论小聪明

曾经有这样一种观点，说法国人实际上比他们看起来更聪明，西班牙人表面上比实际上更聪明。但是不论这个国家的人是否如此，人与人之间的情形的确是这样的。关于虔诚，圣保罗曾说过："徒有虔诚之表，却违背了虔诚的本义。"与此相似，有人在学识和能力上没有或很少有什么作为，而外貌给人的感觉却很庄严：小聪明大糊涂。这些徒有其表的人究竟有什么手段，利用什么样的法术使虚浮的表面竟如有深度有体积的实体一般。在有见识的人眼里，这真是一件荒谬可笑的事情，并且是适合做讽刺文学的素材。有些人很隐秘和保守，除非在暗处，不然他们不会把东西拿出来给人看，似乎总是心里有话却不肯明言。当他们知道自己对所说的事不甚了解的时候，就会故弄玄虚，让人家以为他们知道许多不能明说的事情。有些人借助于表情和手势，喜欢装腔作势，正如西塞罗说皮索的话，当皮索回答西塞罗话的时候，总是将一道眉毛扬至额头，把另一道眉毛弯到下巴上去。有些人专说一些冠冕堂皇的话，独断地评论任何不了解的事物，似乎只有这样才会使自己不能证实的话获得认可，从而显示出自己的高明。有些人对于任何超出他们能力范围之内的事情，都装出一副蔑视的样子，企图以轻蔑来掩饰自身的愚昧无知，似乎那些都是无关紧要和稀奇古怪的事。有些人总是有不同的见解，他们通常用一种狡诈的方式来娱乐人们，以转移问题的重心。关于这种人，正如盖利亚斯所说的，是“一个完全靠穿凿附会来败坏事情的疯子”。关于此类人，柏拉图在他的《普罗塔哥拉斯》中，把普罗第喀斯作为嘲笑的对象。柏拉图让他做了一篇演讲，从头到尾全都是在批评别人与他的分歧。一般而言，这样的人在所有的议论中，容易站在否定的一方，并且希望通过否决和预测艰难获得荣誉；因为当各种提议一经否决就会宣告结束，但如果它们一旦被通过，那就需要新的工作了；处理事情的时候，这种假聪明是一个祸根。总之，即使是生意萧条的商人或破落子弟，为了维持他们的阔面子，也不会像这种虚伪的人一样，为了保持他们的才名而施展如此多的诡计。假聪明的人也许可以设法得到名声；但是最好没有人任用他们；因为，用一个有点荒唐的人，也比用一个过于重视虚名的人好，这一点是确定无疑的。

论 友 谊

“喜欢孤独的人不是野兽便是神灵。”说这话的人在寥寥数语之中，竟然能把真理和邪说放在一起，也真是太为难他了。因为，如果说一个人心里有一种天生的、隐秘的对社会的憎恨嫌弃，那么，这个人不免会有点儿像野兽，这是非常真实的；然而，要说这样的人如果没有一点儿神灵的性质，则是极不真实的。只有一点可以例外，那么就是这种憎恨社会的心理不是出于对孤独的热衷，而是出于一种想退出社会以求更高洁的生活的心理。有一些异教徒曾经冒充过这样的人，如克瑞蒂人埃辟曼尼底斯、罗马人努马、西西利人安辟道克利斯和蒂安那人阿波郎尼亚斯均是如此；而基督教会中许多的古隐者和长老的确是这样的人。但是一般人并不大明白什么是孤独，以及孤独的范围。因为在没有“仁爱”的地方，一群人并不能算做一个团体，这么多面孔无非是各不相干的图案罢了；而交谈的时候，只不过像铙钹一样叮当作响罢了。有句拉丁成语大概能够形容这种情形：“一座大城市其实就是一片大荒野而已”；因为在一座大城市里，朋友们各自散居，所以总体上来说，不像在小一点的城镇里，有那样朝夕相处的交情。但是我们不妨更进一步并且很真实地断言，缺乏真正的朋友是一种最纯粹和可怜的孤独；没有友谊，他的世界不过是一片荒野；从这个意义来看，我们还可以这样说孤独，凡是天性不配交友的人，其性情可说是更类似于禽兽而不是人类。

友谊的主要作用之一就使人胸中的愤懑抑郁之气得以宣泄释放，这些不平之气是由很多种情感引起的。我们知道，性情幽闭对于人的身体最为危险，在人的精神方面也是如此。你可以服撒尔沙以通肝，服铁剂以通脾，服硫华以通肺，服海狸胶以通脑。然而，除了一个真心的朋友之外，没有一样灵丹妙药是可以通心的。对一个真心的朋友，你可以传达你的忧愁、欢悦、恐惧、希望、疑忌、诤言，以及任何压在你心头的情绪，有如在教堂之外忏悔一样。

在我们看来，有许多伟大的君主帝王非常重视我们所说的友谊的效用，这是一件很奇怪的事情。他们是那样地看重友谊，以至于往往不顾自己的安危与尊荣。大概做君主的，由于他们与臣民之间在地位上有距离的缘故，是不能真正享受友谊的——除非他们（为使自己能享受友谊起见）把某人擢升到他们的伴侣或同辈的地位，然而这样做的话，往往会带来不利的结果。像这样的人，现代语叫做“宠臣”或“私佞”，好像他们之所以能到这种地位，仅仅是由于主上的恩宠或君臣之间的亲近似的。然而罗马语中有一个字眼，能够把这种人的真正用途及其擢升理由表达出来。罗马语把这种人叫做“分忧人”，因为真能使君臣之间有着深厚的友谊，就是因为这个缘故。我们还可以看到，像这样的事情并不限于性格懦弱、敏感的君主，即从来最有智有谋的君主，也往往与臣属中某人结交，视他为朋友，并让旁人也以君王的友人称呼他们，君臣之间所用的这种称谓就和普通私人之间所称呼的一样。

当苏拉任罗马独裁者的时候，把庞培（即后来被人称为“伟大的”庞培的那一位）擢升到很高的地位，以至于庞培自诩说苏拉也不是他的对手。因为有一次，庞培曾推举他的一位朋友当执政官，而且打败了苏拉所推举的人，从而赢得了那个职位。苏拉对此大为不满，二人甚至争吵了起来，庞培竟然反唇相讥，叫他不要多说，还说：“崇拜朝阳的人多过崇拜夕阳的人。”在恺撒朝，则有代西玛斯·布鲁塔斯这样的人，其影响之大，竟达到使恺撒在遗嘱中立他为次承继人，仅次于恺撒的孙外甥。而这人也就是有能力诱置恺撒于死地的人，因为在恺撒为了一些不祥的预兆，尤其是克尔坡尼亚的一场噩梦的原故而想使参议院先行散会，改期再开的时候，布鲁塔斯拉着他的胳膊，轻轻地把他从椅子上拉了起来，并告诉他说，他希望恺撒不要叫参议院散会，等恺撒的夫人做上一个好一点儿的梦后再开会。安东尼在一封信里（这封信在西塞罗的一次攻击演说中曾经被一字不落地引用过）曾称呼代西玛斯·布鲁塔斯为“妖人”，好像他用邪术迷惑了恺撒似的，他的得宠程度可见一斑。阿葛瑞帕虽然出身卑微，但是奥古斯塔斯却把他升到很高的地位，以致后来当奥古斯塔斯关于他的女儿玖利亚的婚事，问起麦西那斯的时候，他竟然说：“你必须把女儿嫁给阿葛瑞帕，否则就必须把阿葛瑞帕杀了。再没有第三条路可走，因为你已经把阿葛瑞帕抬到这么伟大的地位了。”在提比乌斯一方面，将西亚努斯擢升到很高的位置，而且君臣二人以朋友相称，外人也是这样认为的。提比乌斯在致西亚努斯的一封信里写道：“为了我们的友谊的原故，我没有向你隐瞒这些事”，并且整个的参议院给“友谊”特造了一座祭坛（就好像“友谊”是一位女神一样）以称颂他们二人之间深挚的友谊。与此类似或更甚者，比如塞普谛米亚斯·塞凡鲁斯与普劳梯亚努斯的友谊。因为塞凡鲁斯竟强迫他的儿子娶普劳梯亚努斯的女儿为妻，并且经常袒护普劳梯亚努斯种种欺凌皇子的行为，而且给参议院的诏书中说：“我对此人眷恋极深，并祝愿他能比我长寿。”假如这些君王是图拉真或马喀斯·奥瑞利亚斯一流，那么我们可以认为，像上述的举动出于一种非常纯良的天性；但是这些君王都是很有智谋的，精神强健而严厉，并且极端爱己，然而他们竟然如此，这就可以证明他们的幸福虽然已经登峰造极，但是他们对这仍然不满意，觉得如果没有朋友的友谊，则这种幸福就是残缺而不圆满的。更有甚者，这些君主都是有妻有子有甥侄的人，然而这些终不能使他们享受到朋友的乐趣。

我们不能忘记，康明奈亚斯关于他的第一位主上，“勇敢的”

查理公爵，所说的话，那就是，他不肯与任何人分享他的秘密，尤其不肯将那最使他不安的内心隐秘告诉别人。于是康明奈亚斯继续又说道："当公爵末日将近的时候，这种凡事都秘而不宣的性情必然会损伤他的理智。"其实，如果康明奈亚斯乐意的话，他对于他的第二位主上，路易十一，也大可下同样的断语，因为路易十一的喜好隐秘的特性却是他自己的灾星。毕达哥拉斯的格言虽然费解，但是千真万确。他说："不要吃了你的心。"确实，说得严重一点，那种没有朋友可以倾诉心事的人，可以说是吃了自己的心的野人。有一件事却是很奇怪的（我把它说了出来就此结束关于友谊的第一种功效的谈论），即如果一个人向朋友宣泄私情，一定会产生两种相反的效果，它既能使欢乐倍增，又能使忧愁减半。因为没有人不因为把自己的好事告诉了朋友而更加快乐的；也没有人不因为把自己的忧愁告诉了朋友而不减少愁绪的。所以，就实际作用而言，友谊对于人心的价值，真的犹如炼金术士常常所说的，那些宝石对于人体的价值一样。这宝石，按照术士们的话，是能产生种种截然相反的效力，然而总是对人有利的。然而，假使不借助于术士，在普通的自然现象中，也可以很明显地看到这种情形。因为如果物体之间相合，就会助长并滋养任何其天生的作用，又可以削弱并挫折任何猛烈的外来打击。物犹如此，人心亦复如是。

友谊的第二种作用就在它能增进并支配理智，有如第一种功用之调剂并支配感情一样。因为友谊不仅在感情方面能使人走出狂风暴雨，而迈向明媚的春日，而且在理智方面也能使人从黑暗混沌而变得豁然开朗。这不仅指一个人从朋友处得来的忠谏而言；即使在得到这个之前，任何心中思虑过多的人，若能与旁人畅谈并讨论，则他的心智与理解力将变为风轻云淡；他的思想的动作将更为灵活；其思维将更加井然有序；他可以看出来把这些思想变成言语的时候它们是什么模样；他终于变得比以往的他更加聪明，而要达到这种情形，一小时的谈话比一天的沉思效果更显著——这些都是毫无疑问的。塞密斯陶克立斯对波斯王的话说得极是。他说："言语就像展览出来的花毯，其中的图形都是显而易见的；而思想则有如卷折起来的花毯。"友谊的这第二种功用（就是启发理智），也不限于那些能进忠言的朋友（他们当然是最好的朋友了），即便没有这样的朋友，一个人也能借言谈的力量增长知识，把自己的思想清楚地表达出来，并且把自己的机智磨砺得更具锋芒，就像在砺石上砥砺琢磨过一样。简言之，一个人如果实在无人可谈，与其窒息自己的思想，倒不如向一座雕像或一幅图画尽情倾诉比较好。

现在，为能够充分说明友谊的这第二种作用，我们再来谈一谈那个显而易见的、流俗之人也会注意到的那一点，就是朋友的忠告。赫拉克里塔斯在他的一句隐语中说得很好，"干燥的光永远是最好的"。毫无疑问，一个人从另一个人的诤言中所得来的光明，比通过他自己的理解力和判断力中所得出的光明更加干净纯粹：因为后者总是不免要受自我感情和习惯的浸润约束。因此，朋友所给的诤言与自己所作的主张之间的差别，如同良友的诤言与谄佞的建议之间的差别一样大。因为谄谀我的人不会超过我；而能有效防御谄媚的，没有比朋友的直言更厉害的了。诤言共有两种：一是关于行为的，一是关于事业。说到第一种，最能保人心神健康的预防药就是朋友的忠言规劝。一个人如果过于严厉自责，就像一种有时候过于猛烈、腐蚀性也过强的药品。读劝善的书不免让人觉得沉闷乏味。如果从别人身上观察自己的错误，有时则并不符合自己的实际情形。最好的药方（最有效并且最易服用的）就是朋友的劝谏。奇怪的是，许多人（尤其是伟大的人们）因为没有朋友向他们进忠告，故而做出极其荒谬的事情来，以致他们的名声和境遇均遭受重创。这些人有如圣雅各所说，"有时看看镜子，然而过不了多久，他就会忘记自己的容颜的"。讲到事业方面，一个人也许以为两只眼睛所见到的并不多于一只眼睛所见到的；或者以为局中人所见到的比旁观者所见到的多；或者以为一个发怒的人，和一个默数过二十四个字母[①]的人相比，二者是一样聪明的；或者以为一枝旧式毛瑟枪，托在臂上放和托在架上放一样地得力；他可以有许多类似的愚蠢傲慢的妄想，以为自己的一己之力就足够了。即使是那些事业在正轨上运行的人，也是需要忠言的。再者，假如有人想采纳别人的忠告，而愿意零星地采纳，在某一件事上问某一人，在另一件事上问另外的人，这样的办法也好（这就是说，总比谁也不请教的好），可是这样一来就会面临两种危险：一是他将得不到忠实的进言；因为所进的言论必须是来自一位完全忠诚的好朋友才行，否则的话，进言者都会因为自己的私利，而将事实扭曲。另一种危险是他所得到的进言，将是一种有危害而不安全的言论（虽然出发点是好的），一半会招致祸患，另一半是会补救或预防祸患的。就像你生病就医一样，虽然医生被认为擅长治疗你所患的疾病，但是他对你的身体状况却不了解，因此他或许会使你目前所患的疾病痊愈，但是将会危害你其他方面的健康，结果便是：病治好了，人也死了。一个非常熟悉你的事业和境遇的朋友则不然，他将会十分小心，在推进你目前的某种事业前进的时候，极力避免你在别的方面受到打击。所以最好不要依靠零星的忠告，它们扰乱和误导的可能大于安定和指导的可能。

友谊除了有这两种高贵的作用（安抚心情和与理智上的帮扶）之外，还有那最后的一种功效：这种功效就像多核的石榴。这句话的意思就是朋友对于一个人的各种行为，各种需要，都有所帮助和参与。在这一点上，若要把友谊的多种用途很明显生动地表现出来，最好的方法是计算一下，看看一个人有多少事情是不能靠自己去办理的：这样计算一下之后，我们就可以看得出古人所谓“朋友乃是另一个自我”，从实事上来看，这句话说的还不够，因为一个朋友比一个人的自身的用处还要大得多。人的生命有限，有许多人活着的时候，没有达成自己最大的心愿——如

① 这种制怒方法的方法就是默念字母，希腊文中有二十四个字母。

子女的婚事，工作之完成等等。要是他有一位真心的朋友，那么他就大可以含笑九泉了，因为他知道，在他死后，这些事情会有人替他完成的。如此一来，在完成心愿方面，一个人如果有朋友的帮助，简直就像有两条性命一样。一个人有一个身体，而这个身体只能在某一个地方，但是假如他有朋友，那么，他所有的人生大事都会有人替他办理的。就是他不能亲自去的地方，朋友也可以代替他去的。再如，碍于情面，有很多事情不能亲自去说或者去办：一个人不能随便说自己的长处，不然会有矜夸之嫌，就更不用说要为自己唱赞歌了；有时，一个人也不能低声下气地去求人；诸如此类的事情很多。这一切，如果从他自己的嘴里说出来的话，未免会让人觉得羞赧，但是如果是通过一个朋友的口中说出，那就比较好了。与此类似，一个人还会有许多的身份和关系，是无论如何也不能弃之不顾的。例如，一个人对儿子讲话，就不能不保持父亲的身份；对妻子讲话，就不能不保持丈夫的身份；对仇敌讲话，就不能不顾虑自己的体面；但是对一个朋友却可以就事论事，而不必顾虑到他人的情况。这一类的事情要一一列举出来是说不完的。总之，若是有某种事自己不能很得体地去做，却又找不到朋友去做的话，我只能告诉他一句话，那就是：你完全可以退出人生的舞台了。

论 消 费

财富是供人消费的，而消费应当以荣誉或行善为目的。因此，特殊的消费应当以其目的价值为尺度。如果是为了国家利益，和虔诚的信徒为了天国一样，是值得倾家荡产的。但日常的消费则应当以个人的财力状况为度。要支配合理，支出绝不能超过收入；并且谨防被家仆所欺骗；还得高瞻远瞩，力求以低于估计的支出，得到高于它的收益。既要外人看起来很体面，而实际的花费又要比别人估计的少。毫无疑问，如果一个人想要自己收支平衡，不至于贫困的话，应把他的日常花费控制在收入的一半以下。而如果他想变得富有的话，那他的支出就只能低于收入的三分之一。即便是大人物，亲自管理自己的财产也绝不是一件卑贱的事。有些人不愿意这样做，并不是他疏忽大意，倒可能是恐怕因检查而发现自己已经破产，平添无穷的烦恼。但是如果身体上有了创伤，不去检查是不会好的。完全不会检视自己财产的人一定要用人得当，并且最好常常换人，因为新人往往比较谨慎，而且没什么心计。不能常常清点自己财产的人，应当把支出的一切数目都计划好。

一个人若在某一方面开销较大，就必须在另一方面有所节制。比如在吃喝上花钱多，那么就应当在衣着上降低消费；要是在住房上花费比较大，就应当在马厩方面节省等等。因为处处花钱都大手大脚的人，难免会陷入困境。在清偿债务的时候，如果急于一下子还清，会和久欠不还一样有害。因为急于出售和多欠利息一样不好。除此之外，一次还清债务的人有可能重新走上借债的老路。因为他一旦发现自己轻易摆脱了债务的负担，就会故态复萌。而一点点偿还债务的人，就会养成节俭的习惯，这对他们的心灵和财产都是有益的。毫无疑问，有财产需要补救的人是不能轻视小节的。并且通常而言，与其低三下四地谋求小利还不如减少零星的花费更为体面。一个人的某项经济开销一旦开始就要长久继续下去，对此应该小心谨慎，但对那些一次性的消费则不妨大方一些。

论邦国的真正伟大之处

在一次宴会上，有人想请雅典人塞密斯陶克立斯弹奏一曲琵琶。他说自己不会调琴弄瑟，可是却会把一座小城治理成一个伟大的邦国。这句话听起来完全是自吹自擂，让人感觉这人很桀骜不驯，但是这话如果放在其他人身上，就会是一种严肃认真而且很睿智的说法。这句话（再用比喻稍微引申一下）表现出了当政者中的两种不同才能。如果认真观察一下执掌朝政的官员或政治家，也许可以发现（虽然这是很少见的）其中有几位虽然能够将小国治成大邦，但是却不会弹琴；另一方面，却可以发现许多擅长弹琴的，但却不会让小国变为大邦；甚至还有人具有与此相反的天才，竟然会让一个繁荣昌盛的国家变得衰败不堪。那些公卿大臣凭着某些伎俩赢得国君的欢心，他们的确是只配得上说是会“弹琴”，根本不配有更高的称呼。因为这些伎俩只不过是提供了一时的欢娱而已。虽然长于此技的人自己可以向人夸耀，但对他们所效力的国家的幸福与进步，则是毫无裨益的。当然，也有些公卿大臣配得上称为“贤臣”。因为他们能够治理国家，不使之陷于明显的危难和困厄之中，可是若要使国家在国力、财富、国运上都茁壮发展，他们是万万没有这个能力的。

现在我们不管执事的人如何，暂且谈谈国务本身：那就是，国家的真正伟大之处以及达到这种状态的途径。这个问题值得历来的贤明国君常常考虑，如此一来，他们就不至于因为过于刚愎自用而恣意妄为，徒耗国力，也不至于因为过于妄自菲薄而优柔寡断，采纳那些怯懦畏葸的计议。一个国家的疆土大小可以测量；赋税收入的多少可以计算；国民人口的多寡可以通过查阅户籍卷册得知；城镇的多少以及大小可以通过图表一目了然。然而在如何估算一个国家的真正实力方面，却很容易出现一些人为的错误。基督没有把天国比喻成任何巨大的果核或种子，而是将其比作一芥之微；即使是最不起眼的种子，却有一种能够迅速发芽并且蓬勃发展的特性与能量。与此相类似的是，有些国家虽然疆土辽阔，但是却国力衰微，根本没能力号令诸侯；还有些国家虽然幅员不大，但却有如那些毫不起眼的小植物，将来会成长为一个繁荣昌盛的伟大邦国。

如果一个国家徒然拥有坚固的城池、兵器库、战马战车、坚船利炮还有巨象等此类的东西，只不过是披着狮子皮的绵羊罢了，除非该国的国民体质强健而且具有好战的精神。不仅如此，如果国民没有昂扬的斗志，即便拥有再多的士兵也没有用处，维吉尔说过："一只狼从不在乎有多少只羊"，就是这个意思。在阿比拉平原上，波斯军仿佛铺天盖地一般汹涌而来，亚历山大军队中的将领不免惊慌失措。因此他们来到亚历山大面前，建议他在夜间偷袭，但是亚历山大却说："我不愿窃取胜利。"结果他们非常轻松地击败了敌人。阿米尼亚王蒂格拉奈斯率四十万大军驻扎在一座山头上，当他看见不过是一万四千人的罗马军队发起进攻的时候，就嘲讽地说："那些人如果是使节的话，来的太多了，如果是为了打仗而来的话，来的又太少了。"但是，那天的太阳还没落山，他赫然发现自己的军队已经被这些人追得疲于奔命，并且遭受到无情的杀戮。关于人数众多但却不骁勇善战的例子是很多的。

因此我们不妨断言，任何国家如果想要伟大，最主要的一点，就是这个民族要骁勇善战。"金钱是战争的筋骨"，这句话虽然很平常和老套，但是如果国民卑贱淫逸，那么就像国家两臂上的筋骨一样，就会变得软弱无力，即便是有再多的金钱，也无法成为战争的筋骨了。因为索伦对克瑞萨斯（当克瑞萨斯为了炫耀他的财富，而把自己藏的金子给索伦看的时候）所说的话很好：“陛下，如果另外一人前来，他的铁胜于陛下的铁，那么他就要变成这些金子的主人了。”所以任何君王或国家，除非自己的国民组成的军队是骁勇善战的，最好不要过于高估自己的力量。另一方面，如果有的国君希望拥有彪悍好战的国民，他应当知道自己的力量——除非这些国民在别的方面是有缺陷的。至于用金钱募集的雇佣军（那就是当自己的国民靠不住的时候可以指望的力量），所有的先例都证明：那些全然依靠雇佣军的政府或国君虽然可以得意一时，但却像鸟儿张开羽翼一样，很快就要遭受铩羽的命运了。

犹大和以萨迦永远不会得到同样的赐福，正如一个民族或国家不会既是狮子的幼崽同时又是负重的驴子。况且，一个民族既要担负沉重的苛捐杂税，又要国民骁勇善战，这是不可能的事情。一般而言，如果赋税是经由全体国民同意而征收的，而不是由掌权者片面征收，这样就不会减损国民的士气。荷兰的国税就是一个很明显的例子。另外，在某种程度上，英国的特税也可算是一个例子。读者必须注意我们现在所探讨的是民心向背的问题，而不是金钱多寡的问题。同样的赋税，不论是经国民同意与否，其所牵涉的金钱是一样多的，但是对于人民的士气而言，作用就大不相同了。因此你可以断定，凡是国民为赋税所苦的话，那个帝国的根基就不牢固。

凡是意欲励精图治的国君应当谨慎一些，不要让国内的贵族和绅士阶级膨胀过快。因为如果这样的话，会让国内的平民变为农奴，他们的意志就会非常沮丧，因为他知道，自己只不过是上流社会的奴仆罢了。这就好像你在灌木丛林中看到的情形一样，假如你将小树留得过于密集的话，你就永远看不到矮小的灌木丛，只能看见那些茂密的小树。与此相类似，如果一个国家之中上流社会的人数过多，平民地位必然就会变得卑下起来，你将会看到这样的结果，那就是一百个人里面没有一个配戴盔甲的，即使是被誉为军队的神经系统的步兵也是如此。如此一来，国家就会变得人口众多，但是国力却很薄弱。关于这一点，最好是比较一下英国和法国，这个例子刚好能说明它：这两个国家之中，虽然英国在疆域和人口方面不及法国，然而如果两军对垒的话，法国却不是英国的对手。因为即使是一般的英国民众也能成为骁勇的兵士，而法国连农民都不能当好士兵。在这一点上，英王亨利七世建立的制度（关于这一点鄙人曾在拙著《亨利七世本纪》中详谈过）真是用意高远，令人赞叹。他把全国的田庄农舍都整齐划一。所谓整齐划一，就是依照他的规定，凡是田庄农舍必须限定在一定的土地范围之内，而限度就是能够使该田庄农舍里的人能自给自足，而不至于会沦为奴隶。而且，这项制度还使耕田的人成为田地的主人，而不仅仅是雇佣的佃农。这样，就可以达到维吉尔所描写的古意大利的富庶情形了：

兵精粮足，物阜民丰。

还有一种情况（据我所知，这种情况几乎是英国特有的，除了或者在波兰以外，在别的地方恐怕是不存在的）也不容忽视：那就是服侍贵族和绅士的都是自由人，而这些人一旦从军，丝毫不亚于拥有中等资产的平民。因此，贵族和上流社会的生活中那种种奢华习气、筵宴风气和繁文缛节一旦蔓延开来，的确会让军队声威大震。反之，贵族与上流阶层的生活若是吝啬促狭的话，则将使国家的军威大大削弱。

无论用什么方法，都比不上尼布甲尼撒梦中所见的帝国之木，因为它强大到能够生长出繁枝茂叶。这句话的意思就是，皇帝或政府国民同归他们管辖的异族人的多寡要成正比。因此，所有那些容易使异族人入籍的国家都是能够成为伟大帝国的。如果一个势单力薄的民族智勇超群，可以征服并统治庞大的帝国，这种情形是可以在短时间内实现的，但是这样的国家很快就会突然灭亡的。斯巴达人对于异族人入籍之事过于苛刻，因此，如果他们固守住自己微薄的国土，国家的地位也会非常牢固。但是，一旦他们开始四处扩张，枝干将不能支撑繁茂枝叶的时候，他们就突然灭亡，就像果实被风吹落在地上一样。在异族人入籍这个问题上，从来没有一个国家像罗马帝国那样能够包容和吸纳异族人的。如此一来，罗马人也因此得以善终，因为他们成了世界上最伟大的帝国。罗马人的办法是不仅将国籍权（他们叫做公民权）赐予愿意入籍的异族人，而且给予他们相当广泛的权利。也就是说，他们不但把贸易权，婚嫁权和继承权给予愿入籍的异族人，甚至还将选举权和任官权赐予这种人。并且这种授权并不限于某一个人，而是可以泽及其整个家族的。不但如此，即使是某个城邦的人，甚至是某个国家的人也可以享有罗马公民的权利。此外再加上罗马人一直都有向外移民和殖民的传统，于是罗马这棵枝繁叶茂的大树便会从本土扩张蔓延到异乡。综合来看这两种制度，你当然可以说并不是罗马人扩张到全世界了，而全世界的人都发展到了罗马。而这种情形确是强国之策。我曾经觉得西班牙非常奇怪，就是地道的西班牙人非常少，他们怎么能够占据并统领这么大的属地呢？但是西班牙本国的疆土的确像是一株参天大树，相比较于罗马和斯巴达的初期，不知道强盛多少倍。而且，虽然他们没有允许异族人入籍的传统，可是他们有一个仅次于这个传统的办法：那就是，他们军队中的普通兵士根本不分本族与异族。不但如此，有时他们的最高将领也有异族人。再者，从西王腓力普所颁发的诏书①看来，他们现在已经意识到了本国人口不足的这种情况。

毫无疑问，从事一些技巧性的手艺活儿以及各类精密的制造工艺的人（需用灵巧的手指而不是超人的膂力），其本性与好战的心理大相径庭。一般来说，所有好战的民族都有点游手好闲，热衷于冒险而不是辛苦劳作。如果我们要他们仍旧保持那种骁勇

① 指西班牙王菲利普四世所颁发的诏书，内容主要是赋予西班牙外籍人更多的公民权。

善战的劲头儿，那我们就不能过于限制或者妄图改变他们的喜好。因此，古代的斯巴达、雅典、罗马，以及其他的国家都蓄养奴隶，让他们担任那些工作，这使他们那些国家受益匪浅。但是大部分蓄奴制度已经被基督教的教律给废除了。和蓄奴制度最接近的办法就是把大部分的技巧性工作留给异族人去做（因此，异族人也容易在所在国容身谋生），而本国一般民众中的大多数应该限于从事三种工作或职业——农民；自由的仆役；要求身强力壮的工作，如铁匠、泥匠、木匠等各种工匠。这还不包括正式的军人。但是，如果一个国家想振兴强大，最重要的是，全国上下都要把军事战略看作是至高荣誉、学问和职业。因为我以上所说的那些事情只不过是军事上的准备工作而已。但是如果没有目的和行动，准备又有什么用呢？罗缪剌斯死后（这是根据人家的传说或是虚构的）送给罗马人一个忠告，让他们在战事上最为留心。如果他们这样做的话，就会成为世界上最大的帝国。斯巴达的国家结构完全是（尽管不太巧妙周到）以军事为惟一目的和准则而构建的。波斯人与马其顿人在短时间里有过这样举国皆兵的情形。高尔人、日耳曼人、戈斯人、萨克逊人、诺曼人和其他的民族在某一时代都有过这样的情形。土耳其人在如今还是这样，虽然这个国家已经非常衰颓了。在欧洲的基督教国家中，有这种情形的实际只有西班牙一个国家。但是无论什么人，其最受益最多的就是平日最用心的，这个道理非常明显，我们不必多说，这里只要稍加点明这一点：那就是，完全不尚武的国家根本别指望会突然变得强大起来。与之相反，那些长期尚武的国家（就像罗马人和土耳其人所做的那样）一定会建立卓越的伟业霸权，这是历史上最可靠的教训。而有些国家仅仅在某一时期曾经尚武，也曾多半变得强盛起来，即便后来他们对武力的崇尚和应用已经势渐衰微，这种强盛的情形依然会给他们强有力的支持。

与此相关的还有一点，那就是，一个国家最好有一些法律或风俗，这种法律和风俗要使他们有正当的作战理由（或至少是一个借口）才好。因为人性中有一种天生的公道之心，除非有那么一点儿作战的根据或理由（至少是勉强可以称得上是由头的原因），否则的话，他们是不肯加入那凶险难测的战争的。土耳其的国君为了作战，经常以传播他的宗教为理由。这是一种很便捷的、随时可以利用的借口。罗马人虽然成功地开疆拓土，并且将这种荣耀归功于统领军队的将帅，然而他们从来都没有把开疆拓土当作是寻衅的好理由。因此，凡是立志强盛的国家，首先应该具备这个特点，那就是，对于别国的侮辱挑衅，要非常敏感，无论是这种向周边国家的侮辱挑衅，还是施于本国的商人或使节的，并且一定不要纵容别人的挑衅；第二，他们应当常常准备好援助自己的同盟国，就像罗马人一直以来所做的那样。罗马人是这样做的，假如有一个国家与罗马之外的许多国家都缔结了盟约，彼此承诺互相保障，一旦有敌国前来侵犯的时候，这个国家就会向缔约的各个国家分头乞求援助，而罗马人总是首先派出援军，从不让别的任何国家抢先。至于古人为了拥护某一党派或实质相同的政体而发起的战争，我不懂其中有什么正当的理由。例如罗马人为了希腊的自由而战，斯巴达人和雅典人为了建立或颠覆民主政治和寡头政治国家而战，又如某一个国家的国民，假借公道或人道的名义，去解除其他国家中的专制与压迫现象，诸如此类便是如此。总之，凡是不打算有正当理由才即刻出兵的国家，也就不要指望自身会强大起来。

不论是个人的身体或国家的团体，如果不运动就不会强健有力。而对于一个王国或共和国，一场有理由的光荣战争才是一种真正的运动锻炼，这是毫无疑问的。内战就像患病发烧；而对外宣战则像是运动出汗一样，是可以保持身体健康的。因为在一种懒散的和平之中，国民之气就会变得非常萎靡，其道德也会随之衰败下来。但是，不管为了国人的幸福着想，还是为了国家的强大起见，大部分国民经常从事战事装备是很有利的。一支经常“运动锻炼”、并且久经沙场考验的军队的力量（虽然这种力量代价高昂），正是号令诸侯的有力工具（或者至少能有这种美名）。西班牙就是一个很明显的例子，它差不多在欧洲各处都长期驻有精兵，已经大概有一百二十年之久了。

如果一个国家成为海上的主人，那就等于已成为一个帝国。西塞罗曾经致书阿蒂苦斯，在论及庞培对恺撒的军事装备时说："庞培所遵循的是一种真正的塞密斯陶立克斯式的策略：他认为那掌握海上霸权的人，就是操纵一切的人。"无疑，如果庞培不是一时自大轻敌，放弃水战而冒险登陆的话，他一定会使恺撒疲于奔命的。我们知道海事战争的重大影响。埃克兴之战决定了罗马帝国的归属；勒盘陶之战制止了蛮横的土耳其人。海战常常成为全部战争中至关重要的一役，这样的例子举不胜举。这种情形固然是因为君主或国家元首们喜欢把一切都由海战来决定，然而有一点是可以肯定的，就是掌握了海上霸权的一方才是自由的，在战争方面它是可多可少，随心所欲。与此相反，那些在陆军方面实力雄厚的国家却往往感到极大的困难。毫无疑问，今时今日，我们欧洲诸国之中，海上的势力（这种势力是上天赋予大不列颠的主要优点之一）是一种很大的优势。一是因为欧洲诸国大多数不是纯粹的内陆国家，其边境的大部分都是濒临海岸线的；再者，只有那些掌握这海上霸权的人，才能得到东西印度的大部分财富。

古代的战争给人留下的印象是无比辉煌荣耀的，与之相比，近代的战争简直是在黑暗中打的。为了鼓励军中士气，现在也颁发一些爵位勋章等等，然而这些东西的颁发是杂乱无章的，根本不分军人和非军人都可以得到。此外，也许还有些纪念的铭语，伤兵医院等等诸如此类的东西。但是在古时，在胜利的地点建一些追悼或纪念阵亡将士的石碑，还有奖给个人的桂冠花环、赐予大元帅的名号（就是后来的各国君主所借用的）、为凯旋将帅举行胜利游行、士兵复员给予隆重的犒赏等，这些都能激发士兵的勇气。但是，最重要的莫过于罗马人的凯旋仪式，这种凯旋仪式并不仅仅是仪式或夸饰，而是一种极其聪明伟大的制度。因为它里面包含三种内容：在将帅方面是尊荣；在国库方面是以缴获的战利品充实了国家的财富；在军队方面是赏赐。不过那种尊荣也许是不适于君主国的，除非将它归功于国君本人或他的子嗣，就像后来的罗马皇帝们所做的那样，他们把自己或子嗣曾经亲自参加的战役的凯旋仪式交给自己或子嗣去办，如果胜仗是来自臣子的指挥得当，则仅对统兵将帅赐以庆功的礼服和勋章。

总之，正如经文所说的那样，谁也不能靠自己的心思而使人体增加哪怕是一寸。但是在王国或共和国中就不一样了，君主或执政者可以使他们的国家壮大起来，因为如果他们肯把我们上面论及的法令、宪章、习俗在国内试行，那么他们可以给后世或继位者奠定坚实的基础。然而大多数人都会忽略这些事情，一切只好顺其自然，究竟如何只能看他们的运气了。

论 养 生

人应当善于观察，要能甄别哪些东西对自己有益，哪些东西对自己有害，这种观察的智慧是最好的养生之道，远在医学的规律范围之外。但是在下结论的时候，如果说“这个对我不适合，因此我要戒除它”，比断定“这个对我好像没有什么害处，因此我要使用它”要安全的多。因为人在身强力壮的青少年时代可以允许有很多不良嗜好，但这些行为等于记在账上，到了晚年如果不变更的话，是一定要悉数偿还的。随着年龄的增长，要明白一点，不要以为可以永远做同样的事情，因为岁月不饶人。在饮食的重要部分，不要突然变更，如果不得不改变的话，其余部分也要做出相应的调整，以便整体能够协调一致。因为无论在自然界还是在国家政治方面都有一个秘诀，就是改革局部不如改革整体更加安全。反省一下你日常的饮食、睡眠、运动、穿着等习惯，把其中你认为有害的习惯戒除掉。但是，如果你发现这种改变带来不便的时候，就应当回到原来的习惯去。因为通常要想区分以下几者是很困难的：有益卫生的习惯、对个人健康有益的习惯以及适合自己身体状况的习惯。

在吃饭、睡觉和运动的时候，如果能够做到心胸坦荡、精神愉悦的话，这是延年益寿的最好秘诀之一。至于内心的情感及思想，应当避免嫉妒、焦虑、压抑的怒气以及进行费解的研究、过度的欢乐、无法宣泄的悲哀等情绪。心中应当经常充满希望和欢乐，但不要过度狂欢；寻找不同的乐趣但不要过于沉溺而无法自拔；保持好奇之心与欣赏的眼光，以获得新鲜的情趣；进行正大光明的学问研究以充实头脑——如阅读历史、寓言或观察自然。如果你在健康的时候完全用不着药物，等你需要的时候将会发现你的身体对它很不习惯。如果你平日滥用药物，一旦疾病降临，药物可能就不会产生奇效了。我建议与其常服药，还不如按季节调整饮食，除非服药已经成了一种习惯。因为那些不同的食物可以活血通气，却很少扰乱气血。但也不要忽视身体上任何新近出现的小毛病，应当防微杜渐。生病时，主要着意于恢复健康；健康时，主要是注意进行运动锻炼。因为那些平时身体健康的人在大多数不太严重的疾病中，只要调节饮食注意调养，就可以痊愈。塞尔撒斯要不是一位智者的话，仅以医生的身份是永远不会说出下面的内容的。他教人健康长寿的方法，最重要的就是设法把各种相反的习惯都变换着练习，但是最好还是应当偏重有益于人的一面。例如禁食与饱食都应当练习，但还是以吃饱为好；失眠与睡眠还是以睡眠为好；静坐与运动还是以运动为好等等。按他的说法，既要对天生的体质充满信心，也要对其合理调养。

有些医生太迁就和纵容病人的脾性，以至于自己不能正确有效地进行治疗；而有些医生则非常刻板教条，完全依照治病的程序行事，以致不能充分考虑病人的实际状况。选择医生的时候最好请性情适中的人，如果一个人没有这样的性情的时候，则在两类人里各任选一个进行综合。还有请医生的时候，名望固然很重要，但切记一定请最熟悉你身体状况的医生。

论 猜 疑

猜疑之心犹如鸟类中的蝙蝠，它总是在黄昏中飞行。的确，猜疑应当制止，或者至少也应当好好戒备。因为这种心理使人心智迷乱，疏远亲友，而且扰乱事物，使之不能顺利进行，照常运转。猜疑容易使为君者暴戾成性，为夫者产生嫉妒之心，智者优柔寡断而且抑郁不乐。猜疑不是心理有障碍，而是头脑有问题。因为即使天性果敢的人也可能会感染这种心理，例如英王亨利七世就是这样。世间从没有比他更多疑的人了，当然也没有比他更果敢的人。正是由于有这样的气质，所以猜疑对他的危害并不大。因为像他这样的人对于种种猜疑，通常不会贸然相信，而一定要先审查其是否可能。但对天性懦弱的人而言，猜疑则会很快滋长。容易使人们产生疑心的，无非是知道的情况很少，因此人们想要消除疑心，应当使之多了解情况，而不是想方设法使其疑窦丛生。人们究竟希求什么？难道他们以为跟自己打交道的人都是圣人吗？难道他们以为这些人不会为自己打算，并且忠于别人胜过忠于自己吗？因此，想减缓疑心的话，最好的办法是假设所猜疑的是不对的，而设法把它压制或消灭；同时又要把它当成一回事儿，而严阵以待设法防范。人们对疑心的利用仅此而已，那就是预先做好准备，如果这种猜疑是真的，自己可以免受其害。自己思想上所滋生的怀疑不过像蜜蜂在嗡嗡作响，但是通过传闻和爱拨弄是非的人而滋长的猜疑，很可能是一根有毒的刺。当然，在种种猜疑里，最好的消除方法就是与所怀疑的对象开诚布公地谈谈，这样你一定可以比以前更多了解对方，而同时又可使对方更加慎重，不给猜疑留下更多的余地。但是对于那种卑劣的小人，这种方法是不可行的，因为他们一旦发现自己被怀疑，将会永远去制造骗局。意大利人有一句话："受人疑者不必忠实。"好像疑心给了忠心一张离开的护照，但实际上疑心更应当燃起忠心之火，以证明自己的清白。

论 辞 令

有些人在他们的谈话中，渴望博得机敏善辩的美名，却从不关心对真伪的辨别，似乎知道应当说什么而不知道如何思想是一件值得称赞的事。有些人津津乐道于某些平淡无奇的话题，即便是缺乏变化的。这种话题往往单调乏味，一旦被人发现又难免令人感觉荒唐可笑。辞令中最可贵者是善于引出话题，并且能控制自己的话适时转移到其他话题。这样的人真可以说是长袖善舞了。言谈最好能有所变化，如在时事中杂以辩驳，故事中加以说理，提问中参以抒发己见，幽默中和以庄语。因为单调无聊的谈话会令人生厌，如现在所说的“鞭策过度”。有时候是要避免幽默的，例如涉及有关宗教、政治、要人的话题，以及谈到任何重大而紧急的事和任何值得同情的事的时候。然而有些人却认为语言一定要辛辣刻薄，触及别人的痛处，否则将无法展现他们的聪明才智。这种习性应当制止，如古人所说的“孩子，多拉缰绳，少打马鞭”。通常而言，人们应当能辨别出咸与苦的不同。当然，喜欢挖苦讽刺别人，使别人害怕他的口舌之利的人，也会因此而惧怕别人的记忆力和报复心。在谈话中善于提问的人，将会学到很多东西。尤其是所提的问题正好是被问者的特长会更好，因为这样不仅可以使被提问者乐于传授，而且自己也可以源源不断的接受新知识。但所提问题不能烦琐棘手，因为那更适合对一个人的盘问。还要注意，应当使在座的每个人都有发表意见的机会。

不仅如此，如果有人想独占话局，就应当设法把这种人支开，使其他人能开口说话。就像音乐家看见有人跳那种三拍子舞蹈跳太长时间，就去阻止一样。假如别人认为某事你应当知道你却要假装不知，那么以后你确实不知道的时候，别人也会认为你是知道的。关于自己的话应当少讲，而且措辞应当谨慎。我认识一个人，他总是这样讽刺自吹自擂的人："他一定是个聪明的人，因为居然对自己无所不知。"一个人在赞扬他人优点的时候，尤其是以此来衬托自己的优点，只有以这样的形式来赞美自己才不会出丑。伤人的话应当少说，因为谈话应当像一片广阔的原野，使每个行走其中的人都可以左右逢源，而不应当像一条只能抵达一家门口的单行道。我认识两位英国西部的贵族，其中一位喜欢嘲笑他人，但是家中的宴席总是一流的，丰盛至极。另外的一位常常问那些曾经出席宴会的人："请说实话，在他的宴席上难道真的没人受他嘲弄么?"做客的人对这个问题的答案就是"席间发生了某事和某事。"这位贵族就会说："我早就猜到他一定会把好好的宴席搞砸的。"慎言胜于雄辩，用对方乐于接受的方式和对方谈，比优美的措辞、清晰的条理更为重要。一篇滔滔不绝的演说，如果缺少了巧妙的问答，就会显得呆板凝滞。如果善于应答却没有一个好的、固定的主题，则又会显得浅薄无力。这就如我们在动物界所看到的一样，最不善于行走的，转弯儿时却最敏捷，猎犬和野兔的区别就是这样。谈话要掌握好分寸，切入正题以前过多地绕弯子会令人讨厌，但一点也不考虑细节，则又会显得唐突。

论殖民地

殖民地是古时候的初民和英雄开创出来的。当世界还在年轻的时候，它生了许多子女，但是它现在老了，所生的子女也就减少了，因此我不妨说新的殖民地是以前国家的子女。我认为殖民地最好是一片未开垦的处女地，这样一来，在那个地方就不会因为栽培新的而铲除旧有的一切。否则就不是殖民，反倒成为灭民了。建立一个新的国家就像植树造林一样：必须先做好前二十年赔本的心理准备，直到最后才能指望获利。大多数殖民地之所以灰飞烟灭，其主要原因，就是殖民之初急功近利、涸泽而渔。当然，为了殖民地的利益，迅速获利也是不容忽视的一面，但应该是有节制的。将本国人中的败类、以及作奸犯科之徒集合起来作为最初的移民，这是一件可耻而且要受诅咒的事。不仅如此，这种办法还会破坏殖民地，因为这些人将永远过着游手好闲的生活，整日不务正业，好吃懒做，浪费粮食，并且他们很快就心生厌倦，然后就会给家乡人写信败坏殖民地的名声。移民的应该是园丁、农民、工人、铁匠、木匠、细木工人、渔夫、猎鸟者，以及少数的药剂师、外科医生、厨师、面包师。如果想要在某个地方发展殖民地，第一先要到各处进行考察，看那个地方有什么天然野生的粮食可以利用，如栗子、胡桃、菠萝蜜、橄榄、枣子、李子、樱桃、野蜂蜜之类的。然后再看那个地方有什么作物可以迅速生长，一年以内就可以成熟，如防风草、胡萝卜、芜菁、洋葱、小萝卜、菊芋、玉米等等。至于小麦、大麦、燕麦等种植起来太费力，你不妨就先种上一点儿豌豆和大豆，一则因为它们较为省力，再则因为它们既可以用来做面包，也可以当菜吃。与此类似，稻米的产量很大，并且它也是一种主食。尤其重要的是，应当在殖民开始时多带些饼干、燕麦粉、面粉等东西过去，直到自己能做出面包为止。至于家畜家禽之类，主要应当带那些不易生病而繁殖最快的：如猪、山羊、公鸡、母鸡、火鸡、鹅、家鸽等这一类的动物。

殖民地的粮食供应，应该像一个被围的城镇那样，就是说，每人应有定量的粮食。土地的绝大部分应该作为苗圃或麦田，而且收入应该归公家。所收获的农产品应当先储藏在公仓里，然后按既定的数量分配。此外还应当留下一些田地，可以让任何个人自由耕种。同样，也应当留心殖民地的土壤适合生长什么样的作物，如此一来，这些作物可以在某方面稍稍减轻殖民地的担负(如上所说，不会因为时机未到而成为当地主要行业的拖累)，如弗吉尼亚的烟叶便是如此。一般来说，在许多地方森林树木只会多不会少，因此木材也可算是上述的物产之一。如果有铁矿资源，并且还有河流，可以让人在河边上建起磨来。那么在森林资源丰富的地方，铁就是一种可贵的物产了。在气候适宜的地方，应当试着开始煮盐。与此类似，如果能够种植苎麻织布，这也是一种可贵的物品。在松柏成林的地方，就一定会有松脂和柏油的。因此，药材和香木这一类的东西，只要产量大，获利一定很可观。还可用做肥皂的碱灰，以及其他可以发现的物品，也都是可以从中获利的。但是不可过于注重矿产，因为把宝都押到矿产上是很不可靠的，而且常使移民在别的方面变得非常懒惰。至于在统治方面，最好由一人掌权，然后让若干议事官员来辅佐他，并且最好让他们施行戒严法令的权力有个限度。尤其重要的是，让人们既能从荒野居住中获益，而且心中又永远保持着对上帝的敬畏和为上帝服务的思想。殖民地的政府不能过于依靠居留在本国的议事官、长官及委员之流的，这些人的数量应该适中，而且这些人最好是贵族和绅士，而不是商人，因为商人总是重视眼前的利益。在殖民地还没有巩固之前，最好不要用关税来束缚它，不但不要对殖民地的人民征以苛捐杂税，还要使他们有把自己的物产送到可以获取最大利润的地方去的自由——除非有特殊理由才应当防止这种情形。将一批又一批的移民送到殖民地去的速度不要过快，免得那个地方人满为患。与此相反，应该留心殖民地的人口何时减少，然后再按比例补充进来，但务必要使殖民地的人民可以安居乐业，不要让他们因为人数过多而陷入贫困。

有些建筑在海滨河岸的殖民地，或许会因为条件恶劣的缘故，危害到当地居民的身体健康。因此，早在拓荒之初，你可以在上述的那种地方建房，以避免运输及其他的不便，但是此后从长计议的话，应当往河岸边的高处建筑房屋，而不要沿河建筑房屋。并且殖民地的人还应当存储大量的食盐，以便在必要时腌制食物，这样食物才不会腐烂，这也关系到他们的身体健康。如果你在有野蛮人的地方殖民，不要仅仅用一些不值钱的小物件或玩具讨他们的欢心，而要公正仁慈地对待他们，同时又要有充分的戒备心理，也不要帮助他们攻击他们的敌人以取悦于他们，但是在他们受敌人攻击的时候，帮助他们自卫是正确的。此外还应当常常在他们之中选派若干代表送到殖民的本国去旅游观光，好让他们看到比自己所过的更好的生活情形是什么样子的，并且在回到殖民地之后可以对此大为赞扬。殖民地的实力增强之后，不但可以迁移男子，也可以迁移妇女过去，这样那殖民地的子民就可以世代繁衍下去，而不至于永远由外面补充进来。如果在一个殖民地已经大有进展的时候弃绝它，那是世界上最大的罪恶，因为这不仅是一种耻辱，而且扼杀了许多可怜的人，因之犯下杀人之罪。

论 财 富

我更乐意把财富叫做“美德的包袱”。罗马语有一个词更好——累赘。因为财富之于美德，正如辎重之于军队，虽然不可或缺，更不可以抛弃，但是它却会成为行军中的阻碍。并且，有时候会因为考虑到辎重，而失去或影响到胜利。巨大的财富并没有什么真实的用处，它只有一种用处，就是施之于众，其余的都不过是幻想而已。所以所罗门说：“财富固然很多，但前来瓜分的人也很多。而它的主人除了能饱一饱眼福之外，还会享受到什么呢?”一个人的财富累积到某种程度之后，便远远地超出了个人享受的范围。他可以将这种财富藏诸深山，也可以分配并赠送他人，或者因此而声名远扬。但是对他本人来说，这些财富是没有实际用处的。我们曾见过世人赋予小小的石头或珍稀之物以不可思议的虚价，也曾见过世人的一些夸耀之举，这似乎说明财富还有点儿用处。但是你也许会说，这种财富可以买通关节，使人远离危险或困难。如所罗门说的：“在富人的想象中，财富有如一座坚固的城池。”这话说得极为精妙，因为这在想象中的确如此，在事实上则未必这样。因财富而招致覆灭的人，的确比为财富所救赎的人多。不要追求用以炫耀的财富，必须寻求你用正当手段得来、并且可以郑重地使用、愉快地施与乃至安然地遗留的那种财富。然而也不要有一种遁世的或乞僧式的对财富的轻视。对这几点应当加以甄别。如西塞罗关于拉比瑞亚斯·波斯丢玛斯所说的："他对财富的追求，看起来他所求的并不是为满足贪念，而是希望能够多行善事。"还应当听从所罗门的话，不可急于敛财致富，"想要一夜暴富的人必定不清白"。

诗人们的寓言说，当普卢塔斯（就是财神）为丘比特（天帝）所派遣的时候，他步履蹒跚，行动缓慢；但是当普卢陶（阎罗）派遣他的时候，他就跑得很快。这个寓言的意思就是，用善良的方法和正当的工作得来的财富来得很慢；但是因别人的死亡而来的财富（如遗产，承继等）则是在刹那间降临的。但是如果把普卢陶当做魔鬼，这个寓言也很贴切。因为当财富是从魔鬼那里来的时候（如由欺诈、压迫和其他不正当的手段而来的财富），财富就来得很快。致富的方法很多，而其中大多数是见不得人的。吝啬是其中最好的一种，然而也不能算纯洁无瑕，因为吝啬的手段使人不肯施舍救贫。开发土地里的产物是最自然的致富之道，因为这些产物是我们大家的母亲——大地——的赏赐，但是用这种方法发财是很慢的。然而如果有钱人愿意屈尊从事农牧矿产之类的事业，他们的财富将会飞速增加。我从前认得一位英国的贵族，他的钱财是当时人们中最多的，他还是一位大草原的主人、大牧场的主人、大森林的主人、大煤矿的主人、大铅矿的主人、大铁矿的主人和许多其他此类产业的主人。因为这个缘故，土地之于这位贵族就像一片汪洋大海，因为它带给他的进项是源源不断、永不枯竭的。

有人说，他自己掘到第一桶金时很艰难，而到了后来大富大贵就很容易了，这话千真万确，因为一个人如果已经富有到可以坐等市场行情好转，并且做成常人无钱办理的交易，又能与年轻一点的人的事业合作的时候，他的财富肯定会飞速增长的。

由普通的各种生意和职业得来的财富是诚实合法的，其财富增值的主要原因一是勤勉，二是在交易上有正直公平的好声望。那些用奸诈手腕做生意并获利的则是比较可疑的，如：乘人之急需而哄抬价格、贿赂某人的仆役和亲信、用诡计使别的较为公道的商人无从接近，而你得以做成生意，诸如此类，不一而足，这些人都是奸诈卑劣的小人。至于那些狠杀价和买贱货的人，其目的不在自己持有这种货物，却在转售给他人，榨取现在的出售者与以后的购买者双方的财富。合股的生意，如果所托的人选择得当，也是能够致富的。放高利贷乃是获利的最可靠的方法之一，虽然它是最坏的方法之一：因为这种方法，可说是让他人汗流浃背，而放债的人却不劳而获。不但如此，这种人还在安息日耕田。然而放高利贷虽是很靠得住的致富之道，这种方法也不无缺陷，因为介绍人和中间人常常为了自己的利益会替信用不佳的人夸下海口。

某种发明或特权有时能使人一夜暴富，如加那利群岛上的第一个糖业家。因此，如果一个人能做真正的论理学家，也就是说，他既有发明创造的才华，又有判断分析的能力，他的确可以快速致富的，在好的时代尤其如此。依靠固定收入的人是不容易致富的；把一切财产都搁在冒险投资上的人往往会倾家荡产；因此最好能有以某种固定的收入为冒险事业的防御，以便遇到损失惨重的时候，可有相当的保障。专利与独家销售某种货物如果没有过多的束缚，是很好的致富之道，尤其是做这种事的人如果能知道某种货物将要有广泛的需求因而预先购存的时机最好。由服务而得来的财富，虽然来路最为高尚，然而这种财富假如是由谄谀逢迎以及其他的卑贱行为而得来的，则可算是一种最卑劣的财富了。至于图谋遗产及遗产监理权之类的事情（如泰西塔斯关于塞奈喀的话：“无子嗣者和他们的遗产都被他取入囊中。”）则比上面所说的诸事更为卑劣，因为在这种情形里，卑躬屈膝以奉承的人乃是卑贱之流，不如在服务中所奉承的人乃是王公贵人。

不要相信那些表面上蔑视财富的人，他们蔑视财富是因为他们对财富心生绝望。如果他们有了财富的时候，再没有比这人爱财的了。不要爱惜小钱，钱财是有翅膀的，有时它自己会飞去，有时你必须放它出去飞，好招引更多的钱财回来。人们通常把钱财或留给亲属，或留给公家。在两方面，只有适中的数目收效最好。如果给子嗣留一份大家业，但他的年龄和学识都不足的话，那么这方法就像放下鸟饵一样，会诱致一群鸷鸟翱翔于你的子嗣身旁，它们希冀什么时候能将之吞噬一空。与此类似，为虚荣而捐出的款项、基金等，就像没有加盐的祭品一样，只不过是表面看起来光鲜，不久就会从内部腐烂的。因此，不要以数量为你的馈赠的标准，而应当适度。再者，也不可一直拖到死后才捐款给慈善事业，因为，假如把这件事正式地考虑一下，就可以看得出这样做的人其实是慷他人之慨，他所花的钱财是别人的，而不是他自己的。

论 预 言

这里我所谈的既不是神灵的启示，也不是异教的谶语，更不是天然的征兆，而仅仅是那些似乎是有根有据、但却又莫名其妙的预言。女巫对扫罗说：“明天你和你的众子必与我在一处了。”荷马有如下的诗句：

然而伊尼埃斯一族将统治各处的海岸，
他的子与孙，以及他的子的子孙。

这好像是一个关于罗马帝国的预言。悲剧作家塞奈喀写过以下几句诗：

——将来终有一天，
海洋将解开天然的束缚，
有一片大陆将呈现出来，
蒂夫思将发现新的世界，
土勒将不再为地极之国。

这似乎是关于发现美洲的一种预言。波利克拉特斯的女儿梦见丘比特替他父亲沐浴，阿波罗给他涂膏油，其后波利克拉特斯果然被钉在十字架上，灼热的太阳将他烤得遍体流汗，然后又有雨水冲刷他。马其顿王腓力普梦见他把他妻子的肚子封了起来，据此他以为他的妻子将不能生育。但是预言者阿利斯坦德却对他说他的妻子怀孕了，因为一般人认为空着的瓦罐器皿是不会封起来的。马喀斯·布鲁塔斯的帐中曾出现过一个鬼影，对他说："你会在菲力帕再次遇见我的。"提比乌斯对加尔巴曾说："加尔巴，你也将会尝到帝国的滋味。"在维斯帕显时代，东方流传着一种预言，说是从久地亚出来的人君，将统治全世界。这个预言虽然也许是为救世主耶稣而发的，泰西塔斯却以为指的是维斯帕显。道密先在被杀之前一夜，梦见从自己的颈项上长出了一颗金子做的头颅，果然他的继任者就创造了持续多年的黄金时代。英王亨利六世当亨利七世还是幼童的时候，给他进水时对别人说："这个孩子将来会享受到我们现在所争的皇冠。"从前我在法国的时候，曾从一位辟纳医生那里听来一个故事，他说一位笃信法术的法国王后曾把她丈夫的生辰拿给一位术士去算，但却用的是一个假名字。那术士断言，这人将于决斗中丧命。王后听了这个预言哈哈大笑，她认为不会有人向她的丈夫挑战或要求决斗的。但是他后来竟死于马上比枪的游戏，因为蒙高摩利破裂的枪头刺入了他的半面罩①中。

我年幼的时候，正是伊丽莎白女王时代最鼎盛繁华的时候，那时我听过一个很普遍的预言，它说：

麻织成线啦，
英国就"干"啦。

大家都以为，这个预言的意思是这样的：把英国君主的名字（就是 Henry，Edward，Mary，Philip，和 Elizabeth）的头一个字母排列起来，就成了 Hempe 这个单词，也就是等到这几位君

① 古时军人所戴的一种连在头盔上的、可以移动的、遮住脸的下半部分的面罩。

主退位之后，英国便会大乱。感谢上帝的恩典，这种情形并没有发生，仅仅在英国的国名上得到印证而已；因为当今国家的名号不再是英格兰王，而是不列颠王了。在 1588 年以前，也有个预言，但我却不是很明白：

有一天将要看见，
在 Baugh 与 May 之间，
挪威的黑色舰队。
等这个去了之后，
英国啊，用石头与石灰筑房吧，
因为以后不会有战争了。

大家都以为这个预言是指 1588 年来的西班牙大舰队，因为据说西班牙王姓挪威。君王山人也曾预言：

88 年，一个奇异的年头。

大家也以为，西班牙舰队的出发应验了这个预言。因为这个舰队虽不能说是海上军舰规模最大的，却是实力最为雄厚的。至于克利昂的梦，我认为那是个笑话。他梦到自己被一条龙给吞噬了。有人解释说那条龙就是一个做腊肠的人，该人曾经跟克利昂捣过乱。像这样的事不止一件，假如你把梦兆和星命学的预言包括在内的话，数目将会更多。我只把几个有凭有据的举出来为例而已。我的意思是，应当蔑视这些东西，或者仅仅将其当作围炉夜话的谈资。可是我说蔑视的时候，我的意思是关于信仰方面的。因为，在别的方面，散布这种流言的行为是决不可轻视的。因为这一类的事情曾酿成许多大祸，并且我看见各国曾设下许多严厉的法律禁止它们的传播。这类流言之所以四处流传，而且还有许多信徒，原因有三：第一是人们只注意这种预言准确的时候而不注意它们荒谬的时候；这和人们对于梦的态度是一样的。第二是似是而非的推测和模棱两可的古语常常会变为预言。而且，人类生性喜欢预测将来，这让他们以为把实际上他们所推测的事情作为预告没有什么危险。塞奈喀的诗句就是如此。因为在当时，人们知道地球在大西洋之西还有很大的地方，而且这些地方不一定是一片汪洋。在这种理论之上再加上柏拉图的《蒂迈亚斯》与《亚特兰蒂斯》两篇中的传说，更可以鼓舞人，使他们把这种说法变成一种预言了。第三及最后一个理由（也就是最主要的）是差不多所有这些不胜枚举的预言都是骗人的，完全是一些游荡狡猾之徒事后捏造出来的。

论 野 心

野心有如胆汁，假如不受到阻止的话，它就是一种使人积极、认真、敏捷、好动的体液；但是假如它受到限制、不能自由发展的时候，它就会变成一种焦躁的情绪，进而发展成恶毒的品性。与此类似，有野心的人，如果他们觉得自己升迁有望，并且一直在前进的话，他们与其说是危险，不如说是忙碌的。但是如果他们的欲望受到阻挠，他们就会心怀怨恨，看人看事都是透过一双恶毒的眼睛，并且在君主之事受挫折的时候最为高兴。如果这人作为帝王的或共和国的臣仆，乃算是一种最恶劣的品性。因此，国君如果要任用有野心的人，必须要控制他们，使之既能保持积极进取，而又不败坏事业，这才是有益的。这样做肯定会有不便之处，因此最好不要任用这种人。因为如果他们本身与所从事的职务不齐头并进的话，他们肯定会设法使自己的职务与自己一同堕落。可是，我们既然已经说过，最好是不用那些天性中有野心的人，除非不得已，那么我们就应该说一说，在什么样的情形中，这样的人是不得不用的。在战争中必须要用良将，不管他们是如何地有野心，因为他们的功劳可以抵消一些过失。一个没有野心的军人，如同没有马靴刺一样，威胁将减少许多。有野心的人还能派上一个大用场，就是当君王在危难或受人嫉妒时可以替他作屏障，因为没有人会愿意担任这种角色的，除非他像一只缝了眼的鸽子，只知道盲目地向上飞啊飞啊，因为它看不见周围的情况。有野心的人还有一个用处，可以削弱任何功高盖主的臣仆的权势，如提比乌斯用马克罗以颠覆西亚努斯一样。有野心的人既然在类似的情形中非用不可，我们就还得说一说这些人应当如何驾驭，好减少其危险性。这样的人，假如是出身卑贱，就比出身贵族的人危险性小；如果是天性暴戾，就比仁爱而得民心的人危险性少；如果是刚被擢升，就比一向有权有势、从而变得狡黠善防的人危险性小。有些人以为国君若有了宠臣便算是一种弱点，但是这种事可算是一切对付权势甚大而有野心的人的方法中最好的一种。因为如果是宠臣做出的赏罚，除了这班人以外，不会有任何人权势更大。还有一个制裁这种人的方法，就是用和他们一般傲慢的人与之抗衡。但是如果用这种办法就必须有些中立的大臣，好使他们更加牢靠；因为如果没有压舱之物，船底就会颠簸得很厉害。至少，一位国君也可以鼓励并扶持几个微贱之人，使他们成为有野心之人的对头。至于使有野心之人有可能覆灭的办法，当然如果这些人天性畏怯的话，那么这种办法也许非常奏效；但是如果这些人坚毅果敢的话，那么这种办法也许会激发他们的阴谋，反而会变得很危险。至于要颠覆野心过盛的人的这方面，如果国家或国君之事需要这样做而又不能突然有所举措，同时还唯恐发生不测的时候，唯一的方法是不停地赏罚交施；使那些人不知道该指望什么，就像在森林里一样迷乱。

说到各种的野心，那种专要在大事上出风头的野心比凡事都要大显身手的野心危害小；因为后者能够滋生混乱，而且为害不浅。然而使一个有野心的人忙于某事，比使他拥有广大的追随者危险小。那些要在能干的人们之中出风头的人是给自己出难题，但是这对公众总是有利的。那些想把别人的一切功绩都抹煞掉，只允许自己成就霸业的人则会毁掉一个时代。高位显爵包含以下三方面内容：有为善的良机；能与帝王要人接近；能使自己的财富和荣华倍增。如果一个人内心怀有上述三种中的第一个愿望，那么他就是一个诚实的君子；而那能在其内心看出这种居心的君王，乃是贤主。一般言之，君主和共和国领袖在选择大臣的时候，最好选用那些将责任心置于一己的升擢之上的人，他们是凭良心做事，而不是为了炫耀自己，并且还应当把是天性爱做事还是乐意服务两者区别开来。

论宫剧与盛会

与本书其他各种严肃的论说相比，宫剧这一类的东西不过是小把戏。然而，为君主者既然非要参加这些活动不可，那么就应该表现得既有优雅的风度，又没有浪费的虚饰。

载歌载舞是一种很有气概和乐趣的活动。我的意思是说，歌者必须成队，队伍必须居于高处，并且要有弦乐伴奏，歌词也必须适合剧情。连唱带表演，尤其在对话之中，给人的感觉极端优美。不过我所说的是演戏而不是跳舞（因为那是一种低俗的举动），对话的声音也应当强健而有男子汉气概（要一个低音和一个高音，不要最高音），歌词应当高雅悲壮，而不应当过于绮丽细腻。不同的歌咏队，采用轮唱的方式，就像唱颂赞美诗一样，是很能打动人的心弦。变换阵形的舞蹈是一种幼稚的玩艺儿。而且请大家注意，我这里所说的（一般而言）乃是人们自然而然的爱好，与那些精巧至极的伎俩无关。背景的变换的确是很美的，而且很能引起人的兴趣，还能避免使人的眼睛长时间盯着同一件东西。但是背景的变换应该悄无声息地进行，不要大声喧哗。而且背景应当明亮照人，再染上各种特殊且多样的颜色。并且剧中的演员、或任何要从台上下来的人，最好在下来之前，先在台上做些动作，因为这种动作特别能吸引人的目光，这样能使人更加渴望看到刚才没看清楚的东西。歌声应当嘹亮欢畅而不应当低沉断续。同样，音乐也应当准确嘹亮，并且要安排恰当。在烛光之下看起来最美丽的颜色是白色、粉红色和一种海水绿。亮亮的金属饰片，花费不多，却最能让人感到目眩神迷。至于富丽堂皇的刺绣，在烛光之下则是隐而不显的。

演员的服装应当优美，应当在演员卸掉面罩之后也能合乎他们的身材，而且这些服装还应当是非同寻常的样式，就像土耳其服、军装、水手服之类的。剧中的“反插”不应太长；这些“反插”的题材向来多是关于傻子、羊怪、狒狒、野人、怪物、野兽、小鬼、巫婆、黑人、侏儒、小土耳其人、山泽女神、乡下人、小爱神、偶像变活人等等的。至于安琪儿们，如果把他们放在“反插”里是不够滑稽的。在另一方面，凡是丑恶可恨的东西，如魔鬼、巨灵之类，也是不妥的。主要是使这些“反插”剧中的音乐能够使人愉悦，而且有新奇的变化，这样才好。在闹哄哄的人群中，如果忽然飘来几阵香风，但是却没看见任何水珠滴落的话，那会让人感到非常新鲜和有趣。双重的宫剧，一组男的，一组女的，能添加庄严与新颖的气息。但演奏的房屋如果不保持干净整齐，一切都等于白费。

至于比武竞勇的种种游戏，他们最辉煌灿烂的地方在于挑战者入场时所坐的战车，当这些战车被狮子、熊、骆驼之类的异兽牵拽的时候。这种光辉也有仗着入场时的排场的，也有倚靠服装的绚烂多彩，也有靠马匹装饰及甲胄的华丽鲜明的。但是关于这些小玩意儿我们说得已经够多了。

论人的天性

天性常常是隐而不露的，有时会被压制下去，但却很少能够完全熄灭。相反压力会使天性变得更加强烈，而教导和劝诫却可以让天性不是那么胡搅蛮缠。但是只有习惯才能改变和抑制天性。凡是想征服自己天性的人，不要给自己确立过于宏伟或过于渺小的目标。因为过于宏伟的目标常常会招致失败，而让他灰心丧气；而过于渺小的目标虽然经常获得胜利，但是又会使他不思进取。还有，一开始的时候，应当让他在别人的帮助下进行练习，就好像初学游泳的人借助苇筏一样。但是过一些时候，他就应当在重负下练习，就好像舞蹈家穿着厚重的靴子练功一样。因为，假如练习比实践的难度还大，其结果就会趋于完美。凡是天性格外要强的人，其天性也难以克服，必须按照以下步骤来：首先，用时间来阻止和缓和天性，就好像有的人在生气的时候默数二十四个字母一样；其次，在量的方面逐渐减缓，就好像要戒酒的人一样，从尽情开怀畅饮到每餐只饮一次；最后，才可以完全戒除。但是，假如一个人有足够的毅力和决心，能够一蹴而就解决问题，那是最好不过的。

“要想获得灵魂的自由，就要挣断胸前锁链，这样的人将永远免于受罪[①]。”

---

① 见罗马著名诗人奥维德的长诗《爱的药方》第五章 293 行。

还有一句古人的遗训，说矫正天性的时候应该矫枉过正，就像将弯曲的棍子扭向相反的一端，这样它反过来的时候就刚好适中，这句话相当正确，不过必须要弄清楚，这里所说的另一端肯定不是恶德。一个人不能将某种持续的习惯强加给自己，其间应当略有间歇。因为一是这种休息或间歇可以让人省察其得失；二是，假如一个人的德行并非完美无瑕，而且永远照此进行下去的话，不仅锻炼了他的优点，甚至连谬误也一并与时俱进了，因之这两者都会变成一种习惯。对于这种情形，除了用适当的间歇和休止来调试，没有任何补救措施。但是一个人也不能过于相信自己能够战胜天性，因为天性能够潜伏很长的时间，只不过等待机会，一旦面临诱惑它就会复活的。就好像《伊索寓言》中那个由猫变成的女子一样：她故作端庄地坐在餐桌的一头，直到一只小鼠在她面前跑过的时候，她就原形毕露了。因此，一个人或者应该完全避免这种诱惑，或者常常接触这种诱惑，这样才不会轻易动心。人的天性在独处的时候表现得最明显，因为在那种生活里是没有矫饰的。在热情方面也是如此，因为热情使人忘掉了一切训诫教条。在尝试一种新生事物的时候，也最容易看出，因为这样做的话没有惯例可循。如果天性和职业相契合，这样的人就是幸福的。反之，那些从事他们根本不喜欢的事业的人，肯定会说："我整日周旋于自己所憎恨的事情当中。"在做学问方面，对于自己不喜欢的事情，就按照固定的时间表去学习；对于自己喜欢的事情，那就不用规定什么时间了，因为他的思想会自作主张，带他飞到那方面去。只要处理别的事情或学科所剩下来的时间足够研究这些学问就行了。一个人的天性，不长成香花就会长成毒草，所以他应当定时浇灌前者，同时芟除后者。

论习惯与教育

人们的思想多取决于他们的动机，言谈多取决于他们的学问和从外界汲取的观点，而行为则多半取决于他们的日常习惯。所以马基雅维里说得好（虽然他根据的是一个邪恶的例子），如果没有习惯的支撑，天性的力量和勇敢的承诺都是靠不住的。他举的例子就是：为了完成一桩杀人的阴谋，不能依靠一个生性残忍或敢于承诺的人，而应当任用那些手上曾经染过鲜血的杀手。然而马基雅维里也许不知道有一个修道士克莱门特，也不知道哈委亚克，更不知道约尔基和巴尔塔萨尔·杰拉尔①，但他的理论依然能够站得住脚，天性与承诺都不如习惯来得坚强有力。只有迷信的狂热可以与之抗衡，以致初次受迷信驱使而去行凶的人简直像职业杀手一样坚毅。这种信仰具有和习惯一样强大的力量，即使在杀人流血这方面也是如此。另外，习惯的支配作用是随处可见的，以致人们会觉得奇怪，经常会听到有的人诅咒、发誓、承诺、夸海口，但是其后依然故我，仿佛他们是毫无生气的木偶，任由习惯的轮子驱动前行。我们也可以看到习惯的统治或者专制是多么的可怕。印度人（我指的是那些智者中的教徒）安静地躺在一堆柴火之上，并且将自己作为献祭品点燃，而且他们的妻子还争着与丈夫的尸身一同烧掉。古代的斯巴达青年，在风俗习惯

① 这里所说的几个人都是刺客，是马基雅维里所说的那种人的反例。

的驱使下，甘愿在狄亚那的祭坛上受笞刑，而且一动不动。我记得，在英国伊丽莎白女王执政之初，有一个被判死刑的爱尔兰叛党，上书总督请求绞死他的时候用荆条而不用绳索，因为以前绞死叛党都是用荆条。在俄罗斯有些僧人为了赎罪，竟会将自己整夜浸泡在水盆里，直到他们被冻成冰棍为止。由此可见习惯在人精神和肉体上的影响力有多大，这样的例子不胜枚举。所以，既然习惯可以主宰一个人的命运，人们就应当想方设法培养一种良好的习惯。当然，幼年时候所培养起来的习惯是最完美的，我们称之为教育。实际上，教育是一种早期的习惯。所以我们知道，在语言学习上，幼年时期的舌头表达以及发音训练比其后的其他时期更加灵活。另外这时候四肢关节也比较柔软，适于学习各种竞技和运动。学的比较晚的人确实不像从小就学起的人那么自如。除非有些人的性格还没有固定下来，并且敞开怀抱准备不断接受改善，但这种人毕竟太少了。另外，个人单独的习惯，其力量就已经很大了，那么联合起来的社会的习惯，其力量就更大了。因为如此一来，有榜样可供人借鉴，有同伴可给人安慰，有竞争可让人倍受鼓舞，有荣耀可赐予人力量，所以在这里习惯的力量达到了极至。毫无疑问，天性中美德的衍生，有赖于纪律良好、秩序井然的社会环境。因为国家与好的政府只能是美德的培育者，而不是美德的播种者。但可悲的是，最有效的工具，正在实现最不想要的结果。

论 幸 运

幸运取决于一些外在的偶然因素——如相貌、机会，他人的死亡，机会与才德之遇合——这是不可否认的。但是，一个人的幸运主要还是掌握在自己手中。所以诗人说，“每一个人都是自己好运的设计师”。外界原因中最常见的就是，这个人的错误反而成就了那个人的运气。因为如果不借助别人的错误，一个人就不会那么快地飞黄腾达。“蛇不吃别的蛇，就不能变龙”。显而易见的美德会给人带来赞美，但那些隐而不显的美德却会给人带来好运。这需要某种特定的难以名状的自制力。西班牙人称之为“解脱力”，这个词略微能够表达这个意思。也就是说，既然一个人的天性中没有什么障碍或乖戾之处，而他的精神的轮子就会随着幸运的轮子一同转动。因此，里维（他曾经用以下的言辞形容过凯图[①]，说他本人的体魄与精神是如此的巨大，无论他的出身如何，他大概都会给自己赢得很好的境遇的。）还注意到他具有多方面的才能。因此，如果一个人目光敏锐、观察仔细的话，他一定会看见好运的。因为幸运虽然是盲目的，但并非对一切视而不见。幸运之路就像夜空中的银河，它是由无数颗小星星汇集而

① 老凯图或大凯图（公元前234—前149），公元前191年后参加政治活动，为平民派领袖，竭力攻击贵族派之导罗马于骄奢淫逸，晚年致力于希腊文学研究，今所传者仅其《论农事》一书，为罗马古代伟人之一。

成，这些小星星分散开来时并不起眼，但聚集在一起时却散发出耀眼的光芒。与此类似，只有许多微不足道和不引人注目的美德，或者不如说是类似的能力和习惯，这些东西才会给人们带来幸运。意大利人注意到了这些现象，而有的人却连想都不曾想到。比如，当意大利人说起一个做事或说话从不出错的人，必定在谈他的其他情况时，加上一句，这个人有几分傻气。当然，除了有一点儿傻气，而没有太多的老实气之外，再没有什么比这两种特性更为幸运的了。因此，极端爱国或忠君的人士从来与幸运无缘，而且他们也不会走运。因为一个人如果把他的思想放在已身以外的话，那么他所走的路就不是他自己的。突如其来的好运会造就一个实干家或躁动者（法国人说的更好，说他们是“好事者”或“喜动者”），但是久经考验的幸运却会造就栋梁之材。仅仅考虑到幸运的两个女儿——自信和声望，幸运也是应当值得称许和尊敬的。因为这两个都是幸运所产生的，前者在一个人自己的心中，后者是他留给别人的印象。所有的智者，为了避免他们的美德招致别人的嫉妒，都应该习惯于将这些归功于上帝或幸运。这样一来，他们就可以更好地享受这些美德了。而且，如果一个人受到神灵的庇护，他就是一个伟大的人。所以恺撒对惊涛骇浪中的船夫说：“放心，你的船上所载的是恺撒和他的幸运。”所以苏拉自称自己是有福的，而不说是伟大的。有人注意到这一点，那就是，凡那些过于将幸运归功于自己的智慧和谋略的人结局都是不幸的。书上曾有记载，雅典人提摩西亚斯在向国家政府汇报政绩的时候，屡次中断他的报告而插上这样一句话：“这件事和幸运毫无关系。”后来，果然他无论做什么事情，都没有交上好运。当然，世界上的确有这样的人，他们的运气就像荷马的诗句一样，其流畅自如程度远远超过其他诗人的诗句。这就像普卢塔克将提摩里昂的运气与阿盖西劳斯或埃帕米农达斯的运气相比较一样。毫无疑问，事情之所以如此，多半还取决于他们自身的性格。

论高利贷

许多人都曾经巧妙地骂过高利贷。他们说，人类应该向上帝贡献收入的十分之一，但是现在魔鬼却霸占了这一部分，真是一件可悲的事。还有人说，放债的人是安息日的最大的破坏者，因为他们的犁在安息日也不停歇。有的人说，放债的人是维吉尔所说的雄蜂。

“他们把那些雄蜂——那群懒虫，从蜂房中驱逐出去。”

又说放债的人把人类被赶出伊甸园之后的第一条法律破坏了。这条法律就是“你将汗流满面然后才得食”，而他们却是“借他人面上的汗而得食”。又说放债的人应该戴上黄褐色的帽子，因为他们变成犹太人了①。还有人说，钱生钱是违背自然之道的等等诸如此类的话。我只有一句话可以说，那就是，放债是“因为人的心肠太硬，上帝才允许他们做这样的事情”。因为一定要借贷给别人，而且人的心肠如此的硬，肯定不会白白借给别人，那么就必须要准许放债。另外还有一些人，曾经关于银行及财产呈报和其他的办法作过多疑而巧妙的建议，但是关于放债这件事却很少说过什么有用的话。最好是把放债的利与弊一一列举在我们面前，这样我们就能够很好地权衡利弊，并且能够慎重对待，这样当我们在迈向改良之途的时候，避免遇见比现在更坏的

① 过去的犹太人多穿黄褐色的衣服，且靠放债谋生。

事情。

放债的弊端：第一，它使商人的数目减少。因为要是没有放债这样的懒人生意的话，金钱是不会静止不动的，这样一来，大部分的金钱就会用于商业方面，而商业是国家经济的命脉。第二，放债使商人变坏。因为，假如一个农民能够坐收暴利的话，他肯定不会好好经营土地；与此相似，假如一个商人靠高利贷谋生的话，他就不会好好做自己的生意。第三个弊端是上述两个弊端带来的，就是帝王或国家的税收减少，税收原本是应该随着商业的兴衰而涨落的。第四个弊端是放债把一个国家的财富都聚在少数人手中。因为放债人的钱来的最稳，而别的生意人来钱就没有这么稳，所以，到了游戏结束的时候，大多数的钱就会落入放债人的口袋。然而一个国家只有在财富分配得最为平均的时候，才是最繁荣昌盛的。第五个弊端是放债使得土地的价值大大降低，因为金钱的主要用途应该是做生意或购置田产，而放债却把这两条路都堵死了。第六个弊端是放债使一切工业、改良和新的发明都受到挫折和压抑，假如没有放债的阻挠，金钱就会在上述各项事业中充分发挥作用。最后一个弊端是放债使许多人的财产受到蠹害，久而久之，就会造成社会的普遍贫困。

但是，放债也有有利的方面：第一，无论放债在某种情况之下曾经阻挠了商业的发展，但是在其他的方面，它却能够促进商业发展。毫无疑问，因为绝大多数的商业都掌握在年轻商人手中，但他们是靠着借有利息的债来经商的。如果放债的人把他的钱收回或者不放出去，马上就会引发商业上的大停滞。第二个益处是，要没有这样容易的用利息借债的办法，人们的需求将会使他们骤然遭受毁灭性打击，因为他们将不得不被迫而卖掉他们赖以为生的资产（无论是田产或货物），而且所卖的价格远远低于实价。所以，放债固然盘剥了这些人，但是如果没有他们所放的债的话，则险恶的市场会将他们整个儿吞噬。至于抵押或典当，那也是无济于事的。因为人们不可能不收利息而收受抵押和典当，即便他们愿意这样做，他们更加看重的是如何才能将那些资产没收。我记得，乡下有一位狠心的富翁，他曾经说过："放债这种行为真是该死，它让我们没办法没收抵押的产业和债券。"第三，也是最后第一个益处，指望有不带利息的借贷，这真是一种痴心妄想。并且，如果借贷这件事受到限制的话，带来的不便之处将很多很多，简直不堪设想。因此，要废止放债这一行业纯属空话。这种生意存在于任何一个国家，只不过是形式与利率各不相同罢了。所以这一类的意见只有送到乌托邦里。

现在来谈一谈如何改良并管理放债这个行业，怎样才能避免它的弊端，同时又能保留它的益处。从权衡利弊的角度来看，有两件事是应当加以调和的。一件是，放债人的牙齿应当磨得钝一点，以至于不会咬人咬得太厉害；另一件是，应当留一些途径，鼓励那些有钱的人放债给商人，这样商业才能够持续和快速地发展。除非建立两种高低不同的利率制，否则这件事是办不到的。因为，假如把放债业全部降到一个很低的利率上，这会让一般的借债者感到很宽慰，但商人就不容易借到钱了。并且有一点应该注意，商品贸易因为获利最丰厚，所以能够负担得起高利率，但其他的行业未必如此。

要达到上述两种目的，方法简述如下。要有两种利率：一种是自由而且面向一般公众；另一种应该是特许的，只有某些人，乃至某些商业地区才允许的。因此，第一，应当使一般的放债利率下调至百分之五，而且应当公开宣布，使之成为自由的通行的利率，不受国家的任何处罚。这样一来，借贷业就不会突然停止或者枯竭，也可以方便国内大量的借款人。并且，这种做法还能在很大程度上提高田地的价格，因为以十六年分期付款而买来的地，一年之中可以产生百分之六或更高的利息，而这种放债的利率只有百分之五的利息。同样，这种办法还会鼓励并刺激工业和有益的改革，因为许多人更乐意投资于这些事业，而不甘心只收百分之五的利息，尤其是收惯了较高的利息的人更是如此。其次，应该允许一部分人用较高的利率放债给知名商人，只是必须做好如下的防范：这种利率，就那些商人而言，应该比他从前一直交付的利率较为低一些。因为这样，所有的借款人都可以从中得到一些利益，无论是商人还是其他人。而且，银行和证券公司不可以放债，每一个放债的人务必是那金钱的主人。这并非是因为我不喜欢银行，而是因为他们有某种嫌疑，因而很难让一般人信任。放债人应该为获得国家的特许权缴纳一小笔税，除此之外的利益便应该全部归他们所有；而且，这笔捐税的数目应该很小，这样才不会打击放债人的积极性。举例来说，那些以前收百分之十或百分之九的利息的人，宁可降到百分之八也不肯放弃他的放债业，他们不会舍弃稳当的利益，而去冒险获得并不稳定的利益。不要限定这些持有许可证的放债者数目，但却要将他们的营业地点限制在某几个商业城市。这样他们就不会染指整个国家中其他人的钱财。持有可以放百分之九利率的许可证的放债人不会把那通行的百分之五利率的钱全部鲸吞。因为没有人肯把钱借到远处，或放在不相识的人的手里的。如果有人反对说，以前放债业只不过是在某些地方才许可的，如此一来就是使它变得合法化了。对此的回答是，公开承认放高利贷并竭力避免它的弊端总比默认其存在并让其四处为虐的好。

论青年与老年

假如一个人不曾浪费光阴的话，论年龄他也许很年轻，但论及历练却很老成了。但是这种情形毕竟很少见。一般来说，青年人就像最初的计划，往往不如三思之后那么明智。因为，在思想和年岁方面，都有少年与老年的区别。然而青年的创造力比老年人的更加活泼，而且想象力也比较容易涌入他们的脑海，仿佛是得之于神功的。大凡那些血气方刚且有着强烈欲望的人，做起事来总是欠火候，不到中年是不足以成事的，如久利亚斯·恺撒和塞普谛米亚斯·塞委拉斯。关于后者曾经有人说："他曾度过一个充满错误——不，充满疯狂——的青春，"但是，他仍然不失为罗马皇帝中最能干的一位。生性平和持重的人则能在青年时代就把事情做得很好，例如奥古斯塔斯大帝，佛罗伦斯的大公考斯摩斯，加斯顿·德·福洼等。但在另一方面，到了老年，仍然能够葆有年青人的激情和活力，也能够成就一番伟业。青年人比较适合于发明而不是判断，比较适合于执行而不是谋划，比较适合于创新而不是守成。因为年长者的经验，在其范围以内，可以给予他们指导，但是在新生事物方面，却会欺骗他们。

青年人的错误会导致事情败坏，而老年人的错误充其量不过是，也许可以做得更多一点，或者是更早一点。青年人在执行或处理某事的时候，常常大包大揽，不管自己是否能够办得到，往往成事不足，败事有余。他们急于求成，根本不顾虑使用什么手段和达到什么程度；偶尔碰到几条原理，便荒唐地推行起来；革新过于草率，必然会招致新的不便；一开始便采用极端的补救之策；并且将一切的错误都翻倍，还不肯承认或挽救错误，就像一匹训练不到位的马一样，既不肯停下来，也不肯回头。上了年纪的人总是有太多的反对意见，凡事商量得太久，而不肯冒一点儿险，后悔得也很快，很少把事情做得十分彻底。反之，如果取得一点平淡无奇的成功，他们就会自满自足。当然，最好能够把这两种人合二为一。这样一来，这种办法不但对目前好，而且对将来也好。对目前来说，这两种年龄的长处可以互相弥补他们的短处；对将来而言，在年老的人做事的时候，年青的人可以学习。并且，最后，在对外的事情上也很好，因为当局或掌权的人尊重老年人，而青年人更容易获得一般人的欢心。但是在道德方面也许青年人更胜一筹，而在人情世故方面，老年人则更有优势。有一位犹太经师曾经这样解释以下文本："你们的年青人要见异象，你们的老年人要做异梦。"他说，青年人比老年人更加接近上帝，因为异象是一种比异梦更加清楚的神示。当然，世情如酒，越喝越能醉人。年岁增加的益处是理解力的增强，而不是意志与情感方面的美德的增益。有些人就年龄而言早熟，但这种优势会随着时间流失而消逝。这些人中的第一种是那些有小聪明的人，而这种聪明的机锋不久就变得非常迟钝，例如修辞学家赫冒简尼斯，他的著作非常精妙，但是后来他却变得愚不可及。第二种是那些具有某种气质，而这种气质比较适合青年人而不是老年人，如流畅而华丽的言辞，就是适合青年而不适合老年。所以土利论霍坦西亚斯道："在过去的他已经不适于他的年龄的时候，他还是依然故我。"第三种是一开始的起点过于宏伟，以至于在后来的年岁中难以为继。例如西辟奥·阿弗利坎努斯便是如此。关于他，里维曾说道："他的晚年不及他的早年。"

论　　美

美德犹如宝石，最好用朴素的背景来衬托。同样道理，一个人虽然打扮得并不华美，也没有美丽的容颜，但却会因为内在的美德而显得端庄高贵。同时，外表漂亮的人多半在别的方面没有什么才华，好像在繁忙的工作之中，造物主但求无过，根本不愿意劳力费心去追求完美。所以，那些长相俊美的人多数只是徒有其表，胸中并无大志；他们所追求的多半是外在的美，而不是内在的美德。但这话也并不全对，因为奥古斯塔斯大帝、泰塔斯·维斯帕努斯、“美男子”法王腓力普、英王爱德华四世、雅典人阿尔西巴阿的斯、波斯王伊斯迈耳不但志向高远，同时也是那个时代的美男子。论起美来，形体之美胜于颜色之美，而优雅的行为之美又胜于形体之美。美中最上乘的是绘画所不能表现的，也并不是第一眼就能发现的。这是一种奇异精妙的美。我们说不出阿派莱斯和阿伯特·杜勒究竟那一位更加滑稽。他们中的一位根据几何学上的比例来画人，另一位则从不同的面孔中撷取最美的部分来合成一个精美绝伦的脸庞。这样画出来的人，恐怕除了画家之外，没有人会喜欢。我认为，画家不应当只是画出一张旷世未有的美丽面孔，而应该更加巧妙一些（就像音乐家谱出优美的乐曲那样），更不能墨守成规。我们曾经见过一些面孔，如果你把他们一部分一部分地来观察，会发现并不怎么样，但是作为整体却非常美丽动人。

假如美的要素是行为端庄、亲和，那就无怪乎有些上了年纪的人反而倍增其可爱了。“美人迟暮依然是美的”，正如“万美之中秋为最”。苛刻地讲，没有一个年轻人是漂亮的，正是因为他们年轻，所以缺乏必要的修养。美有如盛夏的水果，易于腐烂，难以持久；就大部分人来说，美往往使人放荡地度过青年时代，让他们在多多少少的羞愧中度过余生。毫无疑问，如果能将美貌和美德结合起来，美才会散发出动人的光辉，恶将会无处逃遁。

论残疾

既然造物主对残疾人不仁，他们对造物主也不义，这样他们之间就互不亏欠了。所以如《圣经》所说，残疾人大都是天性凉薄之人。这也正是他们对造物主的一种报复。肉体与精神之间确实有相符之处，造物主在一方面犯了错误，另一方面就也会冒险补偿。但是因为人对于精神结构有选择和控制的能力，并且对于肉体结构有一种自然的需求，所以纪律和才德的光芒有时可以掩盖那些决定气质的星宿。所以，最好不要把残疾认为是性格的标记或证据（这种情形是容易欺人的），而那只是导致某些性格的原因，这种原因常常引起相当大的影响。凡是为人所耻笑的、身体上有缺陷的人，总会在心里不断地鞭策自己——要从嘲笑中解脱出来。所以凡有残疾的人往往非常勇敢。起初，这种勇敢只是受人轻蔑时的一种自卫，但日久天长这种勇气就变成一种习以为常的习惯了。残疾会激发人的勤勉之心，这样的残疾人总乐于窥伺别人的缺点，以便将来有报复和反击别人的资本。还有，残疾人可以消除处于上位的人对他们的嫉妒，因为在他们眼里残疾人是可以随意轻视的。这也使一些竞争对手忽视了他们潜在的竞争和挑战，因为他们决不会相信残疾人也有升迁的可能，直至看到了他们的升迁已成既定事实才肯相信。所以纵观以上，对于拥有强劲精神和品格的人，身体的残疾倒可以转化成一种升迁的优势。古代的帝王（现代在某些国家也是这样）常常宠信那些宦官之流，因为这些人对一切都怀有嫉恨之心，对君王会更依赖和尽职。但是那些帝王只是把他们当作很好的侦探和告密者，而并非当作好的官吏。对一般的残疾人，上述道理仍然成立。尽管如此，我们前面说过的那条定律是对的，如果他们是有魄力的人，一定要努力把自己从轻蔑之中解放出来。至于解放的途径，不是来自美德，就一定是出于邪术。因此残疾的人有时也会成为人类中最卓越的，这是无需惊奇的。例如阿盖西劳斯，梭利满的儿子杉格尔，伊索，秘鲁的总督加斯喀等等。苏格拉底以及许多其他的人等，也可以算在他们这一类之中。

论 建 筑

盖房屋是为了居住，而不是要看它的外表，所以应当先考虑房屋的实用价值，然后再考虑美观与否。不过如果二者能够兼得，自然不必拘泥于这样的条款。把那只求美观而建的房屋留给诗人们头脑中的梦幻宫殿吧，因为他们建造房屋是不用花钱的。在一个很差的地方盖一所很好的房子，这样无异于给自己建了一座囚牢。我所谓的很差的地方不仅是指空气不卫生，就连气候等因素也包括在内。我们往往可以看见，许多漂亮的房屋坐落在一个小丘上，四围都是高山环绕，结果太阳的热力无法释放，而冷风也容易顺势侵袭。因此在这种地方，就会经受酷热和寒冷的突然袭击，好像是不同地区的气候都集中在那里一样。再者，如果一个地方不好，不仅是因为空气不好，也因为那个地方的道路和商贸情况都很糟糕。并且，如果你愿意参考茅木斯神的意见，不好的邻居也是原因之一。还有许多不好的地方，我不想多说，如缺水、缺木材、缺林荫、缺水果、缺乏各种土壤、缺风景、缺平地；附近缺少可供打猎、放鹰、跑马的场所；离海过近或过远，缺少可航的河流之利或有河水泛滥之忧，离大城市过远（那样办事不方便）或离大城市过近（那样大城市的物价昂贵）；花费比较多、一个可以积聚大产业的地点、一个使人受限制而不能发展的地点……所有的这些也许不会全碰到一起，但是我们应当知道这些事情，并考虑到这些因素，以便可以择善而从。而且，如果一个人有几处房屋的话，他也可以将它们布置得当，以便在某一处缺乏的东西可以在另一处找到。有一次，庞培看到卢库拉斯的一处宅子有漫长的走廊，房间既宽敞又明亮，就问道："这所房子真是避暑的好地方，但是你冬天怎么办？"卢库拉斯答道："哦，鸟儿尚且知道在冬天来临之时迁徙到南方，难道你以为我还不如它们聪明吗？"

现在我们的话题从房屋选址转向房子本身。说到这里的时候，我们不妨学学西塞罗论演说术的办法：西塞罗写过几本《论演说家》的书，却又写了一本名为《演说家》的书。在那几本《论演说家》中，他论述的是演说的基本道理，而在后一本书中则谈的是演说的最高境界。因此，我们来描述一个君主的宫殿，将它作为一个简要的范本。因为在目前的欧洲，有像梵蒂冈和埃斯库锐亚耳等其他的宏伟建筑，但是其中却没有一间优雅舒适的房屋，这种情形看起来非常奇怪。

因此，第一，我认为，除非在两边有一些侧房，否则是无法称之为一座完美的宫殿。其中一侧是适于宴会的部分，正如《圣经·以斯帖书》中所说的那样，还有另外一侧是适合居家的部分。前者可以满足宴饮演剧之需，后者则便于人们居住。我所说的这些方面或者说侧面，并不限于后院或者前院的某一部分，虽然里面可以分成好几个部分，但是从外面来看是一致的。它们应当位于宫殿正面居中的一座富丽堂皇的楼阁的两侧，就好像这座楼是将它们从两侧连接起来一样。在宴客厅的那一侧的正楼上，我认为只要一个好房间，大概有40英尺高，在这房间的下面应该有一个房间，可供演剧的演员化妆和做准备工作。在另外的一侧，就是居家的那一方面，我希望首先应当分出一座大厅和一座附属礼拜堂（二者应用隔墙分开），两者都应该美观而且宽敞。而且它们不能将所有的地方都占去，在最远的一头还应该各有一间夏天和冬天的会客厅，而且都要相当的漂亮才行。在这些房间的下面，要有一个又大又实用的地窖；还要有些小厨房，伙食房，厨具房之类。至于中间的那座楼，我认为其中应当有两层是高出两翼之上的，每层高约 18 英尺，楼顶应该铺上好一点的铅皮，四周再围上一些有雕像装饰的栏杆；这座楼应该分成若干个房间，以满足不时之需。通往楼上房间的楼梯应该建在一条好看而露天的柱子之上，并且要用染成原木色的木质雕像围绕起来，楼梯的顶端也应当有一块很耐看的梯顶。但是如果这样做的话，你就不能将下层的每一间房子都作为仆役的餐室。不然的话，你就得让仆人们在你用过餐之后再吃饭：因为他们吃饭的时候，各种菜肴的味道就会顺着楼梯盘旋到楼上，就像顺着烟囱往外冒的烟一样。关于房子的前半部分就谈到这里。不过，我认为第一层楼梯的高度应该是 16 英尺，这恰好是楼下房间的高度。

走过房子的前半部分，应该看到一个三面都是房子的漂亮庭院，而且这些屋子应该比前面的那些建筑要低得多。庭院的四角要有好看的楼梯，安设在角楼里面，这些角楼又要建在外面，特别是在房子的行列之外。这些角楼不能和前面的建筑一样高，高度应当和另外三面的那些低矮的房屋相一致。不要用砖来砌庭院，因为这样的话就会让院子里酷暑更热，寒冬更冷，只有四面走人的小径和院中的十字路可以用砖砌，其余的部分应当铺草皮，草长起来之后应当经常修剪，但是不能剪得太短。在宴会厅那一边的厢房应当是一排堂皇的陈列室，其间应该点缀上三五个精美的小圆顶，彼此之间的距离要相等，并且还应当镶嵌一些有着精美的彩绘图案的玻璃窗户。在居家的那一侧，应当有会客室、餐饮室以及若干卧室。再者，这三面的房屋都应该是双层的，这样任何一面都不会有直射的阳光。这样一来，无论是上午还是下午，你都可以避免太阳直射进屋子里了。与此类似，你还可以拥有既能在夏天避暑，又能在冬天取暖的屋子，因为夏天有阴凉，冬天有暖气。有时候你会遇见些盖上一些镶满玻璃的漂亮房子，这样会让人很迷离恍惚，窗户多得使人说不出往哪里去才可以避免日晒或寒冷。至于穹窗，我认为有很好的用处（在城市里，考虑到临街房屋的统一，还是用直窗比较好）。鉴于有时要开会商议事情，穹窗下面应该是很幽静的地方，并且还能避免风吹日晒，因为在那里，既要阳光能够射进来，又要风力不能穿透。但是这种窗子为数不宜过多，我们所说的那个院子里最好有四个这样的窗子，一侧各有两个即可。

过了那个院子，还应当有个内院，面积和高度应该前面所说的那个院子相等。内院的四周最好都是花园，院子的里面四周都要有回廊以及匀称而美观的拱门，其高度要和第一层楼相等。在下层，临近花园的一面，那些屋子应该改成洞室或凉轩。这些屋子的窗户都要仅仅开向花园，并且要在地平线之上，否则的话，就会有很多的潮气。内院的中间还应该有一个喷泉或一些漂亮的雕像，其铺砌的方法应该与上述的那个庭院一样。院中央两侧的厢房应该作为私人的居室，而两端的应该作为私人的收藏室。在这些屋子中，还得预备一些疗养室，附有住室、卧室、小客厅、后屋，以备君主或某些贵人患病时疗养之用。这些屋子都应该在二楼。至于地面这一层，应该有一个美观的、开阔的、有柱子支撑的阳台。在第三层的三面也都应当有与此类似的阳台或悬楼，这样可以尽情地欣赏花园里的美景，还可以呼吸到这里的新鲜空气。在最远端的两角，应该有两个厢房式的优美宜人或富丽堂皇的小阁子，地面要铺得很精致，墙上的挂件也要华丽一些，窗户上安着晶莹剔透的玻璃，中间还要有一个金碧辉煌的圆顶，此外还可以添上一切可以想象到的优美的饰物。在那高一层的悬楼上，我想如果条件允许的话，也应当有几口喷泉从墙面各处喷洒而下，但重要的是要有巧妙的排水设施。关于宫殿的范本，我所说的已经够多了。不过还有一件事，就是在达到宫殿前方之前，要有三重院落。第一重是一个简朴的、四面有围墙的、芳草鲜美的院子；第二重和第一个差不多，但更为讲究罢了，墙上要有角楼雉堞等一类的装饰；还有第三重院落，要和宫殿的正面形成一个正方形的广场，但是周围不要有房屋或墙垣，三面都要用露台环绕，顶上用铅皮覆盖，装饰典雅大方，并且要用柱子而不用拱门支持的走廊。至于办公的房间，则应使它们离宫殿略微远一些，二者之间可以通过一些走廊与宫殿衔接起来。

论 花 园

世间的第一座花园是上帝建造的[①]。园艺的确可以说是人生乐趣之中最纯洁的。与其他东西相比，它所给予人类精神的安慰最大。如果没有园艺，人类所建造的房屋等建筑物只不过是粗糙的人造物品罢了。而且，我们经常看到，当某些时代开始追求文明风雅的时候，人们多会建造一些富丽堂皇的建筑，而后才会建筑精美雅致的庭院花园，好像园艺是一种臻于完美的境界。我认为，在皇家花园的建构中，应该一年里的十二个月都有花圃，这样每一个月份都能欣赏到当令的鲜美花草。考虑到十二月、一月和十一月的下半月，你必须种植一些冬天也能常绿的植物，如冬青、常春藤、月桂、杜松、柏树、水松、菠萝蜜树、枞树、迷迭香、薰衣草、长春花（白的、紫的和蓝的）、石蚕花、菖蒲、香橙树、柠檬树、桃金娘（如果能设法保温的话）和香墨角兰（一定要种在向阳的地方）。接下来，是一月的下半月和二月，应当栽培那时发花的樱楮树、番红花（黄灰两色的都可）、樱草、白头翁、早开的郁金香、荷兰风信子、小鸢尾、贝母。到了三月，则有紫罗兰（尤其是单瓣蓝色的那种，它们开得最早）、黄水仙、雏菊、杏树、桃树、山茱萸花、野蔷薇。而四月里就会有双瓣的紫罗兰、黄紫罗兰花、香紫罗兰、黄花九轮草、蝴蝶花、各种的

① 这里指的是伊甸园。

百合花、迷迭香、郁金香、重瓣的牡丹、淡色水仙、法国忍冬、樱花、李花和梅花、抽叶的山丁香。而五月和六月，则应有各种的石竹，尤其是娇羞石竹，各种的蔷薇，惟有那开得较晚的麝香蔷薇不在其内；忍冬、杨梅、紫草、耧斗菜、法国万寿菊、非洲万寿菊、结果实的樱桃树、醋栗、结果实的无花果树、蔗莓、葡萄花、薰衣草、开白花的香兰、百合草、铃兰、苹果花。七月间则有各种的紫罗兰、麝香蔷薇、开花的菩提树、早熟的梨与结实的李、两种早熟的林檎。八月有各种结实的李树、梨、杏、伏牛花、榛子、甜瓜、各种颜色的附子。到了九月，应该有葡萄、苹果、各种颜色的罂粟花、桃子、半边红而肉色黄的桃子、油桃、山茱萸、冬梨、榅桲。到了十月和十一月的月初，就会楸子、枸杞、洋李、插枝或移植以求其晚开的蔷薇、蜀葵以及和这些一类的东西。这些花木都是相对于伦敦的气候而言的；但是我的意思很明白，那就是你可以根据你们当地的气候，营造出一个“永久的春天”。

因为花卉的香气在空气中（在空气中荡漾的花香，就像音乐的旋律一样美妙）比在人的手里香得多。所以，再没有什么事情比尽情享受空气中弥漫的花卉芬芳更令人快乐的了。蔷薇，无论是淡粉色的和大红色的，它们的香味都是不怎么扩散的，所以你尽可以走过一大排的蔷薇，但是却闻不到一点香气，即便在清晨的露水之下也是如此。月桂在生长的阶段里，一点香味儿也没有。迷迭香的香气不大；墨角兰的香气也很少。在空气中香气最浓烈的，远远超于其他花草的，要数紫罗兰了，尤其是白色重瓣的。这种花一年中只开两次花，一次是在四月中旬，第二次是在圣巴素罗缪节前后。其次是麝香蔷薇，然后是叶子枯萎时的草莓，能散发出一种最沁人心脾的香味。然后就是葡萄花，这种花是小粉花，好像小糠草的粉花，在葡萄抽穗的时候开花。然后就是野蔷薇和黄紫罗兰花，这种花如果种在客厅或较低的房间窗下，是最令人心情愉悦的。然后就是各种石竹和紫罗兰，尤其是花坛石竹和丁香康乃馨。然后是菩提树的花，接着是忍冬花，只是距离不要太近。至于豆花，我这里不想说什么，因为他们是田间的花草。然后，有三种花最善于在空气中撒播馨香，当人徘徊其侧的时候闻不到香味，只有在受人践踏踩碎时它们才冒出扑鼻的芬芳。它们就是地榆、野百里香和水薄荷。因此，你不妨将这些花草种植在园中的小径上，这样你在散步或者走在草坪上的时候，就能够嗅到它们的芬芳了。

至于花园（我们所说的是那些属于皇家的花园，就如同上文所论的建筑一样），其占地面积不应当少于三十亩。并且应当分成三个部分：入口处是一片草坪，靠近出口的地方是灌木丛或荒地，花园的主体部分则在中间，两旁还应该有甬道或小径。我认为花园中的草坪应占地四亩，灌木丛或荒地占地六亩，两侧各占四亩，剩下的十二亩作为花园的主体。草坪的妙处有二：第一，再没有什么比剪得整饬优美的绿草坪更为赏心悦目的了；第二，草坪中间要穿插一条美丽的小径，可以将人带进一片青葱的树篱之旁，亦即围绕中心花园的栅栏。但是因为这条道儿一般都很长，遇到一年或一天之中天气最热的时候，为了去花园的树荫乘凉，不得不先在烈日下走过这一大段路，未免代价也太大了。所以你必须在花园的两边，让木匠布置上一条有遮阴的通道，上面的架子大约12英尺高；经由这些通道，你可以达到园中的阴凉之处。至于用彩色的泥土建筑花坛或构成各种图案，则要安置在临近花园的那一部分居室的窗下。因为这些不过是小装饰，就像糖果点心上面的花纹图案一样。花园的主体部分最好是正方形的，四面用宏伟的带拱门的篱垣围绕着。这些拱门应当由木匠制作的柱子支撑起来，而且要有10英尺高，6英尺宽。拱门之间的距离应该与每个拱门的宽一样。拱门之上还应当有一圈四英尺的完整的篱笆墙，也要由木匠精心制作。在篱墙上面，亦即每个拱门的上面，要有一个小小的角楼，中部有一个圆形凸出，大小可以容纳一个鸟巢即可。在每个拱门之间的上方，应该有些别具特色的雕像之类的装饰，上面盖着各色阔檐玻璃砖，这样阳光可以在上面嬉戏。但是我认为这个篱笆墙要建筑在一个土坡上，但不要太陡峭，必须是一道很平缓的斜坡，高约 6 英尺，上面栽满花草。再者，我想这个正方形的花园其宽度不应当占满整个园地，应当在两边留出一些地方来，留下许多小径，这样就可以通过上述的那两个上有覆盖的通路抵达。但是在花园的两端一定不能有带篱笆墙的小径。如果在前面一端有的话，就会阻碍你的视线，使你从前面草地上望去的时候看不清那美丽的篱笆墙。如果在后面一端有的话，就会阻碍你的视线，使你从篱笆墙的拱门望去的时候看不清后面的荒地。

至于篱墙之内的花园的布置，我觉得应该在设计上别出心裁；不过，我有一句忠告，就是不论你把它设计成什么形状，千万不要过于复杂，或者所耗人工太多。例如我个人就不喜欢在杜松或别的原木上雕刻出各种图形，因为这一类的东西是哄小孩子玩的把戏。又低又矮的篱墙修剪成衣服滚边的样子，再加上好看的尖塔，这些是我所喜欢的。还有，有些地方有一些漂亮的木质立柱，这也是我喜欢的。而且，我还喜欢园中那些宽广美丽的通道。园子的两侧空地上，你不妨造一些狭小但上有覆盖的小径，但是花园里面却不能有这样的小径。在这块花园的正中央，我认为应当有一座漂亮的小山，自上而下，分上三段台阶，每一段的顶上留出一片儿平地来，其宽度可容四人并肩而行；我认为这些平路应当环绕小山，旁边不应当有任何屏障或凸起的建筑物。整个儿小山应当有 30 英尺高，并且上面应当有一座宴会厅，里面要装上整洁考究的壁炉，但窗户上的玻璃不宜太多。

至于喷泉，的确是令人赏心悦目的美观景致。但是水塘一类的东西往往大煞风景，而且使园子变得很脏，到处都是蚊蝇和青蛙。我认为喷泉应有两种：一种是喷水或冒水的，另一种是一个洁净的蓄水池，大概三四丈见方，但是里面不要有鱼、粘土和淤泥等。关于前者，可以用镀金雕塑，或者是如今通用的大理石的雕像来装饰，不过，主要的问题却是如何使泉水保持通畅，不会在下面的水池或水槽里面停滞，那样的话，清水就会变得花红柳绿，又臭又脏，甚至还会生长一些苔藓及腐臭之物。此外，每天都应该派人认真冲洗。喷泉的下面设上几级石阶，顺势可以铺砌到地面上，这样也是很好的。至于另外一种，我们可以叫做水池的流泉，可以供人任意驰骋遐思妙想，这些都可以不必细说。举例来说，精心雕砌水池的四周，并且砌成各种图形；两旁也照样铺砌；并镶嵌上彩色的玻璃，或者类似的可以发光的东西；周围再环绕一些雕像，等等诸如此类的事情。但是主要的问题还是，像上述的关于第一种泉一样的问题。那就是，如何使泉水经常流动，其水源应该来自较高一层的水池，顺着漂亮的喷管流出来，然后通过距离相等的水孔或水管从地下排走，这样就不会停滞在水池里。至于那些细巧的设计，使泉水喷射如虹而不外溢，或使泉水婉转上升而喷射出各种形状（如羽毛形，酒杯形，华盖形等等不一而足），这些都是看起来漂亮，但是对于修身养性是没有多少裨益的。

至于那片草莽之地，也就是我们的花园的第三部分，我认为应当尽可能保持其原有的野趣。我认为，除了种上几丛野蔷薇和忍冬，其间再夹杂一些野葡萄等植物之外，其中不应当有任何别的树木，地上则应多种些紫罗兰、草莓和樱草。因为这些花都有香味的，而且即使在有树荫的地方也长得很茂盛。这些花的栽法，应该是散布在草莽地带的各个地方，随处都可以，不要有什么一定的次序。我也很喜欢鼹鼠丘之类的小土堆（就像真正的草原上所有的东西一样）。这些小土堆上面，可以栽一些野百里香；有的可以栽石竹；有的可以栽石蚕花（这种花看起来很漂亮）；有的栽长春花；有的栽紫罗兰；有的种草莓；有的栽野樱草；有的种雏菊；有的种红玫瑰；有的栽铃兰；有的栽红色捕虫瞿麦；有的栽熊掌花；以及这一类虽然不太名贵，但有香气而又美观的花草。有些小丘的顶上应该种些挺拔的灌木，另一些则不必。这些灌木可以是玫瑰、杜松、冬青、伏牛花（但是这种花只能随便种一点儿，因为它的香味太浓烈了）、红醋栗、桃金娘、迷迭香、月桂、野蔷薇等等。但是这些都应该经常修剪，不然会长得凌乱不堪。

至于园中两侧的地带，应该在其间多辟一些幽静的小径。无论太阳从哪个方向射来，其中的一些都必须浓荫蔽日。另外一些还要能够挡风，以便在疾风劲吹的时节，走在里面如同在避风港一般安稳舒适。应当用篱笆墙将小径的两端围上，以免冷风袭人，而第二种小径则必须用细石精心铺砌，上面不能长草，以免露水会沾湿人的鞋袜。在这些小径的附近，还应当种上形形色色的果树，使之或缘墙攀壁，或独立成行。不过有一点应该格外注意，就是里面种植的果树应该是树形漂亮的，树冠最好低垂而阔大，一定不能太高。里面也可以种上花卉，但是应该种得少一些，否则就会和那些果树争夺养分了。在两侧土地的尽头，应当各有一座不是很高的小山，其高度最好是当人站在上面时树篱围墙不高于人的胸部。登上这些小山，四周田野的景色便可以尽收眼底了。

至于花园的主体部分，有人主张其两侧应当有美丽的小径，两旁种上果树，园中还应当有栽着果树的漂亮的小山，上面应有可供休憩的凉亭，这一切都必须安排好。有人说这些东西如果安排得过于紧凑，就会使花园显得密不透风，我十分赞成这种说法。反之，中央的花园一定不能闭塞，其中的空气务必要畅通无阻。设若谈到荫蔽问题，我认为主要应当借助于两侧的小径。在一年或一天之中最热的时候，人们可以在小径中散步乘凉。但是中央的花园应该是为一年中比较温和的天气而设置的，无论酷暑，无论晨夕，更无论阴晴，都是适宜的。

至于禽鸟饲养场之类的东西，我不是很喜欢，除非占地极为宽广，地上不仅铺有草皮，上面也要栽种各种灌木花丛，这样一来，所养的鸟儿才能有自由活动的余地，而且这里还是一个自然的栖息之所。另外，饲养场的地上不能有粪便等不洁之物。如上所述，我已经描绘出了一座皇家花园的大致轮廓。其中一部分仅仅是建议，一部分是草图，更谈不上是一个具体的模型了。在这方面，我也没有想到节省费用的问题。不过，这对一些王公贵族而言，是不成问题的。他们多半会听取匠人的意见，把许多东西聚集在一起，其花费并不见得比我的计划更节省。有时他们还增加雕像等此类的东西，只不过是为了看起来堂皇富丽，但这对于真正的庭院之趣是毫无裨益的。

论 交 涉

一般而言，口头交涉比书面磋商效果要好。由中间人调解比本人亲自出面效果更好。但是，如果想得到书面答复，或者日后可以拿出书面证据为自己辩护的时候，或者是谈话被打断，或是听到的只是残缺的片断时，那么书面交涉就比较好。当一个人的面孔可以使人顿生敬意的（如上级对下属）时候，或者在某种很微妙的情形下，通过眼睛就能观察到对方的表情，从而得知事情进展如何的时候，或者在一个人有保留、否认或解释的自由的时候，当面交涉是比较好的。托人办事的时候，最好选那些忠厚老实的人。他们会照你的吩咐去做，并且回来会向你如实汇报结果。千万不要用那些只会利己的狡猾之徒，他们会篡改报告的真实内容，以此来讨得你的欢心。乐意受人所托去做事的人，也可以任用，因为他们的办事效率会高些。选人办事的时候，一定要因材施用。例如要任用勇敢的人去争论，用会说话的人去劝导，用机警的人去打探对方的意向，而冒失荒唐的人，则可派他去办那些需要做手脚的事。一直以来办事效率都很高的幸运儿也应当受重用，因为这种人不仅自信，而且会更加努力地保持过去的良好业绩。在谈判中，迂回地探测一下对方的意向，比开门见山直接提出问题好。除非你想用一种出其不意的提问使对方措手不及，这时用开门见山的方法更好些。与已经无所希冀的人谈判，不如和那些尚有所求的人谈判好。在谈判中如果你和对方讲条件，那么由谁先来履行条件就是问题的重点。你没有任何理由要求对方先承担义务，除非事情本身的性质决定必须如此。这时，你应当设法说服对方，使他相信将来在别的事上还有依赖你的地方，或者使他认为你是一个可以信赖的人。一切谈判的根本问题无非是观察对手或利用对手。人们在受到他人信任时，或激动时，或毫无戒备之心时，或有所求时，也即他们想要做些什么却找不到合适的借口，往往会情不自禁地流露出真情实感。如果你想操纵任用一个人，就必须了解他的性情和习惯，以便引导他；或者分析他的目的，以便劝说他；或者抓住他的弱点，以便恐吓他；或者查明对他有影响的人，以便钳制他。在和富有经验的老手谈判的时候，必须弄明白他的意图，以便分析他的言论，并且你最好少说话，说出的话也应当出乎他的意料。在所有艰难的谈判中，不要希望播种之后立刻就会有收获。而应当做好一切准备，好等到它渐渐成熟之后，那时再来采撷最丰硕的果实。

论追随者和朋友

代价过高的追随者是不受人喜欢的，那样会使人削短自己的羽翼，做起事来也会碍手碍脚。我所说的代价过高，不仅指那些花费金钱多的人，而且那些强求别人并且纠缠不休的人也包含在内。一般的追随者如果对主人提出要求，则不应当超出主人所能够提供的帮助、推荐以及庇护的范围。爱搞派系的追随者更不受人喜欢，这些人之所以追随你并不是将你引以为同调，而是因为他对别人心怀不满。所以我们常看到的大人物之间的误会多是因此而发生的。同样，那些华而不实的追随者，经常把他们自己作为高音喇叭四处赞扬主人，同样会带来很多麻烦。因为他们每每因泄露机密而坏事，不仅毁了主人的名誉，而且还会使他遭人嫉妒。还有一种追随者，也同样危险，他实际上就像一个侦探，常常探究主人家中的秘密，并且将这些兜售给别人。然而这种人，大多数时候很受宠幸，因为他们很殷勤，而且消息十分灵通。如果一位大人物拥有与他的身份相符合的追随者（例如，一位曾经打过仗的人有许多军人追随者，诸如此类），只要不太招摇，或者过于得民心，在任何时候都是说得过去的，即便是贵为帝王的人也是如此。但是最值得尊敬的就是追随这样的人——他们知人善用，懂得如何使各种人都能施展才华。然而，没有杰出人才的时候，任用比较平凡的人比任用比较有才能的人要好。不过，说实话，在风气卑下的时候，有才能的人比有道德的人更为有用。

在管理方面，最好任用资格与之相当的人，这是真的。因为如果破格录用某些人，则会使他们目中无人，其余的人也会心生不满——因为这些人有相同的资格要求得到公正的待遇。反之，在施以恩惠方面，最好能够不拘一格举贤任能。因为这种办法可使被选用的人心怀感激，剩余的人更加殷勤，因为一切都是源于恩惠。对于任何人，在起初的时候一定不要过于重用。因为如果开始就对某人非常重视，则以后对他的待遇就难以维持。被一个人所支配（如我们通常所说）是很危险的，因为这暴露了你的软弱，也会给你带来恶名。因为那些在主人面前不指责或不直言的人，在背后则会大胆地批评那些得宠的人，因此主人的威信就会大打折扣。然而如果谁的话都听，也会把人搞得心烦意乱，结果只能采纳最后听到的意见，而别人会认为你这个人多变。采纳少数朋友的建议才是上策，因为很多时候旁观者常比当局者看得更清楚。正所谓：身处低谷，才见高山。常被夸大的那种友谊，世间很少有，在地位平等的人之间更少。即使有这样的友谊，也是在上下属之间的，因为只有他们之间才是荣辱与共的。

论请托者

即使是见不得人的坏事也会有人请别人去办，这种私人的请托往往会妨害社会公正。许多事情本来不糟糕，但是败坏在一些心眼儿很坏的人手中。这些人不止心术不正，而且口是心非，嘴上答应了别人的请托，但是心里却并不想去做事。但是，一旦他们看见这种事情在别人有希望办成的时候，就极想得到那请托者的感谢，要使请托者相信他们真替他办过事，或者能够得到一部分的报酬，或者至少在这件事情还没完全结束的时候，继续吊一吊那请托者的胃口。有些人接受了别人的委托，其实只是为了借此阻挠另一个人；或者借此得到一些非由此无法获得的消息，一旦这些目的达到之后，他们就不会再去关心别人请托之事的成败；或者，更常见的是，这些人之所以答应别人的请托，不过是借为他人办事之名，而行利己之实。甚至还有些人答应替人办事，而心里则是成心要办不成，其目的就是取悦于那人的仇敌或竞争者。显然，每一种请托之中都有一定的是非。如果是为了诉讼，其中必有曲直；如果是为了任免，其中必有功过。假如一个人在诉讼中偏袒理屈的一方，那么他最好能够利用他的威信影响调停此事，而不要把事情做得太绝。假如一个人在升迁任免方面偏袒那个不才的一方，那么他最好不要为了提拔这个人，而去散播谣言，毁损那个值得升迁的人。遇到自己不很内行的请托之事，最好去请教一位可靠而有见识的朋友，他可以告诉你这种请托是否会败坏你的名誉。但是这种顾问须要审慎选择，否则就会受到别人的钳制。托你办事的人因此受到延误和欺骗，必然会对你深恶痛绝。因此，如果不能接受请托，就在别人初次来请求的时候就讲明；或者接受请托之后，一定要将事情进行的情况如实相告，不要粉饰或夸张；事成之后，除了应得的报酬以外，不再索要额外的报酬，这样做不仅是应该的，而且还会让人感激。在为人求情之类的请托中，第一次出马的人很少取得成功，这没什么关系。但是，我们却不能否认请托之人的信任。如果不是他们告诉我们这些消息的话，我们是无从得知的。但是，我们决不可以白白地利用人家的消息，而应当对他心怀感激，并且让他自己设法去找别的门路。假如不知道别人所求之事的价值，那是不聪明的；不知谁应该得到那所求之事的人也是如此。在请托之中，严守机密是成功的要领。因为自己虚张声势，说某项请托进行得如何如何顺利，虽然以挫败别的受托人的锐气，但是也使请托者紧张起来。但是最主要的是，所请托之事要适逢其时。所谓适逢其时，不仅指的是你要请托的人会答应办事，而且这时他人也不会从中破坏阻挠。在选择替自己办事的人的时候，顶好选用那些最适合办事的，而不要倚仗那些大权在握的人，也就是要选用那些具体办实事的人，而不要选用那些包揽一切的人。如果一个人初次请托遭到拒绝，他一定不能表现出沮丧和愤懑的神色。那么，他下次再有所请托的时候，会得到第一次请托所没有达到的补偿。有句话说：“讨价高一些，这样你将如愿以偿。”对一个得宠的人来说，此言不虚。否则，提出过高的要求只能逐步实现。因为假如一个人第一次有所请求，我们也许会拒绝他的，但是假如他已经从这里得到许多好处，那么以后我们就不大愿意拒绝他，恐怕既失去这个人的好感与拥护，又抹杀旧日对他的恩情。通常认为，向某位大人物求一封荐书，并不是多么难的一件事。然而，假如写这封信的理由是不正当的，则会影响到写信人的名誉。再没有什么人比如今这些为求请托人而四处奔走的更可恶的了。因为这一类人只不过是一种妨害公务的毒药和瘟疫而已。

论　读　书

读书可以作为消遣，可以作为装饰，也可以增长才干。一个人独处时，阅读可以作为消遣；与人讨论时，学识可以作为装饰；处世行事时，知识则会变成才干。老练的人虽能够处理具体的事务，但要把握全局，纵横捭阖，只有靠真正博学的人。读书花费太多的时间，人就容易变得懒惰；滥用知识为装饰会显得做作；完全按照书本上的章程做事则是书呆子。读书可以弥补天性中的不足之处，而经验又可以使阅读获益匪浅。人的天性犹如自然界的植物，需要通过阅读的“修葺”。学习本身若不受经验的限制，其作用就会大而不着边际。狡黠的人蔑视学问，天真的人羡慕学问，只有聪明的人利用学问。因为学问本身并没有教人们如何利用，这种运用的智慧在学问之外，只有通过观察体会才能得到。不要为了挑剔辩驳而读书；不要为了某种信仰而读书；也不要为了印证某句话，某种言论而读书；读书要能学会权衡轻重，学会思考问题。

有些书只需浅尝，有些书可以知其大概，小部分书则应当慢慢咀嚼消化。也就是说，有些书只要读部分章节，有些书可以通读，但不用深究；还有小部分则应当用心细读。有的书也可以请人代读，然后读别人的摘要就行了。但这只限于不太重要的论点和质量低劣的书，否则被摘录的书就像被蒸馏过的水，淡而无味。阅读使人充实，讨论使人机敏，写作使人严谨。因此，如果一个人很少动笔，他就必须有超强的记忆；如果他很少和人交谈，他就必须非常睿智；如果他很少阅读，他就必须足够狡黠，才可以掩饰他的无知。读史使人明智，读诗使人灵秀，学数学使人精确，学自然哲学使人深邃，学道德伦理学使人庄重，学逻辑与修辞学使人善辩。总之，“知识塑造性格”。不仅如此，精神上任何一种缺陷都可以通过相应的学习来弥补，正如身体上的疾病可以通过相应的运动来改善一样。打保龄球有利于结石和肾脏，射箭可扩胸利肺，散步有益于胃，骑马有益于头脑等等。同样，如果一个人思维不集中，就让他学习数学，因为在数学论证中，如果他的精神有一点儿不集中，他就必须得从头再做；如果一个人不善于辨别异同，就让他学习哲学，因为学习哲学的人都很注重细微的事物；如果他不善于推理，不善于用一种事物阐释另外一种事物，那么就让他研究法律案件。

这样看来，心灵上的各种缺陷，都有治疗的良方。

论　党　派

许多人有一种不高明的意见，那就是凡事都要照顾各个党派的利益和愿望，这是人君治国、要人治事的法宝。然而道理与此相反，最聪明的做法是将有关大众的事情处理好，这样人们之间虽有党派之别，但是不能不一致赞同。还有就是，将人与人之间的各自关系处理好。但是我并不是说可以忽略党派。出身低贱的人，在他们升迁的过程中，一定要有所依附；但是大人物就不必拘泥于此，他们最好是保持一种不偏不倚的中立态度。然而，即使是那些初入仕途的人，如果一定要有所依附的话，最好不要表现得太过分，自己虽然身居某一党派，但是又能和其他党派的人相处甚欢，这样一来，他的升迁之路肯定会非常通达的。一般而言，位卑势弱的党派是最团结的。我们经常看到，一些温和的少数派往往能够战胜貌似坚不可摧的多数派。当某一党派中的一个派系垮台的时候，其余各个派系就会自行分裂。例如卢库拉斯和罗马参议会中的其他贵族的那一党（就是人称“贵族党”的）曾与庞培和恺撒相持一时，但是参议会的威权被打倒之后，不久，恺撒和庞培就分裂了。和布鲁塔斯与拉西亚斯反对的安东尼和奥克塔威亚努斯的那一党或派也曾一度团结起来，与敌人相持，但是布鲁塔斯和拉西亚斯颠覆之后不久，安东尼和奥克塔威亚努斯就分裂了。这些例子都是战争方面的，但是这对一般的党争同样适用。因此，有许多次要的党派的成员往往在本党分裂的时候成为主要的人物，但是他们往往也会变得一文不值，而被人抛弃，因为，人的力量往往是在对立斗争中才能显现出来。一旦竞争的对立面消失了，这些人也就没有用处了。

许多已经达到目的人，往往会与自己借以晋升的本党的反对党勾结起来，他的意思也许是自己的党派既然已经牢牢攥在手中，而现在是收买另一个党派的时候了。叛党经常容易取得成功，之所以如此，是因为当事态相持不下的时候，只要能得到一个人的力量就可以决出胜负，那么这个人就可以得到一切的感激和酬报。在两党之间保持中立，不一定永远是由于态度温和的缘故，有时也会有私心在里面的，这样或许能够两头得利。在意大利，教皇们嘴里常说“众人之父”之类的字眼，人们对他们总是心有疑虑，认为这不过是一个幌子，其用心无非是将世界上的一切都置于自己的权威之下。为君主的务必要小心，不可轻易偏向某一党派，以致自己也沦落为某派的党羽，国内的党派总是对王权不利的，因为这些党派常向党内成员要求一种义务，这种义务简直和君主对人民所要求的差不多，并使君主成为“我辈中的一员”，如法兰西的“神圣同盟”便是如此。党派之争甚嚣尘上的时候，正是王室衰微之时。这种情形对他们的权威和王位是很不利的。在君主之下的党派活动，正如天文家所说的小行星的运转一样，虽然有自己的自转轨道，但是却应该安静地受那更高的九重天的支配。

论礼节与仪容

资质尚可的人，必须在礼节仪容方面下功夫，否则就难以成材。就好像没有镶衬的宝石一样，一定要经过雕琢才会蒙受世人珍爱。但假如一个人稍加留心的话，就会发现，人们的赞扬称许和经商获利一样，并非是空穴来风。蝇头小利，也能致富，这句谚语是正确的。因为小利经常可以碰到，而大利则是偶尔才降临。同样，微不足道的行为举止常常会为人赢得极大的赞誉，这些小举动每天都会有，也会引起别人的注意，而施展大才的机会如同节日般稀少。因此，彬彬有礼的举止对一个人的名声有很大的益处，正如伊莎贝拉女王所说的："端庄有礼的举止就好像一封永久的推荐书一样。"要做到这一点并不难，只要不小觑这些就可以了。因为人只要不大意，自然会留心观察和模仿别人的优点，剩下的就是要相信自己。自然大方的举止才显得高贵，假如过于做作，就失去了应有的价值，因为端庄的举止本身就包含了自然和纯真。有些人的言谈举止好像诗，其中的每个音节都是仔细推敲过的，这种在小节上如此费心的人如何能成大事呢？完全不拘礼节的人就等于教别人也不要讲求礼仪，结果导致别人对他也不是很尊重。尤其是与陌生人打交道，或者是出席正式社交活动的时候，这种礼仪更不可忽视；但过于讲究，且把礼节抬到比月亮还要高的位置上，不仅让人觉得单调乏味，并且会让人怀疑你的诚意。当然，在言语交际中，的确有一种很好地表达自己和赞赏别人的方法。假如一个人偶然发现这种技巧，是大有裨益的。一个人在同僚中一定有亲密的人，因此要保持矜持以免被人看作是轻浮。在下属面前不妨表现亲密一点，那样会得到更多的尊敬。任何事情都爱出风头的人，是自轻自贱且惹人讨厌的。乐于助人是好的，要让别人知道，你之所以这样做的动机是出自对他的关心，而并非是因为你容易做到。通常对别人的话表示赞同的时候，要有你自己的某些见解：例如你赞成他的主张，可是要稍有点补充；你愿意附和他的提议，可是要提些条件；你同意他的讨论，可是还要有你自己更进一步的理由。需要注意，即使对很能干的人也不可过于恭维，因为嫉妒你的人一定会给你一个拍马屁的恶名，你的才德也会因此受连累。在一些重大事件面前，过于注重礼节或者过于讲究也是会造成损失的。就像所罗门所说的："看风的人无法播种，看云的人无法收割。"愚者只是等待机会，而智者却制造机会。人们的举止好比他们的衣服，不可太紧或过于讲究，应当宽松一些，这样才能行动自如。

论 称 誉

能否获得称赞或获得多少称赞，是一个人才德的反映。它就像镜子或其它能够反射的东西一样。如果赞誉来自平庸大众，那它通常是虚伪和毫无价值的；并且这种称赞多是出自愚蠢自负的人，而不是贤德之士。因为庸人不懂得真正伟大崇高的美德。他们会对最低级的才德赞不绝口，对中等的才德表示惊讶或羡慕，但对最上乘的才德却是最缺乏识别力的。因此，假冒的才德却往往会受到最好的赞誉。名誉的确像一条河，可以使轻薄者上浮，却会让厚重者下沉。但是如果有真知灼见的人们同声称赞某人，正如《圣经》所说的："美名犹如芬芳的油膏"，芳香四溢并且经久不散。因为油膏的芳香要比花香持久。

想要赞美一个人，华而不实的理由太多了，因此人们有理由怀疑他人的恭维。有一种赞美只是出于谄媚。假如称颂你的人只是一个普通的献媚者，那么他对你所说的不过就是他常对任何人所说的一番套话；假如他是个乖巧狡猾的谄媚者，那么他必定会投其所好，去赞美你心中最为得意的事情；但假如他是一个厚颜无耻的谄谀者，他就会找出你内心深以为耻的弱点，而坚持说你在那些方面很优秀，以使得你的知觉变得麻木不仁。有些赞美是出于美好祝愿与虔诚敬意的，是我们对帝王或伟人应有的一种礼仪，这就是"赞美式的教训"。称颂某人如何好时，实际就是告诉他们应当如何做。有些赞美其实是恶意中伤，为的是好引起别人的嫉妒心，“最恶毒的敌人就是正在恭维你的人”；所以希腊人有句谚语：“受人恶意恭维的人，鼻子上要生疮”，就好像我们俗话所说的“如果说谎的话，你的舌头上就要长脓包”一样。适度的赞美，运用恰如其分且不俗，确实会带来好处。所罗门曾说：“清早起来，大声称赞朋友的人，倒不如说是在诅咒。”过于夸耀某人或某事，是会招致人们的反感、嫉妒和轻蔑的。至于一个人的自我吹嘘，除了在很少的情形中，效果更会适得其反。但如果是夸耀自己的责任或职业，则可以潇洒并且自豪地去做。罗马的主教们都是一些神学家、修道士、经学家，他们对于文官事务有一句嘲笑轻蔑的话，因为他们把一切战争、外交、司法，及其他的世事都叫做“胥吏之事”，好像所有这些事情都是胥吏和执法员们所做的一样，虽然这些事常常比那些深奥的研究对人类来说要有用得多。圣保罗在自夸的时候常加上一句“容我说一句大话”，但是在说到他的职责的时候，他就说，“这是我的庄严使命”。

论 虚 荣

《伊索寓言》中讲了一个极妙的故事：一只苍蝇伏在战车的轮子上，神气地说“看我扬起了多少灰尘啊”！世上有多少愚蠢自负的人正如苍蝇一样，任何事情（或者是自行发展的、或是由强力者推动的）只要与他们有一点点的关系，就会认为这完全是他们的功劳。好自夸的人必然爱搞派系，因为一切自夸都是要通过比较的。这种人也必然好吹嘘，因为这样才能实现自己的种种夸耀。他们也不能保守秘密，所以他们没有什么实际用处，正如一句法国谚语所说的一样，“叫得很响，做得很少”。然而在政治事务中这种人也的确有他们的用武之地。当需要一种大才或大德的声望时，他们就是很好的吹鼓手。此外，正如里维在安提奥喀斯和哀陶立安人事件中指出的：“两头都说谎有时也会有很大效果”，例如，一个人想要两位君王联合起来对付第三者，他就在两个君王间同时夸大第三国的实力；又如在两个人之间周旋的人，对双方都吹嘘他的影响，结果巧妙地把他自己的声望抬高了。所以在上述事例以及类似的事件中谎言往往轻易地造就了时势，以致谎言足以引起意见，而意见又可以带来实质的东西。对将军和士兵来说，虚荣心是必不可少的，正如一块铁会因别的铁的磨砺而锐利一样，虚荣心可以激发人的勇气。在需要冒险的事情中，加进一些天性好夸耀的人可以使事业更有活力，而那些天性稳重镇定的人，更像压舱物而不是船帆。在学问的名声方面，如果不插上一些夸耀的羽毛，这种名声的飞翔也会很迟缓。写《蔑视虚荣》一书的人，也不反对把自己的名字写在书的封面上。苏格拉底、亚里士多德、盖伦都是有夸耀之心的人。虚荣心的确是使一个人想永垂不朽的动力之一，德行之所以能够彪炳千秋，不是靠一些沽名钓誉的小伎俩，归根结底还是靠人的天性。西塞罗、塞奈喀、小普利尼的事业若不是和他们本身的某种虚荣心连在一起的话，也不会永葆生机；这种虚荣心就如天花板上的油漆一样，它不仅使天花板有光泽而且能够持久。但是说了这么久，当我说到虚荣的时候，我的意思并不是泰西塔斯说缪西阿努斯具有的那种特性——“他的一言一行都是巧妙地炫耀自己”，以致让人认为这种特性并非出自虚荣心，而是出于天生的豪爽和明智，并且这种性质在有些人看来不但优雅而且高尚。因为表现恰当的谦虚、礼让和节制，都不过是巧妙地炫耀。在这些炫耀的艺术中，没有比小普利尼所说的更好了。那就是，如果在你所擅长的方面，别人有一些长处，那你就不要吝惜你对别人的赞扬。普利尼说得好：“你夸奖别人就是夸奖自己。你夸奖的人如果不如你，既然他值得夸，那你更值得夸耀了；如果他比你强，他不值得夸，你就更不值得夸了。”好炫耀的人是明智者所轻视的，愚蠢者所羡慕的，谄媚者所崇拜的，而这些人都是受虚荣心支配的奴隶。

论荣华与名誉

荣誉的获得，应当把人的才德和价值完美无缺地展示出来。因为有些人在他们的行为中，竭力追求荣誉、名声，这种人虽然常被人们谈论，但却很少被人们从内心里去崇拜。相反，有些人为了要韬光养晦，往往在一般人的评价中被低估。如果一个人完成了别人以前从未尝试过的事，或者是别人尝试过而放弃的，或者是别人曾经完成但做得并不完美的，这样他得到的荣誉，将比跟在别人后面做事（哪怕这件事更难或更有价值）得到的更多。假如一个人处世十分周全的话，就会使各阶层都满意，或者也可以团结广大人民群众，那么赞美的歌声将会更加嘹亮。假如一个人做一件事，事情成功时他所得的荣誉，远没有失败后所得的耻辱多，那么他就是不善于珍惜自己名声的人。由比较而得来的荣誉是最耀眼的，就如多棱面的钻石所焕发出来的灿烂光芒。所以在追求荣誉时，一个人应当超过任何一个和自己竞争的人，如果可能的话，最好用对手的弓箭而射得比他们更远更准。谨慎而有远见的从者与仆人常常会令主人英名远播，“人的名声往往出自他的门人”。嫉妒是蚕食荣誉的蠹虫。消灭嫉妒的最好方法，就是声明自己的最终目的在于事业，而不在于追求名声，把事业的成功归结于天意和幸运而不归功于自身的才德或谋略。

君主的荣誉可按如下等级排列。第一等是那些开国之君，如罗缪刺斯、萨拉斯、恺撒、奥陶曼、依斯迈耳。第二等就是那些立法者，也叫国家的第二缔造者或万世之君，因为他们逝世后所建立的法制仍在统治着国家，如里可尔戛斯、索伦、加斯提尼安、埃德瓦、“聪明的”喀斯提王阿尔芳撒斯（就是那位立下《七法全书》的人）。第三等就是那些解放者或“救民之君”，他们或结束内战的长期痛苦，或把国家从异族或暴君的魔掌中拯救出来。例如奥古斯塔斯大帝、外斯帕显、奥瑞利安努斯、西奥道瑞库斯、英王亨利七世，法王亨利四世。第四等就是那些传播者或“卫国之君”，如那些以光荣的战争拓展自己的领域或以高尚的自卫战抵御侵略者的君主。最后应数那些“国父”，就是那些治国有道，在位期间能够让国泰民安的君王。最后两类都无需举例，因为这样的例子举不胜举。

臣民的荣誉可按如下等级分类：第一等是为国君分忧解难的人，就是那些被君王赋予重任，能处理重大事务的人，我们也称其为“君王的右手”。其次就是统帅、首领，即战争中的领导者。例如君王的副职官员，尤其是在战争中有显著贡献的人。第三等就是君王的宠臣，他们能够得到君主的欣赏，又不会对百姓造成危害。第四等是“能臣”，就是在君王之下做高官，而又能在其位谋其政的人。还有一种不太常有的荣誉，可列在最高等的荣誉之中，就是冒着极大危险或以死报效国家的人，例如马喀斯·瑞古拉斯和戴西亚斯父子。

论 司 法

司法官应当记住他们的职责是解释法律而不是立法或制法。如若不然的话，则司法官之权将如罗马教会想据为己有的权力一样了。罗马教会是假借解释《圣经》的名义，不惜加以添改，并且把《圣经》中找不出来的法则定为律条，宣告于天下，托古改制，创立新法的。做法官的应当是学问多于机智，尊严多于一般的欢心，谨慎多于自信。犹太律说："移界石的人将遭受诅咒。"把界石挪动的人是有罪的。但是那不公的法官，在他对于田地产业错判误断的时候，才是最大的移界石者。一次不公的判断比多次错判的事例为害尤烈。因为这些错判的事例不过弄脏了水流，而不公的判断则败坏了水源。所以所罗门说："义人在恶人面前败讼，就像搅混泉水，弄脏水井。"司法官的职权与诉讼者，与辩护士，与属下的官吏，与自己以上的君主或国家都是有关系的。

第一，先说诉讼的两造或双方。《圣经》上说，"有的人使审判变为苦艾"，确实也有人把审判变为酸醋的人；因为不公平的判断使审判变苦，而迟延不决则使之变酸。一个作法官的人的主要职责是除去暴力与诈骗，这二者之中暴力在明目张胆地横行时较恶毒，而诈骗则于秘密掩饰的时候特别险恶。除这二者之外，还有一些无事生非的诉讼，应当排除在法庭之外，免得积案如山。法官应当为公平的判断作好一切准备，这种准备应当如同上帝对于他的路的准备一样，就是要填高溪谷，削平山陵，所以在两造的任何一方，若有强力、暴虐、巧计、结徒、奥援、善辩的情形出现，在那个时候法官若能使给予不平的人以公正，使他自己的判断得以公平为基础，那么他的才德就会得以彰显。“扭鼻子必然出血”，而压榨葡萄汁的机器若是用力过猛，所榨出来的酒必然是苦涩的，而且带着一股葡萄核儿的味儿。断案法官必须谨慎小心，千万不可深文周内，过度穿凿附会；因为没有比法律的不公所带来的苦恼更让人痛苦的了。尤其在刑法事件中，法官应当注意，不要使本在警戒的法律变为虐民的工具（不应当把法律作为虐待被告的刑具）。他们也应当懂得，不可把《圣经》上所说的那种雨（“他要向他们降下网罗之雨”[①]）带来，因为刑事法律履行的过于严厉，即等于在人民身上降下网罗之雨。所以刑律之中如果有久已不行或不适于当前事务的，贤明的法官就应当限制这些刑律的施行：“司法官的职责，不仅限于审察某案的事实，还要审察这种案件的背景及环境……”在有关人命的大案中，法官应当在法律的范围内以公平为念，但又不能忘记怀有一个仁慈之心；应当以严厉的眼光对待案子，但又以悲悯的眼光对人。

第二，关于辩护士及法律顾问等。耐性及慎重听讼是司法官的重要品德之一，而一个喋喋多言的法官则就像是一件音调不谐的乐器。法官在审案过程中，随意打断或否定律师的辩护，或者提前讲出意见或辩护律师的话以显示自己的明察，或者用问题（即使是与案件有关的问题）把以后两造将要陈述的事实先期勾引出来，这些都是不值得提倡的。法官在审理案件之中的职分有四：审择证据；约束发言毋使过长、重复及泛滥无关；重述、选择、并对照已发言论；指示批判的准则。凡有超过这些职分即是过多，而这种情形不是出自炫耀多言，就是出自不耐心听讼，不

① 《旧约·诗篇》第11章第6节：“他要向恶人密布网罗，有烈火、硫磺、热风作他们杯中的成分。”这里的“他”指的是耶和华。

然就是由于记忆力不佳，再不就是由于缺乏沉着公平的注意力。辩护人滔滔善辩多能得法官的欢心，这种情形看起来是很奇怪的，为法官者应当效法上帝（上帝的座位是他们坐着的），上帝是抑强扶弱的。但是法官而又出名的得宠的律师，那是更令人奇怪了，这种情形必定引起诉讼费用的增加，或者会有人以不正当的手段贿赂法官。在律师为某一案子辩护有力的时候，法官一定对于该律师有一种责任，理所当然应该称赞他，尤其当他们那一方处于不利情形的时候更是要如此，因为这样的话可以使委托者对于律师深信不疑，而且抛开他那自以为是的意见；同此，如果遇到律师诡辩的情形，他们有重大的疏忽，证据过弱，或强词夺理等情况时，法官对公众也有一种责任，理当合理地申斥那个律师。当律师的也不可与法官舌剑唇枪地争论，或者在法官宣判之后仍然就此事纠缠不休。但是，在另一方面，法官也不可迁就律师，或给他所代理的那一案子以口实，说他的辩论或证据并未向上传达。

第三，我们谈谈法官和下属的关系。法院所在之处乃是一个神圣的地方；因此不但是法官的坐席，就连那法庭的站台，听证的围栏都应当是廉洁整饬的，都要一尘不染才好。因为，的确（如《圣经》上说的）“从荆棘之中是采不来葡萄的”；在那些由贪婪的下属组成的荆棘丛中，即使有公道也不能结出鲜美的果实。一般法院里有四种很坏的衙吏：第一是包揽诉讼，挑拨是非，使法庭上积案如山，但是国家人民却并未因之受益。第二种人是那些把法院卷入职权之争的人们。他们并非是“法院的朋友”而是“法院的寄生虫”，因为他们把一个法院鼓动得过于膨胀自大，超越限度，而他只是为了自己一些微利。第三种人可以称作“法院的左手”的那些人，即那些狡黠而多谋，能阻挠法院的正当程序，并把公理引入邪径与迷阵之中的人们。第四种就是那些收揽并敲诈额外费用的人们；通常把法院比做矮树丛，一只羊在暴风雨中逃向其中以求安全的时候，总是免不了损失一部分羊毛的。有了上述几种人，就足以证明这个譬喻了。在另一方面，一位多年的老衙吏，熟悉法律，做事审慎，通晓法院的各项事务，他就是法院的一个极好的助手，并且常常会给法官本人指明道路。

第四，谈到关于君主与政府的方面。法官一定要记住罗马的十二个铜表法的结语，“人民的幸福即是最高的法律”，并且要明白法律如果不以达到上述的这句话为目的，则不过是一种徒生纷扰的空文，是没有受到神灵感应的伪谕。因此，为君主和执政者如果经常和法官商议事情，而法官也经常和君主和执政者商议，则是一国之幸，前者就在法律于国家的政务有碍的时候，后者就在国家的政务对法律有妨碍的时候。因为往往提起诉讼的事也许是你你我我的私人事件，而这种事件的原理和影响则要涉及国事。所谓国事，不仅是有关王权的事，并且包括任何引起大变革或造成危险的先例，或者是显然有关任何大部分人民的。再者，谁也不可糊里糊涂地相信公平的法律与真实的政策之间有任何的对立性，因为这两个好像精神与筋肉，是共同起作用的。法官们也应当记住，所罗门的王座是两边由狮子们支持着的，他们可以做狮子，但是也要做王座之下的狮子，就是要小心在意不可阻挠或违反王权的任何一点。法官一定要知道他们自己的正当权利，而他们的职务并不包括这主要的一项，那就是贤明地行法施法。因为他们也许记得圣徒保罗关于比他们的律法更高的一种律法的话：“我们知道律法原是好的，只要人用得合宜。”

论 愤 怒

要想彻底消灭愤怒，这不过是斯多葛学派夸张的说法。我们有个更高明的神谕："生气就生气吧，但不要犯罪。不要让你的愤怒持续到日落之时。"愤怒必须在程度和时间方面都受到抑制。首先我们必须说明在天性爱好和习惯方面，如何尝试使愤怒平息下来。其次，要说明发怒时的冲动应该如何抑制，或者至少如何使它免于酿成祸害。再次，如何使别人愤怒或者平息怒气。

关于第一点，除了深思明辨之外，没有其他的方法，好好反思一下愤怒可能带来的恶果，想一下它将如何扰乱人们的生活。这样做的最好时机是在愤怒结束之后，静下心来回想当时的情形。塞奈喀说得好："怒气像坠落之物，坠落时自己也粉身碎骨。"《圣经》劝诫我们"要以耐性来保持我们的灵魂"不管是谁如果没有耐性就无法控制自己的灵魂。人类不能像蜜蜂那样，"把他们的生命留在所螯的伤口之中"。

愤怒确实是一种卑劣的品质，因为它总是出现在那些受它控制的弱势群体身上，这些人就是孩子、女人、老人和病人。不过人们必须谨慎小心，要蔑视愤怒而不要害怕愤怒。因此他们似乎在伤害之上而不是在伤害之下。如果一个人能够约束自己，这将是一件容易办到的事。

关于第二点，引起愤怒的原因和动机主要有三。第一，对伤害过于敏感。因为软弱和敏感的人肯定会经常生气，有太多的事情让他们烦恼。而天性坚强的人对它几乎没有感觉。第二，一个人认为自己所受的伤害含有轻蔑的成分，也是容易愤怒的。因为轻蔑给怒气火上浇油，似乎比伤害的本身还要厉害一些。因此人们若察觉自己处于受人轻蔑的环境之中，他们更容易点燃自己心中的怒火。最后，如果一个人认为触及到他的名誉，也会加重他的愤怒。在这里，最好的补救方法是如康萨弗常说的，一个人应当有一种“粗绳大孔的荣誉网”。但是在所有可避免的愤怒中，最好的治疗方法是时间。要使一个人心里明白，报复的时机还没有来到，但是他为此已经预见到此事会来罢了。因此，这个时候，他最好是引而不发。一个人尽管生气，但要学会控制愤怒，使之不至于酿成祸端，有两件事情需要特别注意。一是切忌说极端刻薄的话，尤其是一针见血和有针对性的，因为一般的侮辱倒无关紧要，倘若一个人在盛怒之中泄露秘密，那么他就会使自己陷于孤立之中。其次，在任何事务中，你都不能因为突然愤怒而蛮横地中断，无论如何，不管你有多愤怒，都不要影响任何事情，因为那是不可逆转的。激起或者平息一个人的愤怒，首要的是要选择时机，当一个人最不容易控制和有最坏念头的时候去激怒他。另外通过收集有利材料（前文已经提及[①]），这样才能使他遭受重创。息怒之方则与此相反，前者是向一个人提起能激怒他的事情，而且要掌握好时机，因为突然袭击给人的印象最深刻。而息怒的方法是，尽可能切断对他造成伤害或轻蔑的事情，将这些归咎于误会、恐惧、激动或者其他任何你所想到的理由。

① 《谈残疾》中提到过类似的做法。

论变易兴亡

所罗门说："太阳底下没有新鲜事。"与此类似，柏拉图也有一种看法，认为"一切的知识都不过是回忆"。而且，所罗门还有如下的名言："所有的新鲜事都不过是遗忘了的事而已。"据此，可见忘忧河[①]不但在地下流淌，在地面上也是如此。有一位玄奥的星命学家说："有两件东西是固定的（其一是天上的恒星永远保持固定的距离，不会太远，也不会太近；另一就是他们的运动周期是永远守时的），除了这两者之外，世界上没有一样东西会存留片刻之久。"万事万物都是在不停的变化之中，永无停歇，这是很明白的。世界上最大的殓布（使得一切永不见天日的东西）有两种：洪水与地震。至于火灾与大旱，并不能完全消灭人类或其他物种。非顿[②]的火焰车也只不过才跑了一天，就停了下来。还有那以利亚时代的三年之旱，也不过是局限在某一地区，许多人还是活了下来。至于西印度一带，雷电所引发的林火也是范围不广的。但是洪水和地震这两种浩劫中，有一点需要注意，那里历经浩劫而侥幸存活的人多是愚笨的山野之民，他们不能提供关于这些的任何记载；所以许多人或事都湮灭遗忘，其中

---

① 希腊神话中下界的一条河流（Lethe），饮其水的人便会忘记他的前半生。

② 非顿（Phaeton），日神之子，驾其父的火焰车行驶时，由于将车开得离地面太近，几乎烧毁了世界。

的情形就和一个人也没留下是一样的。如果你详细研究一下西印度的人民，会发现他们是相对于旧世界中的比较年轻的一种民族。很可能以前在那里造成毁灭的不是地震，（比如埃及僧侣在谈到亚特兰蒂斯时根索伦所说的那样，说那座岛是在地震中被海洋吞噬的）而是被一种当地的洪水所吞没。因为地震在那个地区不常见。但是，在另一方面，那里却有浩浩汤汤的大洋，亚、非、欧三洲的河流与它们比起来，简直就像小溪一样微不足道。还有他们的安第斯山也比我们的山高得多，由此大约可想见，有一部分人类是在洪水中幸免于难的。至于马基雅维里的看法，说是宗教派别之间的不想猜疑是上古之事被遗忘的重要原因之一，并诽谤格瑞高瑞一世，说他曾尽力毁灭一切异教的古老文物。关于这一点，我并不认为这种宗教热狂能产生什么大的影响，其影响也不能延续这么久。例如萨比尼安之继承一样，他登位之后，就致力于古代文物的修复工作了。

天体的演化等重大问题不是本文所能讨论的。如果这个世界真能那么长久的话，柏拉图所谓的千年说[①]也许会实现，但是恐怕每一个都未必会获得同样的重生（因为这种说法不过是某些人的痴心妄想，因而认为天体的演化会和人间的万事万物相对应），而只能使世界大体重生。同此，彗星大致上对于事物的确会有强有力的影响。但事实上，一般人对于彗星，大多不过是仰望而已，仅仅是注意它们的行程，而不会对它们有精确的认识和把握，特别是不善于观察它们对各个方面的影响。比如什么样的彗星，大小如何，颜色如何，光芒和方向如何，在天空中的位置如何，出现的期间情况怎样，发生什么样的影响。

曾经听见过一种无关紧要的说法，我不愿人们对这种说法弃而不顾，而愿意人们稍加注意。据说在荷兰（我不知道是荷兰的哪一部分）有一种说法，说是每过三十五年，同样的年成和气候

---

① 柏拉图的千年说：（Plato’ s Great Year）见柏拉图在对话集《泰摩斯》，大意是：世界上的一切事务经过若干个千年之后，又将恢复到原来的状态。

就会卷土重来。如严霜、大涝、大旱、暖冬、凉夏一类的事情，他们把这种情形叫做周而复始。这个说法我很愿意提到，因为我曾经真的追溯回去，而且结果与这个说法还有几分相符。

我们现在暂且不谈这些自然之事，来谈谈人事。人事中变化最大者莫过于宗教派别的兴衰浮沉。因为宗教派别，就像轨道之于行星一样，是最能支配人心的。惟一真正的宗教建在坚不可摧的磐石上，其余的则仿佛是漂浮在时间的波涛之上。所以现在且说新宗教兴起的原因，并谈谈对此的意见，以便竭尽自己的全力去遏制这可能会发生的社会震荡。

当一个曾经为人们广为信奉的宗教因内部党派之争而分裂的时候，这个宗教的宣扬者的德行也会堕落，生出诸多丑事来，如果恰逢愚昧无知而且野蛮至极的时代，必然会有夸张诡异之人揭竿而起，那么某一个新的教派就要崛起了。默罕默德颁布法令的时代，正是一个这样的时代。如果一个新教派不具备以下两个特征，你就不必害怕它会壮大起来，因为它是不会传播开来的。这两种特征之一就是，颠覆、篡夺、或反抗固有的威权，因为再没有比这种事更能笼络人心的了。其二就是许人寻欢取乐，骄奢淫逸。至于那些在理论上标新立异的异端邪说（例如古时的埃瑞安派和现在的阿米尼安派），虽然它们在很大程度上可以迷乱人的心智，但是对一个国家还不会产生大的影响，除非有什么政治势力支持他们。新教派的创立，有三种方式：或借助异兆圣迹的力量；或通过演讲劝诱蛊惑人心；或求诸武力。至于殉教的做法，我把它纳入奇迹之类，因为这些行为好像是超乎人的天性力量的。对于超凡脱俗，值得人叹慕的圣洁生活，我也可以把它列入奇迹之内。若要阻止新教派的兴起，一定要革除弊端，调和细小的分歧，对信仰新教派的人使用怀柔政策，而且要用奖励擢升的办法笼络教派中的主要首领，而不能用暴力严辞激怒他们。除了这些之外，确实没有更好的办法。

军事方面的变更有很多，但是主要表现在三个方面：战争的地点或场所有所变化；兵器发生变化；指挥策略有变。古时的战争，似乎大多由东至西，因为波斯人、亚述人、阿拉伯人、鞑靼人（这些都是侵略者）都是东方人，高卢人是西方人。这是真的，但是我们所读到的他们的侵略只有两次：一次是到盖莱西亚，一次是到罗马。但是东方和西方并不是固定的，而战争的方向，我们也不能确定为自东至西或是自西至东。但是南与北是固定的。并且远在南方的人来侵略北方，这种事如果不是从来未有的，也是很少见的。事实是与此相反。由此可见世界的北部是天然战争之所，不论那是由于北半球的星宿，或者由于北半球的大陆——南部就现在所知差不多全是海洋——或者（这是最显而易见的）由于北方气候的寒冷，在这种气候之下，一个人就是不锻炼，身体也会很强健，当然骁勇善战。

一个伟大的帝国将要分崩离析或是彻底颠覆的时候，往往就是即将战火纷飞的时刻。因为庞大的帝国在鼎盛的时候，每每将他们所征服的人民压榨得一干二净，以此来充实自己的力量。到了他们快要衰亡的时候，一切就都颠覆了，而他们也就成为他人刀俎上的鱼肉。罗马帝国的情形就是如此；日耳曼帝国在查理大帝驾崩之后也是如此，这时每一只鸟都要从它的身上抢回自己的羽毛。有朝一日，西班牙也会重蹈它们的覆辙。与此类似，每逢新王登基或是诸国联合之时，也会兵戎相见。因为，一个国家如果兴旺发达到一定程度，就像洪水一样，一定要泛滥的。如罗马、土耳其、西班牙，皆是如此，都是前车之鉴。纵览世界各国的历史，当野蛮民族最少，而且它们没有合适的条件可以大量繁育的时候（就像今日，差不多世界各地的情形大抵如此，除了鞑靼国），就没有人满为患泛滥成灾的危险。但是，如果一个民族繁衍不息而又不堪重负时候，一定会将本族的人口迁移到别的国家去。在古代北方，这种事情常常是由抽签决定的。他们抽签来决定哪些应当留住本土，哪些人应当到外地去另谋生路。当一个本来好战的国家变得衰弱委靡的时候，一定会有人向它宣战。因为这样的国家一旦到了这种衰颓的地步，多半是很富裕的。如此，仿佛这个国家的财富在引诱别国同它作战，而另一方面，这个国家的武力衰微也在鼓励别国与之开战。

至于武器，其发展情况几乎没有什么固定的规律可循。不过，我们可以看到武器是随着时代的更迭而演化的。准确的说，在印度的奥克西掇克斯城早就有了大炮，这种大炮就是马其顿人称之为雷电与魔法的。众所周知，早在两千多年前，中国人就已经会使用大炮了。关于武器的性能与改进，我认为：第一，射程要远。这样就可以减少危险。这点在大炮和毛瑟枪方面最明显。第二，攻击力要强。在这方面，枪炮又比一切的攻城武器和古代的发明厉害。第三，使用方便。例如，要在任何天气情况下都可以使用，搬运轻便，易于操作等等。

至于作战方案也是有变化的，起初人们是过于倚仗兵马的数量，一心想要以多胜少；另外，主要是靠着武力与勇猛的。具体的做法是：他们预先约定好日期地点，然后安营扎寨，在双方势均力敌的情况下决出胜负。他们不懂得如何排兵布阵。后来，他们就学会倚仗精兵，而不指望能够以多取胜；他们渐渐地懂得如何借助地形诱敌深入，以及此类的谋略，并且在分配兵力方面也更在行了。

在一个国家的早年，往往是武器装备最强的时候；在它的壮年，是学术振兴的时期，继而是武力和学术交相辉映；到了衰颓的万年，工艺与商业是最发达的。学术也有儿童时代，那时它刚刚萌芽，而且一般是很幼稚的；然后是它的少年时代，那时它蓬勃发展，很有少年的朝气；然后是它的壮年时代，那时它坚实有力；最后是老年时代，它就变得干枯衰竭了。但是对于这些时世变迁如果看的太多太久，就会让人头晕眼花。实际上，关于这些事情的记载，不过是一套往复循环的故事而已，实在是不胜枚举。

论 谣 言[1]

诗人们笔下的谣言是一个怪物。他们对她的描写时而优美精致，时而严肃沉重。他们写道：你看她的身上长了多少羽毛，羽毛下面有多少只眼睛，她有多少条舌头，多少种声音，又有多少只耳朵！这不过是一种辞藻而已。不过，在辞藻之外还有极其精妙的比喻，比如说：谣言走得越远，力量就越大；虽然她的脚没有离开地面，可是头却藏在云雾里；她白天在瞭望塔里窥伺，直到夜晚才飞出去活动；她把已做的事和未做的事搅在一起；她是大城市里的一大害。但是，有一则说法比以上种种更有分量，那就是诗人们所说的，大地（即那些向丘比特作战而被灭的巨人们的母亲）因为巨人们被消灭的缘故，盛怒之下生出了谣言。这个譬喻最好，的确，因为叛徒（即被诗人们譬比作人的）与招致叛乱的谣言和毁谤乃是兄妹，一阳一阴。然而，假如一个人能够驯服这个怪物，使她俯首帖耳就食于掌心，并利用她去攻击并杀戮别的鸷鸟，这件事倒是很有意义。但是说这种话的人受了诗人作风的影响。现在，我们姑且以一种严肃的态度来谈一谈。在所有谈论政治的著作中，没有一个话题比谣言更少被人论及，也没有一个话题比它更值得讨论。因为我们要讨论以下几点，那就是：什么是假谣言；什么是真谣言；如何区别这二者；谣言是如何产

① 本篇并未收入培根的《论人生》，是后人从他的遗作里发现后补入的。

生的，又是如何发展起来的；他们如何扩散和蔓延的；以及如何抑止并消灭他们，此外还有些关于谣言的性质等等问题。

谣言的力量非常大，它差不多在一切重大的事件中——尤其是战争——没有一次不发挥重大作用的。缪西阿努斯颠覆委泰利亚斯的时候，所用的方法就是散布流言，说委泰利亚斯有意把罗马在叙利亚的驻军调到日耳曼，把在日耳曼的驻军调到叙利亚。于是驻叙利亚的士兵就非常愤怒，因而兵变。久利亚斯·恺撒趁庞培不备时攻击他，早在事前就先使庞培的勤勉之心与防备之务懈怠下来。所用的方法也是如此，他自己狡诈地放出流言，说恺撒自己的军队对他已经没有好感了，并且这些军队因为疲于征战，加之从高卢凯旋而归的缘故，只要恺撒一进军意大利，他们就要弃他而去。丽维亚为了稳定局势，并且让她的儿子提比乌斯继承帝位，所用的也是谣言。她不断地放出消息，说她的丈夫，奥古斯塔斯大帝，病情有所好转。土耳其的总督们，常常隐瞒土耳其皇帝驾崩的消息，让那些亲卫兵和其他的军人蒙在鼓里，以免他们会按照旧习，将君士坦丁堡洗劫一空。塞米斯陶克立斯放出谣言，说希腊人要把波斯王热可塞斯所造的横跨赫勒斯滂的舟桥毁了，这样就使热可塞斯匆匆忙忙地离开了希腊。像这样的例子成百上千，数量越多，就越没有赘述的必要。因此，一切贤明的统治者对谣言都不能掉以轻心，其重要性丝毫不亚于他们的作战计划本身。

四假象说（节选）

三十八

现在，假象和谬见在人们头脑中根深蒂固，并深深地影响着人们对世界的正确认知和理解。它们不仅困扰人心，导致真理不得其门而入，而且即便是在得窥科学门径之后，人们如不谨慎防范尽力抵御它们的影响，它们还是会在科学更生之际来搅扰我们。

三十九

困扰人心的假象共有四类。为区别起见，我将它们分别命名：第一类名为种族假象，第二类名为洞穴假象，第三类名为市场假象，第四类名为剧场假象。

四十

无疑，运用准确的归纳来形成概念和定理乃是廓清各种假象的适当方法。然而，首先指明这些假象却也不失为一种有效方式，因为“假象说”之于“自然解释”的关系正如“诡辩驳斥说”之于“普通逻辑”的关系是一样的。

四十一

种族假象植根于人性本身和人类种族之中。因为人类理性并不是万物的尺度，恰恰相反，人类感知和理性不是以宇宙的尺度为依据，而说是以个人的尺度以依据。人类的理解力有如一面变形镜，是不真实的，由于不规则的接受光线，把事物的性质和自己的性质混杂在一起，从而导致其所反映出的事物性质变形和失色。

四十二

洞穴假象是个人假象。因为除却普遍人性所共有的错误外，每个人都各有其洞穴使自然之光屈折变色。这种洞穴的形成或由于个人特有的天性；或由于个人所受的教育和与他人的交流；或由于个人的阅读以及对权威的敬仰和赞美；或由于对事物的不同印象（因为人对事物的印象有些预先就心怀成见，有些则漠然而无动于衷）及其他一些相类似的原因。因此，人的精神（依不同的个人而有不同的禀赋）实际上易变而混乱，而且似乎为机遇所把持。因此，赫拉克利特曾精妙地评述说，人们追求科学不求之于公共的大世界，而总是求之于自己的小世界。

四十三

还有一些假象是在人们之间的交往和联系中形成的，我称之为“市场假象”，因为人们往往在市场中来往和交易。人们通过言谈而相互联系，而词语的意义则根据一般百姓的理解而确定。因此词语选择不当就会极大地妨碍人的理解。在某些事情上，学者们习惯于用定义和诠释来保护自己，为自己辩护，但这毫无裨益，事情并不能得到丝毫改变。词语公然强制和统辖着人类理解力，它使一切陷入混乱，并使人陷入无数空洞的争论和毫无意义的幻象之中。

四十四

最后，还有从各种哲学教条和错误证明法移植至人心的假象，我称之为剧场假象。因为在我看来，一切公认的学说体系都只不过是一些舞台上的戏剧，都只是以一种不真实的幻景来表现自己所创造出的世界。我所说的并不只是现在通行的学说体系，也不只是古代的哲学和学派，因为人们会以同样的方式和技巧编写和表演更多同样的戏剧，因为我们看到，即便是最不相同的错误，其错误原因却又大部分是一致的。我所指的并不仅限于那些完整的体系，而且还包括许多因传统、轻信和疏忽而被公认的科学原理和公理。

关于上述各类假象，我还得精详论列，以使人类理解力得到适当防范和注意。

四十五

人类理解力依其本性倾向于设想世界上存在着比人类所认识到的更多的规则和秩序。虽然自然界中存在一些特殊而不能类比的事物，但人类理解力却总是要给它们杜撰一些平行物、连属物和相关物。因此，人们就虚构出一切天体都按照正圆形运动之说，而所谓螺旋说和龙头说除了还保留有名称外则被人们彻底排拒。因此人们便把“火”这一元素以及“火界”与感官所知觉到的其他三种元素配合起来，硬凑成四大元素。人们还任意把这些元素的密度比例规定为十比一。诸如此类的梦呓还有许多，这些幻想不仅影响着教条，而且还影响着简单的概念。

四十六

人类理解力一旦接受了一种意见（这种意见或是公认的或是个人所认可的），就会主观任意的利用其他一切事物来支持、强化这种意见。虽然在另一方面可以找到更多的、更重要的相反的例证，但对于这些相反的例证，人类理解力不是予以有意的忽视或轻蔑，就是通过某种区别将它们排除在外。因为只有通过这种强有力的遮蔽性的预先判断，它原有结论的权威性才不至于受到触犯。譬如，有一次，有人将悬在庙里的一幅《遇险发愿得救图》指给某人看，并问他是否承认诸神的神力。这个人有一个绝妙的回答，他反问道："不错，但那些许愿之后仍然溺死的人又画在哪里呢？"其实，一切迷信，不论占星术、解梦或预兆、占卜、神签等等，其方法都同出一辙。喜欢这些虚妄的人，往往只注意到了那些应验了的事情，至于没有应验的事情，虽然更为常见，但他们却不予注意而忽略过去。至于在哲学和科学中，这种祸患则潜入得更为巧妙，因为在哲学和科学中，先前的结论不但对后来更好、更健全的结论施加自己的影响，而且还使之与自己契合一致。除却我所描述的这种喜好和浮夸之外，人类智慧还有一种特有的、永久的错误，那就是它易于被肯定的事物而不易被否定的事物所激动。然而，人类智慧对两者应该不偏不倚，两面俱到。事实上，在确立真理的过程中，否定的例证更有力。

四十七

人类理解力最易被那些不期而至激动人心同时又充满想象力的事物所打动。于是，理解力便会虚拟一切事物在某种程度上都与它周围的事物有某些相似之处，尽管它并不能看出有何相似之处。只有对那些年代久远、性质各异的事例进行反复考察，公理才会如淬火后的真金般可靠，但是要进行这样的工作，除非以严格的法则和统治性的权威强迫，人类智慧则完全不能胜任。

四十八

人类理解力动荡不安，它永不停止永远向前却又徒劳而无功。因此我们不能想象世界上有任何终极或界限，而总是情不自禁的设想世界以外总还有点其他什么东西。同样，我们也不能想象悠远的历史如何流逝到今，一般所接受的过去的无限和将来的无限之间的分别无法成立，因为这样势必推导出无限有大小之分，无限会逐渐消逝而趋向有限。同样由于这种欲罢不能的思想，关于线的无限分割性，也存在有相同的微妙情形。而在对原因的追溯中，这种欲罢不能的趋向更能作祟。因为自然中最普遍的原则，在它们被发现后就应该被认为是绝对的，不必再推寻别的原因，可是由于人类理解力永远向前，欲罢不能，所以它仍然要继续寻求某种自然秩序中先在的东西。结果，他在努力追求较远的原因时反而落在近在手边的东西上，即所谓“目的因”上。很明显，这种原因只是与人类的本性有关，而与宇宙的本质无关，正因如此，它们将哲学污损得非常糟糕。因此，立意探寻最普遍事物原因的人和不愿给从属的、特称的事物寻求原因的人一样，都可以说是无能而浅薄的哲学家。

四十九

人类理解力并不是干燥的光，它灌注有人类情感和意志，由此便产生了所谓“可意的科学”。如果一个人内心希望某事物是真实的，那么他就易于相信该事物的真实性，因此他因不愿耐心研究而拒斥困难的事物；因会导致希望有所局限而排斥清明的事物；因迷信而拒绝自然中深奥的事物；因自大和骄傲而抛弃经验之光，深恐自己的心灵被琐屑无常所盘踞；因顺从流俗而排拒不常为人所相信的事物。总之，情感以无数种方式来感染人类理解力，而且有时还是以潜隐的，不为人所察觉的方式悄然实现其感染力。

五十

迄今为止，人类理解力最大的妨碍和差错还是在于人类感官的迟钝无力、不适应性及其欺骗性。这表现为那些能刺激感官的事物往往能遮蔽那些并不能直接刺激感官的事物，虽然后者要更为重要。因此，对目力所不及的事物我们很少或根本不进行观察，人类思索也随视觉而走，视觉止则思索终。这样，可触事物中元精的所有作用都不能被人所察觉，较粗物质各部分中所有细微的形式变化（这种作用虽然一般也被称为变化，但实际上它只是一种极小空间的位置移动）也同样不为人所察。但是，恰恰是我刚提及的这两类事物，如果不把它们寻找出来并揭示其秘密，我们在自然研究中是不会取得巨大的成果的。此外，空气的本质以及密度小于空气的一切物体（这种物体很多）的性质也几乎不为我们所知。因为感觉本身就是一种不稳固和不可靠的东西，那些能放大感觉或能使感觉更灵敏的工具同样也没有多大功效。对自然的一切较为真实的解释只有靠恰当而适用的例证和实验才能得到，因为在这里感觉判断的只是所触及的实验，而实验判断的则是所触及的自然要点和事物本身。

五十一

人类理解力依其本性喜欢抽象，倾向于赋予飘忽易逝的东西以一种本体和实在。但是我们的目的不在于将自然归结为一些抽象的原则，而在于对自然进行条分缕析的观察。德谟克利特学派之所以比其他学派更能深入自然，就在于它们是这样做的。我们更应该注意的对象不是形式，而是物质，物质的结构及其变化。与其是形式，不如是纯粹的运动及其法则，因为除非你将那些运动的法则也称为形式，那么所谓形式都只是人心的虚构。

五十二

这便是我称之为“种族假象”的假象。它们的产生或由于人类精神实体的同一性，或由于成见，或由于褊狭，或由于思维的永不停止，或由于情感的灌注，或由于感官的迟钝无力，或由于印象产生的方式。

五十三

洞穴假象的产生源于个人独特的身心结构以及教育、习惯、经历等，这类假象大量存在且表现各异，但我将仅以那些最需指出加以警惕及最能搅扰理解力的现象为例。

五十四

人们之所以沉溺于某种特定的学科或思辩，或由于他们幻想自己是其中的著述者和发明者，或由于他们为此付出了极大的努力，久之而成习。这类人如果再来从事哲学和普遍性的思考，则会按他们以前的那些想象而牵强附会。如亚里士多德就将他的自然哲学演变为他的逻辑学的奴仆，以致他的自然哲学只是富于论辩而几乎是毫无价值。化学家则以少数实验及相关的少数事物为框架建立起荒诞的哲学体系。同样，吉尔伯特在潜心观察和研究磁石之后，也立即围绕他最中意的论题建立了一个完整的体系。

五十五

对于科学和哲学，人与人之间存在一个主要的也可说是根本的区别，即有的人长于察觉事物的相异之处，而有的人则长于发现事物的相似之点。一般而言，沉稳而敏锐的人能够全神贯注于观察和思考事物之间最细微的区别，而高远、散淡的人则能察觉出事物之间最普遍及最精微的相似点，且能将两者结合在一起。但这两种人都容易偏于极端：前者会在处于不同发展阶段的事物之间妄测出差异，而后者则会于模糊不清的影像中虚拟出事物之间的相似点。

五十六

我们还可看到，人们或好古或崇今，很少有人能不偏不倚，持中有度，既不吹毛求疵于古人所确立的好方法，又不鄙薄蔑视现代人所提出的新思想。这种情形对于科学和哲学都具有极大的损害，因为好古追新的感情并不是判断而是一种先入为主的矫情。真理不能求之于任何时代的赐予，而要求之于自然和经验之光；时代的赐予是不稳定的，只有自然和经验之光才是永久的。因此这种党同伐异的矫情必须弃绝，而且我们还必须注意不要让我们的智慧为它们所驱使而轻易地有所信仰。

五十七

我们如果只是思考自然和物体单纯的形式，就会导致理解力零碎而散乱；反之，如果我们只是思考自然和物体的结构和组成，则就会导致理解力迷离而无所据。我们可以从留基波和德谟克里特学派跟其他哲学学派的对比中很清楚的看出这两者之间的区别。留基波和德谟克里特学派岌岌于研究物质的分子，而很少注意物质的结构；其他哲学学派则迷失于物质的结构而不能洞见自然的单纯形式。因此，这两者思维方式应该交替为用，这样才能使理解力即深入而又博大，上述不利之处以及由此而生的假象也就可以避免。

五十八

综上所述，大多数洞穴假象的产生或由于个人喜好学科的优势心理，或由于过度进行比较区分的趋势，或由于对某个特定时代有所偏爱，或由于思考的对象偏大或偏小。要摈弃和剔除洞穴假象，对这些方面我们要在思想上有所准备并加以警戒。概而言之，每一个自然研究者都应有这样一个信条，即善从不疑处见疑，而且在处理这类问题时，还要特别注意以使理解力保持平衡和清醒。

五十九

市场假象是一切假象中最麻烦的一种假象，它们通过语词和指称的联合而进入人类理解力。人们相信理性能支配语词，但实际上语词也同样反作用于理性。正因如此，哲学和科学流于诡辩，虚弱而无力。既然语词的形成和应用是以普通人的能力为依据，那么语词意义的划分当然也就遵循普通人最浅显的理解力。而当一种更敏锐、更善于观察的理解力要改变这种意义划分以合于真正的语词意义区别时，语词就会从中作梗，抗拒这种改变。因此，我们常常看到学者们高深而正式的讨论往往只是以一场语词和指称的争辩而告终。按照数学家的理解和惯例，谨慎的做法应该是将语词和指称作为讨论的起点，并以定义给它们确立意义的边界。但是在处理自然万物和物质实体时，即便使用定义也毫无裨益；因为定义本身也由语词构成，而这些语词又产生别的语词。因此，我们必须依据个别的事例，必须依据成系列又秩序的事例。我在讨论形成概念和原理的方法时会谈及这一点。

六十

文字所加于理解力的假象可以分为两类。他们有些是实际并不存在的事物名称（由于缺乏观察，某些事物并没有被人们命名。而在另一方面，荒诞的假想也能产生出与事实并不相应的名称）；有些虽然是事实存在的事物名称，但它们也含义混乱，定义不当，而且名称的取得草率而不规范。属于前一种情形的有“幸运”、“宇宙原力”、“行星轨道”、“火元”以及其他一些源于虚妄理论的类似的虚构。这一类假象容易驱除，因为要排斥它们，只需把这些虚妄的理论和学说一一加以驳斥，并坚定地加以拒绝就可以了。

至于后一种假象，即因错误拙劣的抽象而生的假象，则是错综复杂，牢不可拔。我们以“潮湿”一词为例来看它所表示的事物之间有多少一致之处。我们会发现，“潮湿”这个词语只是一个符号，人们松散混乱的应用它来表示许多没有恒常意义的活动。因为它可以指称一种容易散布于其他物体周围的东西；也可以指称本身不固定且不能凝结的东西；也可以指称一种易向各方流动的东西；也可以指称一种易于分散的东西；也可以指称一种易于集合的东西；也可以指称一种易于流动易于动作的东西；还可以指称一种易于粘附他物浸湿他物的东西；也还可以指称一种易于成为液体或本为固体而易于熔化的东西。当你在使用“潮湿”这个词的时候，如果你使用这一个意义，那么火焰可以说是潮湿的；但如果你在另一个意义上使用它，那么空气则可以说是潮湿的；如果再换一种意义，则微尘可以说是潮湿的；如果再另换一个意义，则玻璃也可以说是潮湿的。由上，我们可以很容易看出，“潮湿”这个概念只是由水和普通液体抽象而得，而并没有经过适当的验证。

不过，文字上的曲解和错误是分不同程度的。谬误最少的一类是那些实物的名称，尤其是最底下的，演绎得很好的那类名称（如“白垩”和“泥”的概念是妥当的，“土地”这一概念是不妥当的）；谬误较多的一类是表示动作的名称，如“生成”、“堕落”、“改变”等等；谬误最多的是关于属性的名称（感官的直接对象除外），如“重”、“轻”、“稀”、“浓”等等。不过，在所有这些情形之中，因为人类感官所接触事物的丰富程度不同，与此相应，各种概念也就必然有优劣之分。

六十一

剧场假象并不是固有的，也不是隐秘地潜入在理解力之中，而是由各种哲学体系的伪说和乖谬的论证规则而公然灌注人心。在这种情形之下，若企图与之进行辩驳，那就会和我以前所说过的话互相矛盾。因为我们既然在原则上和论证上都无一致之处，那么当然也就没有辩论的余地。就不损害先贤的尊严而言，这样也很好。因为这样他们就决不会受到贬抑，我和他们所争执的问题只是研究方法和途径的问题。常言道，在正确的道路上行走的瘸子能超过岔路上的善跑的人。不但如此，而且如果一个人走上了岔路，那么他越是活跃，越是敏捷，就会迷失得越远。

但是，我所提出的关于科学发现的途径和方法并不依靠聪明才智，而是把一切智慧和理解力都置于平等的地位。这就如同要画一条直线或一个圆形，如果只是用自己的手来画，那就有赖于手的稳定和熟练，但如果我们借助于直尺和圆规，那么手的稳定和熟练就没有多大关系或根本就不依赖于它了。关于我的计划，情形也恰好就是这样。不过，针对某种特定对象的驳斥虽属无益，但对这些哲学体系的宗派和系列我却必须要有所论述；我还必须论述足以指明这些系统是不健全的某些外在的表现；最后我还必须论述人们之所以立论失当，之所以产生这样普遍一致而持久的错误的原因。这样，我们便可以较容易地接近真理，人类理解力也就可以由此而洗涤自身，驱除假象。

六十二

剧场假象，或学说体系的谬论很多，而且还可以或将要更多。因为有史以来，如果人心不是忙于宗教和神学，而且如果不是政府（尤其是专制政府）一向反对各种异端新说，甚至于仅限于思考也加以反对，以致从事创新的人有生命财产的危险，不仅得不到报酬，而且还会招致世人的鄙弃和妒忌。如果不是这样，那么我们无疑早就已经产生出了许多其他哲学宗派，有如各种各样的学说、宗派盛行一时的古希腊一样。在天体现象方面，人们既然能够形成许多假设，同样（并且更甚）在哲学现象方面人们当然也就会建立起各种各样的教条。在这个哲学剧场中，你会看到与你在诗人剧场中所见到的一样的情形，为演出而编制的故事比历史上的真实故事要更紧凑，更精美，更动人。

一般说来，人们在为哲学取材时，不是在少数事物中取得过多，就是在多数事物中取得过少。因此，无论从哪一方面说，哲学都是建立在一个过于狭隘的实验基础和自然史基础之上，而且以极少的事例为权威依据而作出判断。唯理派哲学家们只是从经验中随便攫取一些普通的事例，对之既不进行适当的核实，也不进行认真的考察和衡量，就把其他所有的一切都交给个人智慧的玄思冥想。

还有另外一类哲学家，他们在辛勤仔细地做了少数实验之后，便由此而勇往直前，冒失地进行推导演绎，建立起各种体系，而且还削足适履，强使其他一些别的事实都适应于这些体系。

还有第三类哲学家，由于信仰和崇敬，他们把自己的哲学与神学和传说掺杂在一起。他们中有些人竟然虚妄到要在神灵鬼怪中去寻找科学的起源。由此看来，产生谬误的根源，即这种虚妄的哲学，可以分为三种：即诡辩的、经验的和迷信的。

六十三

第一类最明显的例子就是亚里士多德，他以他的逻辑学混淆了自然哲学；他以各种范畴来定义世界；他用二级概念一类的文字将人类心灵这个最高贵的实体划定为一定的属类；他用现实和潜能的严格区分来解释密度和稀度（这就是说，物体的体积有大有小，占有的空间有多有少）；他断言单一物体各有其固有的单一运动形式，如果某物进入他物的运动之中，那就必然有外因的作用；他还将无数其他任意的限制强加于事物的本质之上。他总是急于从文字上对问题提出解答并肯定一些正面的价值而并不特别在意事物的内在真理。我们如果把他的哲学和古希腊其他一些著名的哲学体系相比较就能很容易地看出他的这个缺点。安那撒格拉斯的“同质分子说”、刘开帕斯和德谟克利特的“原子说”、帕米底斯的“天地说”、爱庇多克斯的“爱憎说”以及赫拉克利特所主张的物体可融为无差别的火质并可重组为其他物体的主张等等，他们都有自然哲学家的意味——其哲学中都包含有性质、经验、物体等哲学因素。而在亚里士多德的物理学中，除了逻辑的字眼之外，你几乎别无所闻。在他的形而上学中，在这一更加堂皇庄严的名称之下，他以一种貌似实在论者而非唯名论者的姿态，又一次将这些逻辑字眼搬弄了一番。在他的《生物论》、《问题集》及其他著述中，他虽然也屡次涉及经验，但这一点并不值得我们看重。因为他预先就已经得到了他的结论。他并没有按照他所应该的那样首先求诸于经验，然后形成判断和公理；而是首先就依照自己的意志解决了问题，然后再诉诸于经验，他只是使经验屈从于个人的意愿和判断，将个人意志强加于经验之上，经验被意志所左右，如同囚犯般随意志而游走。因此，在这一点上，他比他的近代追随者——根本就抛弃了经验的经院哲学家们——所犯错误更大。

六十四

经验派哲学所产生的教条比诡辩派或唯理派还要残缺不全，怪诞荒谬。因为他并没有建立在普通概念的基础之上（这种普通概念虽然暗淡浮泛，但毕竟它是普遍的，且涉及许多事物），而是建立在少数狭隘的实验之上。因此，如果人们整日奔忙于这些实验，想象力被这些实验所熏染和限制，那么他们就会把这种哲学看成是必然的，甚至于是真理；不过在其他人看来，这种哲学则是虚妄的和不可信的。在这方面，炼金家及其教条中有着显而易见的例子，虽然现在我们只能在吉尔伯托哲学中找出这样的例子。尽管如此，但对这种哲学我们仍然应该提出必不可少的警告。因为我可以预见到，如果人们鉴于我的忠告，放弃诡辩学说而认真的从事实验，但是如果他们由于理解力不成熟而仓促急切地由实验跨越入普遍事物或事物的普遍原则上去，那么这类哲学中所包孕的极大危险是很值得顾虑的。对于这种过失，我们现在就应该有所防范。

六十五

迷信和神学对哲学的渗入更广泛深远的败坏哲学，而且无论是对整个体系还是对体系的各个部分，都造成了极大的危害。因为人类理解力不仅容易受到普通概念的影响，而且还容易受到想象力的影响。因为那类争论的、诡辩的哲学固然足以束缚理解力，但是这种神学哲学，由于它是幻想的、夸张的和半诗意的，所以它们只会用谄媚将理解力引入迷途。因为人在意志方面固有野心，而在理解方面亦存野心，才华卓绝的人尤其如此。

在这方面，我们可以在古希腊人中找到两个明显的例子：一个是毕达哥拉斯，他把一种较粗疏、笨拙的迷信和哲学掺杂在一起；另一个是柏拉图及其学派，他们要更危险、更隐秘。在其他哲学部分中，同样也表现出这种情形，如人们在多数情况下都只是引用抽象形式、目的性原因和第一原因，而不论及中间原因以及其他原因。在这一点上，我们应当特别谨慎。因为神化错误最为有害，而把虚妄当成崇拜的对象，正是理解力本身的一种病症。现代的一些人们沉溺于这种虚妄到了不可收拾的地步，竟以至于企图从《创世纪》第一章、《约伯记》及《圣经》的其他部分中建立起一个自然哲学的体系，竟然要“在活人中找死人”。

这也就使得对于这种体系的禁止和压制显得更为重要，因为在这种亵渎的人神糅合中，不仅会引起荒诞的哲学，而且还会引起异端的宗教。因此，我们要心平气和，仅把属于信仰的东西归之给信仰，这样才是适宜的。

六十六

以上所述各种体系有害的权威或是建立在普通概念上，或是建立在少数实验上，或是建立在总结迷信上。我们还要谈及有关思辩的错误题材，尤其是自然哲学中的错误题材。人类理解力有见于在物理变化中。物体的变化大部分都在于组成成分的合成和分离，受此影响，人们便进而想象在事物的普遍性质中也存在有类似的情形。正因如此，人们便虚构出元素，并且设想所有自然物体都由这些元素所组成。再者，当人们遇到各种不同的事物种类，各种动物，各种植物及各种矿物质，他们便设想自然的创造是自由的。因此，他们便很自然地形成一种观念，认为自然中本有一些自然意欲加以推演的原始形式，其余的各种形式是自然在实现其工作过程中受到阻碍偏离了预先的形式，或是由于不同种类的事物互相冲突、互相移植的结果。由于第一种设想，我们便有了所谓的元素的原始性质；而由于后一种设想，我们便有了所谓的隐秘本性和种属性质。实则两者都源于思想的空洞纲领，然而人类心灵却以此为满足，而舍弃对更坚实的事理的追求。医生们致力于物质的二级属性以及引力、拒力、稀化、浓化、扩张、收敛、分化、成熟等作用，是较为合目的的。如果他们不以刚才所说的两个纲领（即原始性质和种属性质）破坏他们在这一方面的正确观察——即只把这些作用归结于原始性质及其微妙而无从考量的混合物上，而没有用更深入、更辛勤的观察将之扩展至三级、四级上，以至于他们的正确观察半途而废——那么他们早就有了更大的进步。这一类能力（不是相同，而是相似）并不仅仅在于人类医学的追求，而且还在于寻求其他一切物体的变化。

不过，一个更大的问题还在于：他们所研究和探讨的对象只是事物产生时的静止原则，即“由何来”，而不是事物产生的动态原则，即“为何来”，前者只能引起空谈，后者则有实效。至于在自然哲学中公认的所有有关运动的通俗名称也都毫无价值，如生成、毁灭、增大、减小、变化、位移等等。他们的意思只是说，一个物体如果在其他方面都没有变化，只是位置移动，这就是“位移”；如果位置和本质都没有变化而只是性质的变化，这便是“变化”；如果物体的容量和体积都有所变化，不同于前，这就是“增大”或“减小”；如果事物的本质和实体都产生变化而转化为另一种事物，这就是“生成”和“毁灭”。所有这些表述都只是通俗的表述，并不能深入到自然，因为它们都只是运动的度量和限度，而并非运动的种类。他们所表示的只是“何种程度”，而不是“以何方法”及“从何根源”。因为他们并没有点明物体的倾向以及物体各部分的发展；只是在运动使物体表现出明显的差异时，他们才能指明其间的区别。即便他们有时愿意指出运动的原因，并对各种原因加以区分，然而他们又只是漫不经心的提出了一种自然运动和外力运动的区分。这种区分只是来自于通俗概念，因为事实上一切外力运动也都是自然运动，外来的力量只不过使自然运动有异于常而已。但是，如果有人抛开这一些说法而主张（比如）物体中有一种互相接触的倾向，从而使自然的统一不至于被分离而形成虚空；或者认为物体中有一种保持其自然的体积和张度的倾向，在遭到向内挤压或向外扩张时，物体会产生抗力并力图恢复其自身，复归其原有的体积和容量；或者还认为，物体中还存在有同类相聚的倾向，例如密度大的物体倾向于汇集于地球表面，密度小的物体则倾向于会聚于天空；——那么，所有这些运动以及相似的运动才可以说是真正的物理运动，而其他的运动则完全是逻辑的和经院哲学的东西，在它们的比较中我们能很清楚地看到这一点。

此外，他们还有一个不小的毛病，那就是：在他们的哲学和思辩中，他们的精力只是用来探究和处理事物的第一原则以及最高的自然普遍性原则，而其效用和方法都完全出自于中间事物。隐藏，他们只是一直在对自然进行抽象，非达到潜存的、无形的物质不可；而在另一方面，他们在解析自然时又直抵原子方休。而实际上，即使这两类事物是真的，然而它们与人类幸福又有多少关系呢？

六十七

各种哲学体系在表示同意或不予同意时往往表现出任性无度的情形，人类理解力对这种无度的情形也应当有所警戒。因为这种漫无节度将会确立起假象，并且在某种程度上会阻塞我们抵达假象、驱逐假象的路途，从而导致假象与世长存。

这种无度的情形可分为两种：第一种无度表现为人们急于决断，从而导致各种科学成为独断专横的事物；另一种无度表现为这样一种人，他们以为我们不能了解任何事物，因而采取一种漫无目的的研究方法而一无所获。前一种无度压制了理解力，而后一种无度则削弱了理解力。亚里士多德哲学不但以敌意的反驳毁灭了其他一切哲学（正如阿图曼诸王对其兄弟们那样），而且在各个方面都立下了自己的法则。他还进而提出了自己所发现的新问题以便对之进行研究。如此一来，所有的事情都是已经决定了的，确定不疑的。这种方法至今还在他的继承者中通行。

另一方面，柏拉图学派又以嘲笑和讥讽的口吻引入不可知论，他们起初是为了鄙视那些老派诡辩学者，如普鲁台高拉斯、喜庇亚斯等，这些人的最无耻之处在于他们对任何事物都抱以怀疑。但是，新学院派却又把这种怀疑论当成教条，并以之作为一种原则和主义。虽然他们的方法比那些任意的决断看起来要更持平公正，因为他们表示他们决不会像比罗及其信徒那样取消一些研究。他们仍然承认，虽然没有任何事物可以作为真理加以主张，但是有些事物却可以被视为必然而加以追求。但是，如果人心在寻求真理的过程中陷入绝望，那么他对一切事物的关注就会变得微弱，从而导致人们趋向于快意的争辩和讨论，在各种对象间游弋飘荡，而不再在一条严格的探究途径上前行。实际上，正如我自始至终强烈主张的那样，人类的感官和理解力虽然较弱，但是我们只应当对它们予以帮助，而不应该剥夺掉它们的权威。

六十八

关于各种假象及其党羽，概如上述。我们必须以坚定严肃的决心弃绝所有这些东西，使理解力得到彻底的解放和自由。要进入建立在科学之上的人类王国，和进入天国没有什么两样，只有如婴儿般纯洁，你才能进入这个王国。

下　卷

前　言

最遥远的古代的智慧一部分保存在典籍中，其他的则被遗忘，归于沉寂。沉寂之后是诗人们的寓言，接着，书面文字取代了寓言，流传至今。因此在神秘遥远的古代与传世古籍之间隔着一层由寓言编织的面纱。这层面纱正处于消逝的智慧与现存的事物之间。

我想，有人认为我的目的只是玩玩而已。我承认，我是在任意解释诗人的寓言，就如诗人们创作这些寓言一样，如果我确实有意这样做，自身既可以享受思考的乐趣，又能够供读者消遣。但我明白，寓言本身的寓意可塑性很强，解释的技巧和语言都拥有强大的能力，可以任意将寓意强加给寓言本身，歪曲诗人们的本意。现实中确实存在很多这样的任意歪曲的情况，很多人试图通过敬畏古代的智慧来彰显自己的发现与学识，这与曲解诗人们的寓言是一个性质。这样虚荣的行为不是现代才有的，在古代就已经司空见惯。克里西普斯（Chrysippus）利用释梦者的方法将斯多葛（Stoics）学派的思想归于古代诗人。更为荒唐的是炼金术士（Chymics）竟然将诗人们关于人体变化的奇思异想来解释他们炼金术的发现。对于所有这些，以及人们沉迷于寓言与智慧的轻率，我都做过相当深刻的思考。尽管这样，我还是坚持我的想法。首先，我们不能让这少数愚蠢肤浅的解释损毁了寓言美誉。这样的自负是亵渎神意的，虽然宗教本身遮着一层面纱与阴影。如果揭掉这层面纱，也就切断了人与神之间的所有交流。但就人类智慧而言，我坦然承认，我有着以下几种观点：在古代诗人的寓言从被创造的那一刻起，就蕴藏着某种的神秘与寓意；我怀着对古代寓言的无比敬仰，在仔细研究后，发现寓言的各个部分所指和其外表之间确实存在千丝万缕的联系。这些寓言结构严谨，人物姓名与其事件描述紧密相连。这不得不让人觉得这是创作者的特意安排。在创作寓言时就赋予了寓意。关于法玛的寓言是这样叙述的，在巨人们被打倒后，他们的妹妹法玛出世了。即使再迟钝的人听到这则寓言都会领悟到，这是暗指极具煽动性的流言蜚语，总要在暴动平息后肆意传播一阵子。还有关于巨人提丰的寓言，提丰曾挑断并带走朱庇特的筋，墨丘利将其偷回，并还给了朱庇特。这个故事让人意识到，这是在讲述强大的造反者带走国王的财富和权力，之后，通过动听的言辞与符合民情的法令偷回了臣民的信任，安抚民心，恢复了国王的权威。另外，西勒诺斯（Silenus）的驴子的叫声让巨人们溃不成军。听了这个故事也都知道，这暗指叛乱者一般经受不住四处散播的谣言与无端的恐惧，通常望风而逃。

除了以上这些故事，寓言中的名字也有着丰富的含义。朱庇特妻子的名字墨提斯（Metis），是商量商讨的意思；提丰（Typhon）指起义；潘（Pan）寓指自然；涅墨西斯（Nemesis）指复仇等等。我们发现寓言中暗含着一些零星的历史，或部分添加的情节，也有年代的错位，或者这则寓言中的情节混到了另外一则中。遇到这样的情况应该给予理解。因为创造这些寓言的人们生活在不同年代，有着不同的意图；他们有些生活在古代，有些生活在近代；有些着眼于自然，有些关注道德。这都是需要理解的。

另外，还有个值得注意的问题，这些寓言本身隐含着复杂的寓意，虽然有些寓言看上去是那么荒谬怪诞，但却向人们展示着遥远年代的秘密。对于那些可能性的寓言来说，其创作可能是模仿历史事件，以娱乐为目的。但是，这样一些任何人都不可能想象得出的故事，人们总试图找出故事真正的源头。这到底是一则什么寓意的寓言？当朱庇特娶了墨提斯为妻，然后墨提斯怀上了他的孩子，朱庇特知道后却一口吞下墨提斯，自己怀上了孩子。最后，从朱庇特大脑中诞生了全副武装的帕拉斯！这可不是一般思维的想法，常人绝对不会创造出这样可怕的故事。

我最为关注的问题是，大部分寓言是靠荷马、赫西奥德等诗人们讲述传颂，他们并不是寓言的创造者。如果这些寓言是这些诗人们在他们那个年代创作的，并通过他们传颂至今，那我就不用费尽心思去追本溯源，不用在源头那个时代寻找伟大崇高的事物了。当我们仔细研究，会发现诗人们讲述的寓言早已为人所知，被人接受，并不是他们新创作的。另外，这些寓言故事由同一时期的不同诗人们讲述传播的。因此我们很容易发现，其中相同的部分来源于故事创造之初的原型，而不同的部分则属于在不同讲述过程中的添枝加叶。我认为这些添加部分更有研究的价值，因为这部分既不是时代的产物又不是诗人们的创作，而是更美好时代的神圣遗物和抽象的曲调。这部分来自于久远的民族传统，最后融入了希腊人的音乐中。然而，如果有人坚持己见，认为这些寓言的寓意是偶然而成的，不是创作之初就赋予了意义。如果真是这样，我也就不多争辩了，让他们在自己阅读作出判断时自得其乐吧。想来这样的判断也比较沉重乏味。如果这真是个值得注意的问题的话，那我会选择一种新的方式。

寓言通常拥有双重寓意，用于两种相反的目的。它们一方面如面纱般掩饰某种寓意，另一方面又将模糊晦涩的部分清楚的展示出来。先暂且不说第一点，不为此争辩，就假设这些古代的寓言是为消遣而创作的；而第二点毫无疑问现在仍然存在，任何歪曲的言词都不能阻碍寓言这方面的功能。它也被大众普遍接受，被认为是重要的，合理的，不带任何虚荣的；也是各种科学研究的必要方法。这里，我的意思是，寓言能够帮助人理解事理，找到一种更便捷简单的方式，这种方式新颖抽象，与普通人的思维相去甚远。因此，人类许多现在看来是普通平常的发明与发现，在遥远的古代是新鲜奇怪的。当时，世界充满了寓言、谜和比喻，这些故事形式不是用来掩饰和隐藏寓意的，而是一看就让人明白易懂。尤其是当时的人类思想并未开化，根本不可能靠感官细心的体会故事中的微妙。正如象形文字先于字母文字，寓言也先于推理。当今这个年代，谁要想用适当的方式启迪人们的心智，采用比喻的方法也是最为有效。

总之，古人的智慧要么伟大要么幸运。如果创作者在创作之初，就将这些道理巧妙的运用于故事之中了，那么就伟大；如果创作者本无此意，但作品恰巧蕴含了如此卓越的思想，那么就是幸运。如果我自己的辛劳能为他们做点什么有益的事情的话，那么我想，要么是揭示古代，要么揭示事物本身。

我知道这项工作也有前人尝试过。坦白地说，尽管他们费尽艰辛写下了长篇大论，但却失去了智慧本身的美感。因为他们只是善于应用技巧，并没有深入物质本质。他们无视这些寓言的深刻寓意和真正价值，而将这些蕴含大智慧的寓言用于解释普通粗俗的事物。如果我的确看清楚了的话，我的解释也只是给平常事物注入了新的活力。不管如何，我将走出平坦宽阔的大道，勇于向前，攀登更高更陡的山峰。

卡珊德拉与预言

诗人们说，阿波罗爱上了预言之神卡珊德拉（Cassandra[①]）。卡珊德拉一方面千方百计躲避其追求，另一方面又施展魅力迷惑他，不断点燃他希望的火花，直到从他那儿得到了她一心所求的预言能力后，就断然拒绝了阿波罗的求爱。阿波罗发现不能撤回自己轻率许下的诺言，立刻燃起了复仇之火。他不甘心受到富有心计的女人的欺骗，于是在他许诺的同时施加了惩罚，即卡珊德拉能够预言准确，但没有人会相信她。从此以后，卡珊德拉预言确实真实准确，但却从来没被采纳过。甚至在她自己的国家面临灭顶之灾时，她再三地预示警告，但仍然没有人聆听她相信她的话。

这则寓言似乎在批评不合时宜的警告与忠告。那些骄傲自负且刚愎自用的人从来不愿意向和谐之神阿波罗虚心学习怎样处理事情，掌握言谈的轻重缓急，分清鸿儒与白丁，何时该开口畅谈，何时该沉默静听。这些人处理事情不是不合理谨慎，他们的判断不是不深刻有益，但他们所作的劝说努力全部都于事无补。他们的努力只能加快自身的灭亡，最后，当他们预言的灾难变为现实时，人们通常才想起这些确实有先见之明的先知们，但已经为时已晚。

---

① （希神）卡珊德拉，凶事预言家，不为人所信的预言家。

尤提卡的伽图（Marcus Cato Uticensis）的故事在这方面是个恰当的例子。伽图站在瞭望台上向远处张望察看，发现神祇的预言果然属实，由于恺撒和庞培之间的争斗，他们的国家将面临毁灭，篡权斗争充斥的政坛。但他的发现并未给国家带来什么好处，反而损害了共和国，加速了国家的灭亡。西赛罗（M. Cicero）在给朋友的信中对此作了独到的见解，描述很精辟，“伽图有很深刻的判断力，但却危害了国家。因为他以为是在柏拉图的理想国上发表看法，而没意识到这是的罗穆卢斯（Romulus[①]）的遗产上。”

① （罗神）罗穆卢斯，战神 Mars 之子。

提丰和造反者

据诗人们说，朱庇特在没有朱诺的情况下生出了帕拉斯。朱诺因此十分不满，于是她向诸神祈求给予她同样的力量，没有朱庇特单靠自己也能造出生命。在朱诺的再三要求与威胁下，诸神答应了她的请求。朱诺猛击大地，地面裂开钻出来一个令人毛骨悚然的巨型怪物——提丰。她将其交给蛇来抚养。提丰成年后就向朱庇特宣战了。在双方交战中，巨人提丰占上风，他将朱庇特扛在肩上带到人迹罕至的荒凉地方，挑断并带走他的手筋和脚筋，丢下遍体鳞伤已成残废的朱庇特在那儿痛苦无助。后来，墨丘利从提丰那儿偷回了朱庇特的手筋脚筋并还给了朱庇特。朱庇特恢复后对这怪物重新发起攻势，首先用雷电攻击提丰，提丰流出的鲜血变成一条条毒蛇。当这个怪物正溃败潜逃时，朱庇特举起埃特纳火山，将其重压在火山下。

这个寓言似乎寓指一国之君命运的起伏和叛国者的叛乱。国王与其国家之间的关系就如朱庇特与朱诺一样是夫妻关系。情况往往是当国王统治时间过长，就逐渐腐化堕落成为独裁统治，把所有权力收归自己手中，而不采纳其贵族和元老院的意见，以自己的绝对权力来处理国家事务。对此不满的民众于是策划推选出自己的领袖。造反派首先和贵族联合，由于贵族们的纵容，造反派开始煽动群众，国内不满情绪日益高涨。这对应于寓言中提丰的幼年时期，怪物成长是由邪恶腐化相伴的。对国王来说，造反者对群众的煽动正如毒蛇的抚养一般，怨恨不断积累导致叛乱的公开爆发，给国王和群众都带来灾难。怪物提丰的恐怖形象正说明了这点，他那上百个头象征着政权的割据；他的血盆大口是吞噬的火焰；他一圈圈的毒蛇指围困时流毒四溢；他的铁掌象征着残忍的屠杀；他的鹰爪象征着强取豪夺；他身躯上的羽毛是谣言，消息，恐惧等等。有时候，这些造反者力量过于强大，国王被迫放弃王位离开首都，被带到人迹罕至的偏远地区，财富和王权都被剥夺。但随着时间的流逝，如果他们能卧薪尝胆，加上墨丘利的英勇与勤劳，就能很快恢复王权。也就是说，他们待人要和蔼可亲，颁布法令要顺应民意，发表演说要亲切可敬；这样才能得到有效的支持与辅佐，以恢复巩固政权。然而，吃一堑，长一智，他们不愿意靠运气来赢得战争胜利，所以首先得压制造反者的声望，如果成功，造反者发觉力量被削弱而人心涣散时就开始虚张声势，如嗞嗞作响的毒蛇，然后近乎绝望的投入战斗。当他们开始溃不成军时正是国王集中全国兵力乘胜追击镇压的好时机，国王可以像朱庇特一样举起埃特纳火山，将造反者压至山底。

赛克罗波斯（独眼巨人）和残酷大臣

据说，三位独眼巨人赛克罗波斯（Cyclops）因为凶猛残忍成性而被朱庇特打入地狱，永远囚禁。但大地女神特勒斯（Tellus[①]）跟朱庇特说，放了他们，让他们为我锻造霹雳武器吧。朱庇特听了她的话把独眼巨人放了，让他们干活。他们勤勤恳恳工作得很卖力，夜以继日地用锤子敲击锻造霹雳和其他可怕的武器。与此同时，阿波罗的儿子，埃斯克拉庇俄斯（Aesculapius）用医术使一个人起死回生，朱庇特因此恼羞成怒，但又没有正当理由发作，这可是件公认的好事情。于是朱庇特暗中派赛克罗波斯去杀害埃斯克拉庇俄斯，赛克罗波斯丝毫没怠慢，用霹雳将其杀害。阿波罗知道此事后，出于复仇，用箭将赛克罗波斯射死，朱庇特也没阻止他。

这个寓言故事正适合那些国王的所作所为，他们起初惩罚那些残忍的大臣们，并罢免他们的官职。随后又听从特勒斯——即卑鄙小人的建议，从实际利益的角度出发，国王重新启用这些大臣，让其官复原职。国王明白这些大臣的有用之处，特别是当其需要执行严厉的刑法和税收政策时。这些奴性大臣们生性残忍，对之前的事仍心有余悸，他们很清楚国王会让他们干什么，并且表现出来的也是忠心耿耿，兢兢业业。但是由于他们寻求支持时

① 罗马神话中的大地女神。希腊神话中为厄斯（Earth）。

太轻率鲁莽，又急功近利地讨好国王，在偶尔得到国王的暗中首肯或模棱两可的命令后，有时会作出令人生厌的事情来。但是，国王却很憎恨这种事情，也很清楚不再需要这些工具了，于是将大臣们绳之以法，让他们遭受受害者的亲朋好友们的攻击和报复，遭受人民大众的痛恨！而国王自己则受到民众的赞誉与拥戴，在这欢呼雀跃声中，残酷大臣们终于得到了罪有应得的惩罚。

那喀索斯，或自恋

据说，那喀索斯是位美少年，拥有非同一般的美貌，但妄自尊大，目中无人。他独自一人生活在山林中，独来独往于围场，即使有几个伙伴一起，他也只注意到自己。他走到哪儿，后面都跟着山林仙女厄科（Echo[①]）。有一天，他在山林里偶然遇到一眼清泉，此时正烈日当空，于是他在泉水边躺下休息。那喀索斯看到水中自己的倒影后就一直盯着，带着倾慕与沉思完全沉醉其中，任何事情也没法让他挪动半步。那喀索斯就这样目不转睛地盯着自己的倒影，一动不动，直到自身慢慢变为一朵花，扎根大地，那喀索斯也成为了花的名字[②]。这种花每年早春时开放，献给神圣的阴间的神——冥王普鲁托（Pluto），冥后普罗赛耳皮娜（Proserpina[③]）和复仇女神（Furies[④]）。

这则寓言似乎表明了一些自恋者的特质和命运。有这样一些人，他们即使自身不努力，仅靠自然的眷顾与恩赐而拥有美貌和天赋，因此而极其自恋，他们自身即是自我毁灭的原因。这类人

① 山林水泽的仙女。

② Narcissus，即水仙花。

③ （罗神）普罗赛耳皮娜，Jupiter 和 Ceres 之女。

④ （希神）复仇女神，“土地”和“黑暗”的三个女儿，以清算罪恶为职责，被描绘成庄严，美丽的女郎，Fury 为其中之一。

通常不会交际甚广，也不适合从事公共事务，因为在公共场合，他们肯定会遭到众多的嘲笑和鄙视，从而灰心沮丧烦恼不已。所以，他们通常离群索居，生活在只有追随者的小圈子里，追随者对他们的夸赞就如回声一样一呼百应，掌声也响彻山谷。久而久之，习惯了这种夸赞奉承，他们自我优越感极度膨胀，变得高傲自大，生活上也开始变得闲适懒散无所事事，慢慢的失去活力与热情。这里，那喀索斯变成的花的习性正对应了自恋者的特质：花在早春开放，象征着自恋者青年时期的意气风发盛极一时，而随着年岁的增长，他们逐渐让人感到失望。这种花被视为献给阴间神祇的花也蕴含同样的意思，即自恋的人对人类是毫无用处，就如船行水中，驶过无痕，一个人一生什么贡献也没有，就好像这个人没存在过一样，在古人们看来，这就应该献给阴间的神祇。

司提克斯和盟约

古人们都知道神祇们有一项誓言是必须遵守的，即当他们下定决心履行誓言决不撤销时，寓言中常常提到此事。他们不是对着天神或任何神权起誓，而是对着冥河司提克斯（Styx）。这条河流蜿蜒曲折，环绕着冥府狄斯（Dis）。这是神祇们唯一神圣不可违背的誓言，除了对冥河起誓的誓言，其他的都是能反悔的。因此神祇们也都害怕违背誓言后受到惩罚，即被驱逐圈外，许多年内都不许参加众神宴会。

这则寓言似乎寓指君主国王们的誓言和盟约。更确切地说，君主们从未很神圣地对待誓言盟约，因为他们很清楚盟约只是个形式而没实际效用，也就是说，他们举行仪式缔结盟约的目的是维护国家的声誉，而不是出于相互信任，保护国家安全的实际效用。此外，虽然国家之间因为缔结神圣的契约确实能产生唇齿相依互惠互利的关系，但在这些表面文章之下隐藏更多的却是君主的野心，利益和肆意伸张权力的欲望。这些君主可以轻而易举地用貌似合情合理的借口来掩饰他们非法的欲望，来辩解他们的背信弃义，特别是没有调节人来证实他们的谎言时。因此，他们就采用了一种不易背弃的合理方式来起誓，不需要天界神权的介入。他们面对奈赛西塔（Necessity）发誓，这位命运女神是伟大的权力之神，代表着国家的利益和安危。在寓言中，与奈赛西塔对应的就是冥河司提克斯，过了此河，无人能返。雅典人伊菲克雷特斯（Iphicrates）的所作所为就证实了神祇的这种誓言，他坦白地讲出了大多数人藏在心中不敢讲的话，他注意到斯巴达人（Lacedaemonans）费尽心思为缔结盟约提出了种种忠告建议，制裁措施和责任义务时，他提出自己的意见：

“斯巴达人啊，我们之间只有一项条款能够使我们两者的关系和谐亲密，保证我们之间的和平与安全，那就是你们能够坦然对我们表明，你们已经把那些能对我们造成伤害的一切都交到了我们手中，即使以后企图谋害我们，也无能为力了。”

确实如此，当破坏的能力被剥夺，如果背弃盟约直接危及国家的存亡或导致税收的减少，这项盟约才能真正得到批准认可，其神圣感就如面对冥河发誓一样，违背誓言就会被剥夺参加众神宴的权利。在古人们眼中，众神的宴会代表着国家的特权，财富和幸运。

潘与自然

古人们通过潘这个丰富的人物形象来描述大自然。没有人准确地知道潘的出生，有人说他是墨丘利的儿子，还有些人则说他的出生另有其因，说他是珀涅罗珀（Penelope[①]）和其众多的求婚者乱交的后代。在第二种说法中，珀涅罗珀的名字无疑是后来人强加在这则古老的寓言中的，这种在古老的寓言故事中套上后来人的名字也是常有的事情，但这种做法却显得无比轻率和荒谬。因为潘是最古老的神祇之一，比尤利西斯和珀涅罗珀所在年代要早得多。此外，珀涅罗珀保持贞洁的行为也是受到古人们敬仰的。关于潘的出生，还有第三种说法我们不能忽略，即有人说他是朱庇特和傲慢女神海珀利斯的儿子。不管潘的身世如何，据说命运三女神（Parcae[②]）是他的姐姐。

古代传说中潘的形象是头上长着直插云霄的山羊角，全身粗糙长毛，脸上留着长长的山羊胡子，浓密蓬乱。他是两形体的结合，上半身为人形，下半身为兽形，下面长着山羊蹄。他左手拿着七根芦苇做的笛子，右手拿着顶端带钩的牧羊杖，这两者都象征着权力与智慧。他全身上下披着豹子皮。潘有着自己的神权与

---

① （希神）珀涅罗珀，奥德塞（Odysseus）的忠实妻子，丈夫远征 20 年，期间她拒绝了无数求婚者。

② （罗神）命运三女神。

职责，他既是狩猎之神和牧羊之神又是保护乡村居民的神，同时掌管着山林，又是继墨丘利之后神祇们的信使。除此之外，他被认为是山林仙女们的首领，常有仙女们在他周围舞蹈嬉戏。森林之神塞特尔（Satyrs）和长者西勒诺斯（Sileni）也是他的朋友。潘能使人产生恐惧感，特别是某种无缘无故或神秘莫测的恐惧感，英文中“恐惧”（panic）一词就由此衍生而来的。

关于潘的事迹流传下来的并不多，最主要的是他曾向爱神丘比特提出比赛摔跤，结果挑战失败。他还网住过巨人提丰并迅速抓住他。此外，据说谷物女神克瑞斯（Ceres）知道自己女儿普罗塞尔皮娜（Proserpina）被强暴后非常恼火，遂将自己藏在山林中不愿见人。众神祇费尽心思找遍山林每个角落都不见其踪影，潘却在打猎途中幸运地发现了克瑞斯，然后通知了其他神祇。潘还向阿波罗挑战音乐方面的才能，让国王迈达斯（Midas[①]）来评判，最后潘获得胜利。明智的裁判迈达斯还因此长了双驴耳朵，不过被他暗中砍掉了。潘的风流韵事流传得不多，就算有也是极少几例。这在风流多情的诸神中是不多见的。关于潘唯一的爱情故事是他对山林女神厄科（Echo）的爱慕与追求，据说后来厄科成为了他的妻子。另外，由于他大胆的向爱神丘比特挑战摔跤，点燃了后者的愤怒之火，于是向潘施展报复，让他爱上仙女希林克斯（Syrinx）。再者，潘只有一个女儿，这在儿女众多的男性诸神中又是件令人感到奇怪的事情。潘的女儿爱安比（Iambe）会讲很多笑话故事，逗陌生人开心。有人认为爱安比是潘和厄科的后代。关于潘的故事也许是古代最深刻的寓言了，充满了关于自然的神秘与奥秘。

“潘”这个名字代表自然与万物。关于他的出生流传着两种说法，一种说是他是神言（the Word of God）墨丘利的后代，《圣经》上也有确切记载，神学家们也赞同这种观点。另一种说法为潘是万事万物种子杂交的后代。但对于那些持万物只有一个

---

① （希神）迈达斯，佛里吉亚（Phrygia）国王，爱财，能点物成金。

本原的观点的人来说，这个本原就是神了，即使是本原为物质性的，他们也认为这种物质有各种神力。因此，关于这个问题的所有争论也都归于这两种意见：世界要么源自于墨丘利要么源自于万事万物的种子。维吉尔（Virgil）在诗歌中唱道：

那来自水、火、土、气的种子啊！
你们是如何聚集在这空旷虚无的宇宙中？
又如何孕育出世界的最初？

世界又如何从最初的一小点逐渐膨胀为球形①？

第三种关于潘的出身的说法让人感觉是希腊人通过埃及人或其他渠道听说的希伯莱的神秘宗教。因为它并非直接讲述世界的创始，而是讲述在亚当堕落之后，世界笼罩在死亡和罪恶之中。这种状态从上帝和原罪产生开始一直延续至今。这样看来，如果考虑到不同说法对应的不同时代背景，这三种关于潘的出生的传说都是正确的。我们无比敬畏的潘或者说自然实际上起源于神言或混沌的事物之中，其中还有罪恶介入。潘的姐妹被认为是命运，正如自然界万物繁衍成长皆有规律一样，万事万物有出生，成长到死亡的过程，都要劳作不息地经过欣欣向荣到消解衰败这一命中注定的过程。

潘的头上长着山羊角，这种上尖下宽的形状寓指着自然界的结构就如一座金字塔，顶端是尖的。处在其中的无穷多的个体先是归为种，种的数量仍旧很多，然后种进一步归为属，这样一级一级向上归类直至金字塔顶端，通过这样的归类大自然成为一个有序的整体。难怪潘的山羊角要直指上天，自然界普遍的规律都有其神性，因此，从形而上学到自然神学也有着现成的捷径。

潘的形象是浑身长毛，这样描述自然也非常生动，四处张扬的毛发就如物体光芒四射。物体发出的光线就像自然丰富的毛

① 维吉尔，《牧歌》第六首31行。

发，万物或多或少都会发光的，我们能用眼睛看到物体就是最好的证明，那远处的物体能同样作用于我们的视觉也说明同样的问题。

另外，潘的胡须异乎寻常的长，表明自然发出的光线或神祇的影响恩泽万物，就像太阳在云中露出半个脸来，光芒穿透云翳照射大地，看上去就像长了胡子一样。

自然也是个很精确的两型体，上界的事物与下界的事物是相区别的，各有特色。一方面，上界里的物体是美丽精致的，处于动态平衡，而且永远支配着大地上的万物，这样的特点恰巧可以用潘的人形来代表。另外，下界的事物自身有着混乱与不稳定性，需要上界来统领控制，这特性正好用潘的兽型来表示。这种对潘身体的描述对应于自然界各种物种的融合，因为没有物种是单一纯种的，万物似乎都由两种成分融合而成的。比如，人有兽的成分，兽有植物的成分，植物又有无机物的成分，所以自然界的万物都具有两型体的特征，也就是说，万物都是上界与下界的有机结合。

这则寓言充满了智慧，关于潘的山羊脚的寓意也很巧妙，用来解释陆地上的事物向天空运动的趋势，因为山羊是喜欢爬山的动物，喜欢攀登山石陡峭的山峰。这也很好地表现了下界事物的习性，喜欢抬头欣赏云彩和流星。

潘手上所持的笛子和牧羊杖分别象征着和谐与权力。七根芦苇组成的笛子显然代表自然的和谐韵律与七大行星运转而带来的下界万物的不和谐之音。另一只手上拿的带钩牧羊杖象征着自然界的秩序与是非曲直。弯曲部分处在权杖的顶端部分，而上帝都是通过间接迂回的方式来安排万事万物的。他只是在作出安排，而靠另外的事物去实施，正如上帝派约瑟夫（Egypt）去埃及。另外，在所有开明的政府中，统治者想要造福于民，如果通过间接方法的引导启发民众，要比直接的方式效果好得多。所以，每根帝国的权杖顶端都是弯的。

潘的披风为满身斑点的豹子皮，这种设计也非常巧妙，因为天上点缀着璀璨繁星，海中散布着礁石岛屿，大地上盛开着朵朵鲜花，每种特殊的物种都有色彩斑斓的表面，正如一件斗篷披风一样装饰着个体本身。

潘被当作猎人之神是再恰当不过的安排。因为自然界的一举一动归根到底都是一场狩猎。艺术与科学都要产生杰作，人类也不断地追求自己的目标，就如追逐猎物一样。自然界的物种都要凭娴熟的技巧和敏锐的洞察力来寻觅食物和快乐！

“饥饿狮子追着狼，豺狼尾随小山羊，山羊嗅着三叶草，一口一口吞下肚①。”

潘同时也被认为是乡村居民的神，相对比住在城市的人们和宫廷的国王们来说，住在乡村的人们生活得更舒适惬意。在城市和宫廷中，自然的本性已经被过多的文化破坏了，正如诗人在谈到自己的情人时说道：

“她用太多的装饰来欺骗自己，自己也难认出自己了②。”

另外，潘是山之神，因为在高山之巅，大自然风景一览无遗，人们往往陷入无限沉思。

同时，潘被认为是继墨丘利之后神祇们的信使。这明显是关于神的寓言，由于神言的存在，世界显露出神的力量与智慧，神圣的诗人唱道：“诸神宣扬着神的荣耀，上苍展示他的杰作③。”

除此之外，山林仙女即万物之灵魂也喜欢与潘舞蹈嬉戏。这些万物之灵魂是世界的欢乐或自然的宠儿。称潘为这些山林仙女的首领是合情合理的，因为这些万物精灵根据她们的不同性情，紧跟潘的脚步，在他周围跳出变幻莫测永不停息的舞蹈。潘的追随者们还包括塞特尔和西勒诺斯，这两位智者分别象征着青年和老年，因为自然界所有生物都有活泼欢快的时候，可以任意舞蹈的年纪，同样也有两眼昏花走路都踉踉跄跄的年纪。这两个年纪

---

① 维吉尔，《牧歌》第二首 63 行。

② 奥维德，《爱的艺术》第五卷 343 行。

③ 见《圣经·诗篇》十九章 1 节。

呈现出的不同精神状态，塞特尔的青春张扬与西勒诺斯的老态龙钟，在德谟克利特（Demoeritus）看来似乎是荒谬而怪诞的。

寓言中，潘可以产生的恐惧与恐慌，这也可以得出一个很好的结论：自然界孕育出的万物都天生具有恐惧感，用以抵御外物，保护自身生命，避免受到伤害。但自然不知道如何分辨，总是将无端的恐慌和谨慎有益的恐慌混合在一起。如果我们能看到事物的内部，就会发现其中充满了潘制造的恐惧恐慌。而对于人来说，特别是在遇到种种困难、焦虑及恐惧时，总是受到莫名其妙的迷信的干扰，这就是所谓的无端的恐慌。

潘大胆的向爱神丘比特挑战摔跤，寓意着物质存在这样一种欲望和倾向，即消解世界回归世界初始混沌状态，爱神丘比特代表万物的统一与和谐，在斗争中处于优势，控制住物质的这种欲望产生恶意威胁，让世界恢复秩序。所以，对于人类和万物来说，潘在挑战中的失败是一件值得庆贺的事情。

潘网住巨人提丰也是同样的道理，无论是海洋还是天空或大地上，自然界偶尔会存在一些力量强大令人生厌的事物（正如巨人提丰名字的含义），按自然规律，自然仍有办法制造出一张错综复杂的网和坚固无比的锁链，将这些傲慢的怪物捆绑起来，让其不能作恶多端。

潘在打猎的途中很幸运地发现了谷物女神刻瑞斯（Ceres），而其他神祇费尽心思专心专意的寻找却徒劳无获，我们从这儿可以得出一条忠告：如果我们期望找到生活的方式与哲理时，我们不能像那些伟大的神祇一样为了特定目的刻意从抽象的哲学中寻找，而应该学习潘，在平凡的生活经历中学会仔细观察，从自然的普遍知识中寻找。这种发现是灵光乍现的，正如潘在打猎途中偶然发现谷物女神。

潘与阿波罗关于音乐的争辩也蕴含着不无裨益的道理，适用于抑制人的理性与判断力导致的自负狂妄与对天赋的炫耀。在音乐中存在双重的和谐：神性和人类的理性。对凡人来说，他们耳朵听到声音，然后作出判断，而这个世界及所有生物都是由上帝统治，由上帝秘密作出安排的，其声音非常嘈杂。当然这样认为就显得无知了，就如长了对驴耳朵一样，驴耳朵被隐藏起来，不露在外面，因为常人察觉不到事物畸形的一面。

最后一点，在感情方面的，除了潘和厄科的婚姻以外，他没有太多故事让人觉得诧异的。自然界本身包罗万象，于是自得其乐。那些有爱欲的能享受一定事物，但如果自身丰裕自足，就对其它事物无欲无求了。因此，潘或者说世界不再有爱欲，也不再有所取欲（因为本身已经自我满足）。他什么也不缺，只缺少言语，这正好由山林仙女厄科代表，或者说希林克斯（Syrinx）。潘或者说自然唯独选择厄科作为妻子，而非其它言语和声音，寓言中这样的安排很别具一格且合情合理。因为真理是忠实反映世界的声音，由世界口述而记载成文字，实际上就是世界的影像。没有过多添加，只是忠实的复述与回声。潘没有后裔，这又显出自然界的自给自足与完美无缺。世界在其各个领域繁衍后代，但自身作为一个整体，身外无物，怎么能繁衍后代呢？既然如此，潘有一个女儿的说法很可能是牵强附会的。但她又代表着自然界那些无稽之谈，在各个年龄阶层都可能存在的。这些话语听起来很新鲜，但毫无意义，有时能娱乐大众，但她唠唠叨叨喋喋不休时，就令人生厌，百无聊赖了。

伯修斯与战争

据说，帕拉斯（Pallas）派伯修斯（Perseus）去砍掉梅杜莎（Medusa）的头。因为梅杜莎给西方世界带来无穷灾害，特别是Hyberia沿海地带。梅杜莎是个非常可怕的怪物，只要看一眼她的头，就会马上变成石头。她是蛇发三女怪戈尔工（Gorgons）之一，并且是其中唯一难逃一死的，另外两个都可以长生不老。因此，为了完成这个伟大艰巨的任务，伯修斯从三位神祇那儿接过了武器：墨丘利给他的脚上装了翅膀，普鲁托给了他一个头盔，帕拉斯赠了他一个盾牌和一面镜子。尽管伯修斯已经装备齐全，他并没直接去找梅杜莎，而是首先去拜访格里伊（Greae）姐妹，她们是戈尔工同母异父的姐妹，从出生起就白发苍苍，像老妇人。她们只有一只眼睛和一颗牙齿，谁要出去了就给谁用，回来后再放回原处。现在格里伊姐妹将眼睛和牙齿都借给了伯修斯。伯修斯全副武装后满怀信心，急忙赶去梅杜莎的居所，发现她正在睡觉。伯修斯仍然不敢正视梅杜莎，害怕她突然醒过来。于是他转过头，从帕拉斯给的镜子里看到梅杜莎，瞄准目标砍下她的头。顿时伤口流出的鲜血中腾飞出了一匹飞马珀伽索斯（Pegasus）。伯修斯将砍下的梅杜莎的头立在帕拉斯的盾牌上，谁只要看一眼就会变成石头，如同受到雷击一样。

这则寓言似乎旨在指明人们发动战争前的必要准备以及战术安排。要完成一项战斗，要有考虑周全的计划，这个寓言中提出了三条有益的忠告。

首先，不要使自己卷入到征服邻国的战争中去。私有财产的积累和帝国版图扩大都各有其道。如果要积累私有财产，可以考虑邻近的地产。但帝国领土的扩张，不是考虑邻近的国家，而主要考虑的是战争的时机，难易度和战果了。罗马人向西入侵只抵达利古里亚（Liguria[①]），但向东却把帝国的行省扩大到托罗斯山脉（Taurus[②]），将其纳入帝国军事掌控之中。因此，东部出生长大的伯修斯也并不反对千里迢迢远征最西部去完成使命。

第二，发动战争的目的一定要是正义和荣耀的。这样士兵们才会士气高涨斗争勇猛，百姓才愿意提供军用物资；这样的战争才能得到四方支持，广结盟友。最正义的战争莫过于拿起武器推翻暴政，因为暴政下的人民暗无天日，只能俯首听命，完全没有活力与精神，如同直视梅杜莎而变成石头。

第三，三位蛇发女怪戈尔工都是战争要征服的对象，但伯修斯选择了唯一难免一死的梅杜莎，这是很明智的选择。这说明要打有成效的战争，速战速决而不是规模庞大的持久战。

伯修斯拥有战斗需要的一切武器装备，确保了他的战无不胜。他从墨丘利那儿获得飞一般的速度，从普鲁托那儿得以保留忠告，从帕拉斯那儿获得神佑与恩赐。寓言中所有细节都是有深刻寓意的，代表着速度与敏捷的翅膀是长在伯修斯的脚跟部而不是脚踝，长在脚上而不是肩上。因为兵贵神速在战争准备初期并不起关键作用，而是在之后的战斗中至关重要。战争中最常见的错误莫过于先遣部队在猛烈攻击时，增援部队不能及时到位接应。

另外，普鲁托给伯修斯的头盔可以让人隐身，这个寓意很明了。但帕拉斯的两件馈赠（盾牌和镜子）却是寓意深刻。盾牌用以挡住武力的进攻，除此之外，从镜子中能够侦察到敌方的一举

① 利古里亚，在意大利西北部。

② 托罗斯山脉，在土耳其南部。

一动。这两者都是战争中必要的。

伯修斯虽然已经在勇气和装备上都全副武装，但他在向梅杜莎开战之前，做了件非常重要的事情，去格里伊姐妹那儿寻求帮助。格里伊姐妹表示叛变，她们是戈尔工（代表战争）的姐妹，但不是同一个父亲所生的，相对比戈尔工出生没那么高贵。一般战争都带有英雄般气概，而叛变却显得卑鄙可耻。格里伊姐妹一出生就是白发苍苍老态龙钟的样子，这样的描述说明叛变的人一直都惊恐不安，在战战兢兢中度过。在她们公开叛变之前，她们所有的力量都积蓄在那唯一的眼睛和那颗牙齿之中。因为所有对政府不满的党派都不断地窥探和乱咬。另外，她们共用一只眼睛说明她们通过一种渠道来获取消息并在党派内部传递，共用一颗牙齿说明她们用一个口咬人，论调也众口一词，所以只要听到一个声音也就代表了全部意见。因此，伯修斯要极力讨好格里伊姐妹，得到她们的眼睛和牙齿，用眼睛来侦察敌情，用牙齿来散布谣言，煽动群众，动摇民心。前期工作都做好之后，伯修斯着手发动攻击了。寓言中，伯修斯是在梅杜莎熟睡时砍下她的头的，这寓意着一位英明的将军从不会选择敌人整装待发或异常警觉时发动攻势。帕拉斯的镜子也大有用途，对于大多数人来说，行动之前要仔细摸清敌人的状态。当然最能凸现镜子作用是在危险来临之前，通过镜子看到危险，不至于造成恐慌，这就是不用眼睛直视梅杜莎的原因。

梅杜莎的头被砍下来后会产生两个后果或者说战争的结果：第一，飞马珀伽索斯（Pegasus）的诞生，这显然是荣耀象征。飞跃世界上空，传播胜利的喜讯。第二个后果则是将梅杜莎的头立在盾牌上，这是最强大的保护力量，无人能及。这样一项名扬四海的赫赫战功就此完成，从此，敌人们不再傲慢张狂，行动处于瘫痪状态，不敢卷土重来。

恩底弥翁与受宠者

据说，月亮女神爱上了牧羊人恩底弥翁，这份感情让人匪夷所思。恩底弥翁栖息在拉特谟斯山的一个天然岩洞里面，月亮女神经常从天而降来到他的身边，趁他熟睡时亲吻了他，然后又回到天上。恩底弥翁虽然闲散懒惰好睡觉，但这对他的财产却没有丝毫损失。因为有月亮女神保护，他的羊长得肥肥壮壮且不断繁殖，羊群迅速扩大。

这则寓言故事暗指君主们的本性与性情。他们生性多疑，非常警惕，容易产生嫉妒，他们很难轻易熟知好寻根究底的人，这样的人时刻警觉着，仿佛处于睡不着的状态。而那些生性安静循规蹈矩的人，总是对君主的话言听计从，从来不问为什么，似乎无心察觉表现出无知，像睡着的人，只会服从，不会恭维。对于这样的人，君主们通常会脱下象征君王神圣尊严的外衣，同时也卸下重担，如月亮女神从天而降一样，来与这些人亲密交谈。在这类人面前，君主们不会感觉到危险。恺撒大帝（Tiberius Caesar[①]）便是一个典型的例子，他在所有君主之中是异常严厉的。他所宠幸的人都非常了解他的性情，所以一般都表现出天真无知。这种情况也不只是出现在他一位君主身上，老谋深算且警觉

① 提比略，前42—前37，全名为Tiberius Claudius Nero Caesar，公元1世纪14—37年间为罗马皇帝。

多疑的法国国王路易十一也是这样本性。

寓言中恩底弥翁小憩的山洞也是有寓意的。因为君主宠幸的臣子一般都有特定的舒适休闲场所，在那儿，他们可以享受美好的休闲娱乐时光，身体和大脑都得到放松。与此同时，又不会影响到自己的财产。的确，受到君主宠幸的臣子们一般都比较富有，君主虽然不会委以重任，但还是会给予他们足够的信赖和支持。君主不会为有所图谋而宠幸他们，君主所做的是不断地赐予这类人尊严荣誉和物质馈赠。

巨人的妹妹与谣言

据诗人们所述，大地女神厄斯（Earth）所生的巨人们向朱庇特和其他众神挑战，最后拜倒在朱庇特的霹雳之下。厄斯得知后非常愤怒，为了给儿子们报仇雪恨，她又生出了巨人们最小的妹妹谣言女神法玛（Fame）。

“众神激怒大地女神厄斯，随后诞生巨人妹妹法玛。”

这则寓言可以这样解释。大地女神厄斯代表着百姓大众，对统治者总是充满敌意，编造关于统治者的丑闻，只要一逮到机会就开始煽风点火，挑拨群众，扰乱治安，处心积虑地企图推翻君主的统治。当叛乱遭到镇压后，这些人仍旧不会安分守己就此罢休，他们投靠一帮狐朋狗友，开始散播谣言，蓄意诽谤，流言蜚语，肆无忌惮，运用各种卑鄙的手段对在位者进行恶意中伤。这些造反行为和煽动言论的不同之处不在于种族和出生，而是在于性别，前者是男人所为，后者是女人所为。

亚克托安，彭忒乌斯与好奇心

人们总是充满好奇心，喜欢窥探他人的秘密或觊觎探究得不到的事物。古人们用亚克托安和彭忒乌斯这两个人的故事来批评人类的这种好奇心。

亚克托安（Actaeon）无意中撞见狄安娜的裸体，于是变成了一只牡鹿，被他自己的狗追着咬。而彭忒乌斯（Pentheus）因爬上大树去窥探酒神巴克斯（Bacchus）的祭祀而致疯。结果，他看到的事物全是两个，两个太阳，两个底比斯城（Thebes[①]）。当他走向底比斯城时，发现又出现一个同样的底比斯城，然后他转身又走向那座城，就这样在这两座底比斯城之间来来回回永不停息。

“复仇女神走过来，彭忒乌斯惊讶得张口结舌，天空中出现两个太阳，地面上坐落两个底比斯城。”

亚克托安的故事在讲述君主的秘密，彭忒乌斯的故事适用于神的奥秘。任何在君主周围的人，如果知道了本不该他们知道的关于君主的秘密，肯定会招致仇恨，时时刻刻感觉到自己被君主视为眼中钉，伺机铲除掉。这样的人过着像鹿一样惊恐的生活，充满了恐惧与疑虑。通常情况是，这种人的仆人为了讨君主的欢心，可能会指控他并置之于死地。只要君主表现出对此人的不

① 底比斯城，古希腊的主要城邦。

满，几乎他的每个仆人都会背叛他，亚克托安的下场就是最好的证明。

彭忒乌斯的悲惨遭遇则说明了另外的道理。那些凭借对自然和哲学掌握的高度想上爬的人，就如彭忒乌斯轻率鲁莽地爬上树去窥探神的奥秘，结果却受到永久性的反复无常的折磨，永远处于摇摆不定，困惑重重的状态。自然之光是一方面，神之光是另外一方面，就如他们的视野中出现了两个太阳。既然行动和决心都取决于人的理解力，他们必然在决心与想法之间徘徊不定，就如看见两座底比斯城，因为底比斯城对彭忒乌斯来说是休憩和受庇护的地方，代表着行动的目标。但是他们不清楚该走哪一条路，犹豫不决不知道自己的目的地到底在何处，所以总是头脑发热一时冲动在两个事物之间来回往复。

俄耳甫斯与哲学

俄耳甫斯的故事虽然家喻户晓，但并没有得到完美的诠释。这个故事似乎寓指哲学。令人敬佩的俄耳甫斯拥有超凡的能力，精通各种和谐的音乐。他用迷人甜美引人入胜的乐曲将周围的事物都吸引在他身边。俄耳甫斯在寓言中可以被看作为哲学的化身。既然智慧的力量要大于体力，那从尊严上来看，俄耳甫斯的功绩要胜过于赫拉克勒斯（Hercules①）。

俄耳甫斯深爱着他的妻子，但他的妻子却过早地离他而去，俄耳甫斯带着他的竖琴来到阴间，试图用琴声来打动冥王和冥后，以求他们放了他的妻子回到人间。他的希望的确实现了，他演奏出的美妙音乐使得冥王和冥后心情舒畅，然后允许他带走他的妻子，但有一条忠告，即俄耳甫斯在前面走，他妻子跟在后面，在到达人间之前，俄耳甫斯不得回头看他的妻子。但他对妻子的爱意和担心让他不能自已，在他即将到达之前，打破了约定，他扭头去看妻子，于是他妻子突然掉了下去，再次跌入阴间。从此以后，俄耳甫斯郁郁寡欢，一个人独居在偏远山区，与竖琴和音乐相伴，也不再见任何女人。他的音乐吸引了山林里的所有野兽飞鸟，他们来到俄耳甫斯周围，音乐的魔力让他们失去了兽性，不再争吵不再凶残，不再为满足贪欲而追逐猎物。他们

---

① 赫拉克勒斯，大力英雄，力士。

相互依偎着坐着，温顺地围在俄耳甫斯周围，就如坐在剧院里一样，专心地注视着他，侧耳倾听他悠扬的琴声。不仅如此，和谐美妙的琴声还感动了树木和石头，他们都离开原来扎根的地方来到他的周围，井然有序地站好。俄耳甫斯将这样的和谐温馨维持了一段时间，后来，一群色雷斯（Thracian）的妇女们受到酒神巴克斯（Bacchus）的指使，来到俄耳甫斯的居住地。她们吹起号角，制造出各种奇怪可怕的噪音，淹没了俄耳甫斯的琴声。琴声的魔力消失了，和谐开始消融，秩序被打破，顿时局面混乱，野兽们恢复了兽性，像以前一样开始弱肉强食。树木和石头也不再安静处于原来的位置了，俄耳甫斯本人也被这群愤怒的妇女撕成碎片，抛尸荒野。俄耳甫斯死后，缪斯女神的河流赫利孔（Helicon）非常愤怒，他将头埋进地下，流到其他地方才探出地面。

这则故事的含义似乎是这样的。俄耳甫斯的音乐拥有两种力量，一种是安抚阴间的力量，另一种是吸引野兽和树木。前一种可以对应于自然哲学，后者则对应于道德和政治哲学。自然哲学最崇高的任务是将易消逝的事物复原革新，其次是把事物保持原态，防治消散或死亡。如果凡人能有这样的才能，那么自然更可以精确地协调各个部分，如调节琴弦使之发出和谐之音。但这是所有事情中最困难的工作，也很难达到目标，失败的原因多是好奇心太重以及过早地失去耐心。因此，哲学家们发现自己不能胜任这项艰巨的任务，开始投身于另外服务于人类的事业。他们通过演说来潜移默化地教导人类热爱美德，公正，和人类心灵的和谐，在社会中和睦相处，遵守法律，拥护政府，自我约束和遵纪守法。然后齐心协力建造房屋和城市，让田野和花园都绿树成荫。可以毫不夸张地说，石头和树木都离开原来的位置，聚集在一起，错落有致地排列。我们看到的整个过程先是全力以赴让死人复活，然而没能经住考验，以失败告终。接下来转为哲学对民政事务的关怀和经营。因为人固有一死，所以人的灵魂就通过名誉与荣耀来寻求永恒与不朽。寓言中指出俄耳甫斯后来厌倦了女人和婚姻，因为幸福甜美的婚姻生活和儿女绕膝的天伦之乐很大程度上会妨碍人们为祖国和人民作出伟大的贡献，让人们只满足于小范围不朽的自足，而没有更多的行动。

另外，充满智慧的事业即使在人类世界中出类拔萃，也会有其兴衰沉浮的命运。一个国家或一个联邦在繁荣一段时间后会出现骚乱暴动，然后战争爆发。在战乱中，首先法律失效，城帮被毁，田地荒芜，人口减少。如若骚乱继续，知识和哲学势必被破坏，不复存在，只留下残篇断句，分散于各地，就如遇海难后的船只残骸一样四处飘散。这之后不久，野蛮时代到来了。赫利孔的泉水沉入地下，事物按其规律变迁兴衰。泉水可能在其他遥远的国度重新露出地面，而不是在原处。

卡卢姆与物质起源

据诗人们说，卡卢姆（Caelum[①]）是众神中最古老的神，他的生殖器被他的儿子萨杜恩（Saturn）用镰刀割掉。萨杜恩有很多儿女，但一出生马上就会被他吃掉，只有朱庇特幸运逃脱了。朱庇特长大后，推翻了父亲的统治，将他打入地狱，并占有了他的王国。同样，朱庇特用萨杜恩割下卡卢姆生殖器的镰刀割下了萨杜恩的生殖器，然后扔进了大海中，结果海里诞生了维纳斯。这之后不久，朱庇特的宝座还未坐稳，就经历了两场意义非凡的战斗。一场与提坦（Titans）作战，在战斗中，提坦中只有一个巨人索尔（Sol）站在朱庇特这边，所以这场镇压提坦的战斗中，他立下汗马功劳。第二场是与巨人们的交战，朱庇特用霹雳摧毁了敌人。当所有战斗都结束时，他的江山也稳固了。

这则寓言似乎讲述了物质起源的神秘莫测。这与后来哲学家德谟克利特的观点极为相似，德谟克利特认为物质不灭，但否认世界不灭。这样的观点很接近于《圣经》中宣称的真理：在上帝工作的六天之前，世界是处于混沌不成形的状态。

寓言可以这样阐释：卡卢姆可以被看作为一个巨大的凹形体或拱形的包围体，聚集着所有物质。萨杜恩寓指着物质本身，对

---

① 卡卢姆，罗马神话中最古老的神，希腊神话中写作乌拉努斯（Uranus）。

一个普遍性的整体来说，物质总体保持不变，无论质量还是数量上都不会增减，就如萨杜恩剥夺了父母的生殖能力一样。起初产生各种躁动不安的零散物质，然后聚集成为未成形的合成物。慢慢随着时间的推移，产生了完整的结构或构造，能够维持物质的形状了。因此，萨杜恩统治时期，他不停地吞噬子女，与之相对应的政府统治期则呈现出同样的特质，事物持续时期短且频繁消亡。接下来朱庇特统治时期，结束了这一动乱时期。朱庇特将一切持续变动的物质都打入塔塔罗斯深渊（Tartarus）——永世混乱之地。这个深渊位于上界的最底层与地的最深处之间，是所有混乱、虚弱、死亡以及腐朽聚集之地。在萨杜恩统治时期，世界仍存在繁衍，但维纳斯还没有诞生。因为物质的不和谐远远胜于和谐力量时，物质就必须在整体结构内经历分解变化。在萨杜恩被阉割之前，事物就这样繁衍消长的。但这种方式停止时，立即被维纳斯的方式取代了。变化一点点地进行，整个物质结构仍然是完整不变保持和谐的。

据说，萨杜恩的统治被推翻后被打入地狱，但他的力量并没有被彻底摧毁。有种说法说世界会回复到最初的混沌状态，卢克莱修（Lucretius[①]）曾祈祷这样的事情不要发生在他那个年代：

伟大的神啊，请给予我们恩赐，
让世界末日远离我们吧。
让我们明白，它会发生在将来，而不是现在。

在这之后，世界在数量与力量上稳定下来，但并没马上恢复平静。首先在天界发生明显的动乱，被一统天界的太阳神制服而归于平静，世界的状态得以保存。后来，在下界又发生同样的动乱，洪水、风暴、狂风和地震，而动乱之后的世界更平静祥和。

① 卢克莱修（前99—前55），罗马哲学家、诗人。

对于这则寓言我们可以看到内在的互换性，寓言中蕴含着哲学，哲学中也包含着寓言。信仰告诉我们，这一切不过是长久失效的神谕，因为由物质和结构构成的世界确实是造物主的杰作。

普洛透斯与物质

诗人们说，普洛透斯（Proteus）是尼普顿（Neptune）的牧人。他是位上年纪的先知，在三个方面都非常出色，他不仅能够预知未来，还知道过去和现在。因此，除了预言，他还能揭示和阐释所有古代事物和隐藏的奥秘。他休憩的地方是一个巨大的洞穴，他每天中午都要清点他的海豹数目，然后再去睡觉。此外，如果有人想请他帮忙或得到他的忠告，唯一的办法是把他抓住，将手脚捆绑起来牢牢铐住。然后，普洛透斯为了逃走会变幻成自然的各种形态，如火、水，或各种野兽的形状，最后又恢复到本来面目。

这则寓言似乎在揭示自然的奥秘和物质的属性。普洛透斯代表着仅次于上帝最古老的物质，因为物质存在于天空之下，一如普洛透斯居住在山洞中。

普洛透斯是尼普顿的奴隶，这寓意着物质的流动变化一般是以液体形式进行的。

他的牧群寓指着普通的生物种群，植物或矿物之类的。说明物质会弥漫散开，本身消失了，但构成了各种不同物质。然后像完成任务后睡着了。物质的工作已经完成，不再准备造出新的种类。也许这就是普洛透斯清点牧群后回去睡觉这一情节的寓意。而这个情节发生的时间不是在早上，也不是在晚上，恰巧在正午。因为中午最适合物质组合成形。具体地说，物质有一段时间处于适时的准备和预先安排阶段，然后是处于完全发育成熟状态，这个成熟期就是产生发展和衰败消逝之间的中介点，用中午来寓指再适合不过了。我们从《圣经》上也可以得知创世之初也是如此，物质便在造物主的召唤下聚集起来，毫不含糊，立即行动形成千姿百态的物种。寓言中的普洛透斯与他的牧群们在一起自由自在无拘无束，这样的描述相当完美。因为自然界中存在着拥有普通的结构和不同种属的事物，但他们却是外化了的无拘无束的物质。然而，如果自然老练的臣子以武力威胁物质，激怒她，催促她，势必迫使她消亡，物质必将顽固地反抗。但只有万能的上帝才能主宰物质的消亡和毁灭，所以物质发现自己陷入困境，于是幻化成各种奇怪的形体，先完成一个变化的巡回，一个周期。如果继续施加压力，她将恢复原貌；如果再进一步使用极端手段，给物质套上枷锁，压力的施加将畅通无阻。

普洛透斯作为一名先知，对过去、现在和未来无所不知，物质也拥有同样的特性。如果一个人能通晓物质的性质以及运动规律，他也将世事通达，通晓所有事物的过去，现在及未来。但对于一些异常的或个体问题，也是无能为力的。

门农与早熟

据诗人们说，门农是黎明女神欧若拉的儿子。他年轻时带着精良的武器和盔甲，在众人的掌声与欢呼下参加了特洛伊战争。在战争中，大胆鲁莽的门农仓促上阵，由于心急渴求荣耀，竟然与全希腊最骁勇善战的阿喀琉斯（Achilles）单独挑战，结果战败死在对方手下。朱庇特对他的去世表示遗憾，让小鸟去参加他的葬礼，一直悲伤哀鸣着。据说，当清晨太阳照射到门农的雕像时，小鸟就会发出哀叹。

这则寓言似乎特别适合于前途光明的青年却遭受到命运的不幸。欧若拉的儿子门农就是一个很好的例子。这类人急功近利，爱慕虚荣，不自量力地挑战最英勇的英雄们，结果，由于力量悬殊，他们最终一败涂地。但他们的死却引起无数人同情，为之掬一把泪。在所有突发灾难带来的死亡中，像这样的辞世最能引起人们的同情，也最能触动人心的。宛如一朵尚未绽放的花突然凋谢陨落，令人扼腕叹息。另外，这些人年轻在世时有令人厌烦的一面，结果死后有些人根本不为之落泪，有些却非常同情。这样的悲恸哀鸣声在他们的葬礼上不绝于耳。除此之外，人们的同情仍然持久地延续着，特别是再有类似意外死亡或重大事件发生，又会勾起人们的无限惋惜之情。就像清晨的第一缕阳光照射，恢复人的感知。

提托努斯与腻味

关于提托努斯（Tithonus[①]）的故事非常优美，他是黎明女神欧若拉的情人，欧若拉渴望与他终身为伴，于是祈求朱庇特赐予提托努斯永生。但由于女人疏忽大意的天性，她忘记请求朱庇特让其永葆青春。所以，提托努斯可以获得永生，但最后必须一直忍受年老体衰的痛苦。当他进入老年时期后，一天比一天衰弱，痛苦也与日俱增。朱庇特同情他，于是将他变为一只蚱蜢。

这则寓言似乎是对享乐的描述，这种快乐在起初或黎明时分能给人带来愉悦欢欣，于是人们渴望这样的快乐能够永远持续，能一辈子享受着。他们完全不考虑有一天会对此感到厌倦，正如他们意识不到年老体衰正一步步逼近他们，而且会终将折磨他们。最后，当他们无能为力再享乐时，他们的欲望不死，所以只好回忆谈论曾经年轻时的快乐以自娱自乐。好色之徒通常如此，总是滔滔不绝地讲述风流韵事；军队里的士兵也一样，他们不断吹嘘他们曾经勇敢无畏的功绩。这类人就像蚱蜢，所有的精力都集中在耍嘴皮子上了。

① （希神）提托努斯，特洛伊的创建人 Laomedon 之子。

朱诺的求婚者与卑贱

诗人们说，朱庇特在追求情人表达爱意时曾变幻成各种形体，如公牛、老鹰、天鹅还有金雨。但在追求朱诺时，他却变成了一只受人耻笑的下贱的布谷鸟。这只鸟遭受着风吹雨打，变得麻木失去知觉，在冷风中瑟瑟发抖，半死不活的。

这则寓言寓意深刻，似乎源自于道德体系内部，寓意可以这样诠释：人不能太自负地认为对于任何人都可以靠炫耀自己的才华来赢得别人的尊重和喜爱。这很大程度上取决于要取悦的对方的品性。如果对方根本没有天赋也没有善良美好的品性，反而傲慢无礼，本性恶毒，如寓言中的朱诺一样，那么追求者就应该明白最好不要彰显出自己的荣耀和价值，哪怕一点点都不行。否则只会让自己吃亏。在这种人面前，装着奉承谄媚还不够，还要摆出可怜兮兮的样子。

丘比特与原子

诗人们关于丘比特的描述和爱神并不能归为同一人。从两者的差异中剔除让人混淆的部分，还是可以看到相似之处的。

据诗人们说，爱神是所有神祇中最古老的神，他与混沌之神卡俄斯（Chaos）处于同一时代，是除了卡俄斯之外最为古老的事物。但古人并没有尊称卡俄斯为神，也从没给予过神的荣耀。据诗人的描述，爱神根本就没有父母，他是黑夜女神诺克斯（Nox）的一个卵子，于混沌之中，爱神孕育出了所有其他神祇和世间万事万物。爱神有四个特征：永远是幼儿，双目失明，赤身裸体，擅长射箭。另外还有一个爱神，他是众神中最年轻的，诗人们说他是维纳斯的儿子，同时也将老爱神的特征赋予他，某些方面确实也很合适。

这则寓言在探讨自然界的童年。爱似乎是物质初始的原动力，通俗一点讲，是原子的自然运动。这种运动是在混沌时期唯一的力量，物质运动而建构出各种形体进而产生出万事万物。爱神是没有父母的，也就是说，没有动因，因为动因是相对应结果的父母。自然界这种运动没有原因，因为除上帝之外，在它之前没有他物，所以没有动因。爱神最先存在于自然界中，所以他也不属于哪一种类不具备某种形式。因此，不管爱神为何物，他都确实存在，但却莫可名状。即使可以弄清楚他的行动和方式，也不会是原因，因为爱神仅次于上帝，是众多原因的原因，而本身没有任何原因。人类的理解力有限，不可能了解爱神的运动方式，所以把他的诞生描述为黑夜女神的一个卵子，这种说法也合情合理。这当然也是先哲的观点："上帝适时地创造出完美的万事万物，他将这个世界留给人类探索，然而人类却无法悟透上帝从头至尾创造的杰作[①]。"上帝将创造出的自然法则以及欲望的力量赋予这些物质微粒，他们同时作用，互相碰撞，在不断的重复与复制中，千姿百态的物种诞生了。这错综复杂的过程让人类思维可望而不可及，远远超出了人类的理解力。

希腊哲学家研究物质规律时是细致又敏锐的。但研究物质初始运动时，他们却显得粗心大意力度不够，而这个初始问题却是整个运动的关键所在。就我们现在讨论的这一点来说，希腊哲学家似乎显得愚昧无知了。逍遥学派（Peripatics）认为物质因为自身缺损而产生的动因不是什么其他形式而是语词，但语词只是物体的名称，不是事物的描述。有些哲学家将动因归于上帝，这个说法非常不错，但他们不是一步一步论证得出这个结论的，而是一蹴而就。毫无疑问，直接从属于的上帝只有一条准则，即所有自然物体同时运动相互碰撞。前面的引言"上帝从头至尾创造的杰作"也说明了这个道理。但德谟克利特对这个问题作了更深刻的思考。他认为原子有自身的形状与维度，并具有一种绝对的欲望或动因，然后相对地引出另外的欲望。他认为万事万物都有向世界中心运动的趋向，那些包含物质多的物体作快速的下降运动，相反，而包含物质少的物体则作上升运动。但这样的描述有失偏颇，只考虑了部分情况，既不能揭示天体的圆周运动，也不能解释物体的膨胀与收缩状态。伊壁鸠鲁学派（Epicurus[②]）认为原子具有偶然性偏差，并处于动荡无序的运动中，原子仅仅是个玩具而已。这样的观点很明显非常无知。了解了各种学说，再看丘比特或爱神的身世，仍然是迷雾一团。

---

① 参见《圣经·传道书》三章10节。

② 伊壁鸠鲁，公元前342—前270，古希腊杰出唯物主义和无神论者。

现在来关注丘比特的四个特征的寓意。第一，他是个永远停留在幼儿阶段的孩童。这样的描述非常巧妙，因为复合体的体积更大，而且经历过风吹雨打。但原子或事物的种子是非常微小的，永远处于幼儿期。第二，丘比特被描述为全身赤裸，因为在人类看来，所有复合体都是穿着衣服，在遮掩之下的，只有事物的基本微粒才是赤身裸体的。第三，丘比特是双目失明的。寓言中总是充满智慧，因为不管丘比特是爱神也好，还是指欲望，他都是缺乏远见卓识的，靠离他最近的事物来摸索道路前行，这与盲人依靠感觉是一个道理。更值得敬畏的是神，事物如盲人一样是无知而缺乏远见的，但神依据一条永恒的必然法则，衍生出完美而井然有序的大千世界。最后一个特征，丘比特擅长射箭，说明他的优点在于作用于远距离的事物。任何作用于远距离的活动都如同射箭，只要承认原子和真空的存在，真空渗透在空间中，那么就能推断出这样的理论：原子的目的是要到达一个远距离的目标，否则，就不会有运动，所有物体必将静止不动。不管是丘比特还是爱神，他都被视为最年轻的神，因为在物种形成之前没有其他的存在。寓言中对他的描述可以适用于道德规范上了。不管如何，他与老丘比特在一定程度上拥有一致性。总的来说，维纳斯激起欲望，而她的儿子丘比特则将这些欲望作用于自然界的个体。所以说，大体性情来自于维纳斯，具体感情来自于丘比特。前者源自于直接原因，而后者源自于更久远宿命般的起源，源自于老丘比特，因为他是所有细腻感情的源泉。

狄俄墨得斯与宗教狂热

英雄狄俄墨得斯（Diomedes）早已在特洛伊战争中美名远扬，智慧女神帕拉斯（Pallas）特别宠幸他，并鼓动他在战场上遇见维纳斯时坚决不要放过她。狄俄墨得斯按照帕拉斯的吩咐大胆出击，刺伤了维纳斯的右臂。这种专横的举动当时并没影响狄俄墨得斯多久，他仍然笼罩在许多英勇事迹的光环中。最后，他回到了自己的国家，身陷家庭变故，于是被迫逃往意大利，避难于他国。起初，他在那儿一帆风顺，受到国王多努斯（Daunus）的礼遇。国王赠给他许多奢华的赏赐品，并在全国各地树立起他的雕像。后来，一场突然而来的灾难降临在这个国家，国王多努斯认为是他接待了一位做过坏事的客人——曾经斗胆用剑攻击并刺伤过圣洁得连碰都不敢碰的女神，他对抗上天，亵渎了神灵。因此，国王为了赎罪，不顾热情好客的礼节，敬畏地遵从宗教传统，意外地处死了狄俄墨得斯，并命令收回他的所有赏赐与荣誉，推倒他在全国的所有雕像。这样悲惨的命运，即使对其表示一下同情与哀悼都会有危险。曾在战场上与他并肩战斗的同伴们，来到他的葬礼上失声痛哭，哀悼他们的首领。结果，他们突然变成了天鹅，这种鸟通常在临死前都会发出凄美的哀鸣声。

这则寓言故事蕴含着独一无二的主题。因为在所有关于英雄的故事中，我们发现，除了狄俄墨得斯以外，再没有哪位用剑刺伤过神祇的。在这则寓言中，狄俄墨得斯体现了这样一类人的性格和命运，他们采取行动的目的是通过武力手段来对抗愚昧迷信的宗教信仰。古人们并不了解这些血腥的宗教战争，因为异教徒的神并没有真正的上帝所具有的嫉妒之心，古代的智慧似乎博大精深包罗万象，即使没有亲身经历体会，也能够沉思冥想找到答案。

维纳斯代表着堕落腐败且声名狼藉的教派，对抗这些教派进行不是靠教义上的论战和圣洁的生活方式，也不是靠权威与榜样的力量，而是靠火与剑的威力去彻底根除。这些人受到帕拉斯的唆使，他们拥有敏锐谨慎的判断力，可以清晰洞察这些教派的虚假与谬误。另外，这些人疾恶如仇，对宗教极其狂热，他们会因此获得巨大的荣耀，受到百姓的尊敬。当其他人对宗教表现出冷淡并充满畏惧时，他们却被视为真理和宗教的唯一捍卫者。但这样的荣耀与幸福很少能持续到最后，因为暴力如果不防止夭折带来的改变，最终也会衰败衰落。如果碰巧这些原来受到镇压的势力派别又重新抬头，集聚势力，妄图东山再起，那么这些曾经大力打击异教的捍卫者们就面临着指责与唾骂。他们的名字成为憎恨的对象，他们的荣耀也一道淹没在这样的非难中。

寓言中狄俄墨得斯最后是死在曾盛情款待他的主人手下，这说明宗教上的差异容易产生欺骗与背叛，即使是在亲密的朋友之间也不例外。

最后，对这类人表示悲伤与哀悼的行为也要遭到禁止和惩罚。但我们期望的是，不要再有这样穷凶极恶的事情发生，虽然这样的犯罪行为在某种程度上有值得人们同情和怜悯的地方。痛恨犯罪的人应该在道义上同情犯下罪行的人，为他们的不幸感到悲哀。当对不幸表示怜悯宽恕的权力也被剥夺时，这就是犯下了最大的罪恶了。但是对于宗教中的不虔诚，很多人被认为是很富有同情心的。相反，狄俄墨得斯的追随者们——同一教派的志同道合的人——发出的哀鸣声都比较尖锐洪亮，犹如天鹅（狄俄墨得斯之鸟）的哀鸣。这则寓言结尾部分寓意极其深刻，那些遭受到宗教迫害而垂死的人们，他们临终前的话语宛如天鹅临终前唱出的哀曲，让人震撼，留在脑海中久久不能忘怀。

代达勒斯与技工

古人的寓言中有描述技工的智慧与技术被用作非法途径的故事。代达勒斯便是这一故事的主角。代达勒斯是位具有非凡的创造才能的工匠，但品性恶劣。他因为谋杀了一位模仿他的同伴而被流放外地。在流放期间，他到过许多城市，受到了各国国王的热情款待，因为他设计建造了许多结构精巧美轮美奂的建筑，有庄严的神庙，还有宏伟壮丽的城市房屋以及公共场所。但令他声名狼藉的是他的一项不道德的发明创造。这项发明是为了满足帕西法厄（Pasiphae[①]）对一头公牛的爱欲。由此诞生了人身牛头的怪物米诺淘（Minotaur），专门吞食童男童女。这都是代达勒斯一手造成的恶果，他也因此受到诅咒和唾骂。为了弥补这一过错，代达勒斯又精心设计建造了一个迷宫，来囚禁这个人牛怪物。迷宫的建造虽然用心险恶，但就建造工艺上来说是技艺精湛，鬼斧神工。再后来，他的名声并不仅仅因为建造一些奇技淫巧上，而是帮助别人修理损毁的器具。他发明了精巧的线索装置，利用这个装置走入迷宫不会迷路并顺利返回。代达勒斯遭到国王米诺斯的严厉迫害，他想尽一切办法逃脱他的暴政。最后，他教他的儿子伊卡罗斯（Icarus）飞行，但这位初学者，为了炫耀自己的技艺，飞得太高，最后落入海中而死。

---

① （希神）帕西法厄，国王米诺斯（Minos）之妻。

这则寓言似乎可以这样解释，寓言开头指出伟大的工匠之间常常存在着各种嫉妒与争斗，他们因此而互相憎恨并加害于对方，明争暗斗。

对于代达勒斯来说，违反规定而被流放根本不算什么惩罚，技工们在各国都非常受欢迎，国王们都盛情款待他们。因此，能工巧匠的流放根本就不能算作惩罚。他们的生活方式很少能在他们自己的国家流行起来，而他国的百姓们对工匠们崇敬让他们的生活方式在异国他乡反而盛行起来了。人总是通常珍视远方难以企及的事物，而轻视近处的，这是人类的习性之一。

下面谈到技术的用途，带来的却是伤痛。人类的生活很大部分依靠技术，正是由于技术人类才能拥有进行宗教活动的器具，也才能维护公民权益，美化人类生活。尽管这样，技术同时也给人类带来了淫具与死亡。这些剧烈毒药以及强大杀伤力的武器等之类都是技术的发明创造，给人类带来的危害程度远远超过米诺淘牛的凶残。

另外，寓言中的迷宫又是一个非常巧妙的安排，它暗指技术科学的本质。所有精致巧妙的技术创新都如同迷宫一般，从其细致微妙的结构，错综复杂的通道来看，两者都具有一致性。另外，还有些复杂结构不是单靠眼睛就能察觉出来，要靠线索的使用。

设计这错综复杂的迷宫的人同样也告诉人们线索的日常使用性。技术通常有着模糊性，两面性。既可以为人类服务也能对人类造成伤害。与此同时，技术也拥有消解或约束自身的力量。

不正当的使用技术最终都要受到米诺斯的惩罚，也就是法律的追究，指责并禁止人们将技术用于不正当的途径。然而，这些技术隐藏起来，但到处都有藏身之地。塔西佗（Tacitus①）当时就察觉到这类情况，他称当时的数学家和算命者为“我们国家永远需要容忍保留同时又要禁止的一类人”。然而，随着时间的推

① 塔西佗，古罗马元老院议员，历史学家。

移，那些奇技淫巧大多数名不副实，先是失去人们的好评，逐渐受到鄙视，就如伊卡罗斯从天上掉下来。这些技术因为过度炫耀而慢慢消失，最后无人问津。说实话，这些技术并不是被法律禁锢住的，而是毁灭于自身的虚荣与张扬。

厄瑞克托尼俄斯与欺骗

据诗人们说，火神伏尔坎（Vulcan）追求工艺女神米涅瓦(Minerva①)，遭到拒绝后，他欲火中烧，企图强暴她。在厮打过程中，伏尔坎的精子洒落在地上，于是诞生了雅典国王厄瑞克托尼俄斯（Ericthonius)。厄瑞克托尼俄斯上半身长得清秀标致，但双腿却瘦弱畸形，如同鳝鱼一般。他意识到自己身体的残缺，于是第一个发明了马车。当他乘着马车奔驰疾驶时，人们就只能看到他风流倜傥的上半身，而畸形的双腿则被掩盖住了。

这则奇怪的寓言故事似乎蕴含着这样的意思，伏尔坎代表着大量利用火的技术，而勤勉劳作的米涅瓦代表着自然。技术靠作用于有形的物质来改造自然，并妄图征服自然。这样的暴力很少或者从来就不可能得逞。但在这个纷争扭打的作用过程中，虽然没达成目的，但会附带产生一些畸形与怪胎。这些东西中看不中用，而骗子们却常常拿着到处招摇过市，大肆炫耀。这种情况通常出现在一些化工产品或一些新奇的机械发明身上，特别是当发明者一心想达到某种目的而不是关注如何改进他们的发明创造时，就会发生以上情况。他们总是妄图靠暴力来征服自然，而不是靠细心观察与关心呵护来赢得自然的拥抱。

① 米涅瓦，智慧和技术及工艺之神。

丢卡利翁与重生

诗人们说，旧世界的居民通通毁灭于一场灭世洪水，最后只有丢卡利翁（Deucalion）与妻子皮拉（Pirrha）存活下来。他们满怀热情虔诚地向神祈祷能够恢复人类，得到的神谕是：将母亲的骨头扔向身后，才能如愿以偿。起初，他们见到洪水已经将大地抹平，要找母亲的坟墓绝对是没有尽头白费力气的事，因此他们非常绝望。最后，他们领悟到神谕的真谛，母亲的骨头即大地上的石头，因为大地是世间万事万物的母亲。

这则寓言似乎揭示了一个自然的秘密，同时纠正了人类思维常犯的一个错误。由于无知，人们总是认为事物从自身的腐朽残骸中获得重生，犹如凤凰从灰烬中再生一样。事实并非如此。这类物质在完成生命的周期后，已经完全不具备再生事物的能力了。思考这类问题，我们必须回到普通常理上来。

涅墨西斯与世事无常

据说，人人都敬畏复仇女神涅墨西斯，当权者和那些命运的宠儿也惧怕她三分。传说她是海洋之神（Oceanus）和黑夜之神诺克斯（Nox）的女儿。肩膀上长着一对翅膀，头顶戴着皇冠，右手持着岑树木做的长矛，左手拿着一个有埃塞俄比亚雕刻的水罐，座下是一头鹿。

这则寓言可以这样来解释。涅墨西斯的名字清晰地表明是复仇和报复的意思。她的职责就是打断幸福的人们持续的幸福状态，就如古罗马的护民官拥有否决权一样，涅墨西斯也会适时的打断，说“停止!”她不仅严厉惩罚傲慢无礼的人，也打破繁荣的局面，让平常人也经历灾祸的变迁起伏。凡人不能参与众神的宴会，似乎这已经成为了惯例。在我看来奥古斯都（Augustus Caesar①）是世上最快乐的人了，他明白如何利用运气并享受运气带来的幸福。在他的思想中，没有骄傲，没有轻浮，没有美满，没有混乱，没有忧虑。他甚至选择自己的方式去死。普林尼（Caius Plinius）曾记载过奥古斯都所有的不幸与痛苦，我读过之后发现复仇女神用这样一个伟人来祭奠她的圣坛，实在是威力无比。

复仇女神的父母是海洋和黑夜之神，这正好暗示了世事的变

① 奥古斯都，古罗马帝国第一任皇帝屋大维。

化无常与神性决策的神秘莫测。海洋永远潮起潮落，寓指着世事的变迁兴衰，静谧的黑夜也蕴藏着神性的奥秘。人性的判断与神性判断差异如此之大，甚至异教徒也注意到神秘的复仇女神：

> 那天，里弗斯（Ripheus）也倒在希腊军队面前，
> 正直诚实的人啊，
> 特洛伊已经再也找不到比他更好的人了，
> 上帝也这样认为[①]。

涅墨西斯的肩上生着翅膀，这暗指变化的突发性和不可预见性。在所有的历史记载中，我们发现伟大智慧的人总是毁灭于他们最为轻视的危险。西赛罗（Marcus Cicero）就是个很好的例子。布鲁图（Decius Brutus）曾提醒过他提防屋大维（Octavius Caesar）对他虚情假意，小心他的背叛行为。西赛罗回应说，“亲爱的布鲁图，很感谢你这样诚恳地提醒我，但在这个问题上丝毫也不需要怀疑。”

另外，涅墨西斯头上戴着王冠，这暗指贱民们嫉妒恶毒的本性。当幸运儿遭遇不幸，或当权者们倒台时，百姓们开始欢呼雀跃，为复仇女神戴上王冠。

复仇女神右手的长矛所指的对象，即是女神刺伤攻击的对象。而对于那些没有遭遇过灾难与不幸的人们，复仇女神会向他们展示左手的黑色神秘物体。因为凡人即使处于幸福的顶端，也毫无疑问要经历死亡，疾病的痛苦与不幸，朋友的背信弃义，敌人的阴谋诡计以及命运沉浮等此类事情，在他们脑海中就如女神左手的罐子上埃塞俄比亚的雕刻一样丑陋。难怪维吉尔在描述亚克兴（Actium）之战时，曾这样谈到埃及王后克里奥巴特拉：

> 女王亲临战场，擂鼓激战，

---

① 维吉尔，《埃涅阿斯记》卷二。

士气大振，未想到
身后两条毒蛇咝咝吐芯[1]。

不久之后，女神发现她眼前的每条大路上都有大批埃塞俄比亚人。

最后一点也是寓意最为深刻的。涅墨西斯的坐骑是一头鹿，因为鹿是最活泼的动物，那些夭折的人们看似摆脱了复仇女神的折磨，但那些飞黄腾达的人们仍然受制于女神，似乎被她踩在脚下，骑在身上。

---

① 维吉尔，《埃涅阿斯记》卷八，696 行。

阿客琉斯与战争

这是则古老的寓言，据说，大力士赫拉克勒斯（Hercules）与河神阿客琉斯（Achelous）都想娶德伊阿尼拉（Deianira）为妻。两方为此争执不下，于是展开了交战。战斗中，阿客琉斯变化出各种形体来试验他的威力，最后他变作一头凶猛的公牛，向赫拉克勒斯开战了。赫拉克勒斯对此却很平静，自始至终都保持人形，勇敢地应对挑战，由此双方战斗全面展开。交战后，赫拉克勒斯扭断了公牛的一只角，阿客琉斯痛得撕心裂肺，万分沮丧。为了赎回他的角，他将阿玛尔特亚（Amalthean）的角赠给了赫拉克勒斯。此角也称作为丰饶之角（Cornucopia①）。

这则寓言暗指军事行动。阿客琉斯代表交战双方中的防守方，在开战之前，准备方式是多种多样变幻莫测的。但入侵者的方式往往只有简简单单的一种，要么陆地上进攻，要么海上舰队进攻。但准备抗击敌人的国王必须在自己的领土上做好充分的应战准备。他必须加固城池，集结全国各地的人们做好准备，建立好根据地：这儿架一座桥，那儿拆一座桥；并在要塞处驻军，调遣军队于全国各地，如重大河流通道，海港；在山口与树林中也埋伏有军队；调动各方力量做好战斗准备。就这样看来，抵御外敌的国家在准备期间每天都要变化模样，在集聚了所有力量，一

① Cornucopia，哺乳宙斯的羊角，满装花果象征丰饶的羊角。

切准备就绪时，国家就要摆出一副气势汹汹的架势全力御敌。另一方面，入侵者最大的担忧是在敌国粮草被切断的问题，所以他们的目的是速战速决。如果他们一次性获胜，就如扭断了敌人的角，令对方大伤元气，名誉扫地。为了重振旗鼓，失败方撤退到防守坚固的地区，放弃了许多城池让征服者肆意掠夺，这就好比阿客琉斯将丰饶之角拱手赠与赫拉克勒斯。

狄俄尼索斯与欲望

据说，朱庇特的情人塞墨勒（Semele）让朱庇特发下誓言，满足她一个愿望，不管这个愿望是什么，他都不许后悔。塞墨勒要求朱庇特以陪伴朱诺的样子陪伴她。由于不能拒绝的誓言，朱庇特答应她的要求。结果，这个可怜的女人被雷电烧死。朱庇特将她腹中的孩子取出来，然后在自己大腿上砍了一道很深的口子，将孩子放在自己的大腿中。这个沉重的负担使得朱庇特走路时一瘸一拐，但朱庇特作为孩子的父亲，一直带着他直到孩子出生，这个孩子就是狄俄尼索斯（Dionysus①）。出生后，朱庇特将他交给冥后普罗塞皮娜（Proserpina）抚养了几年，待他长大后，狄俄尼索斯的脸长得像女人一样俊美，让人不知道是男是女。另外，他死后被埋入坟墓一段时间后又复活了。在年轻时，他发明并传授葡萄的种植方法，以及葡萄酒的酿造和调制方法。他也因此美名远扬。狄俄尼索斯征服了世界，将版图一直扩大到印度。他坐在老虎拉的战车上，周围一群畸形的精灵围着他跳舞，有哥巴利（Gobali），亚克拉多斯（Acratus）等等，连缪斯女神也与之一起舞蹈嬉戏。他娶了被特修斯（Theseus）遗弃的

① （希神）狄俄尼索斯，酒神，即罗马神话中的巴克斯（Bacchus）。

阿里阿德涅（Ariadne[①]）为妻子。他的圣树是常春藤。另外，他还首创了祭祀仪式，但这些仪式狂乱残忍，让人疯狂。据说，在一次祭祀的纵酒狂欢中，狄俄尼索斯煽动一群妇女发狂，将两位杰出人物彭忒乌斯与俄耳甫斯撕成碎片。前者当时爬到树上偷窥狄俄尼索斯的祭祀仪式，而后者在演奏竖琴。另外，在某些方面他的事迹与朱庇特有些相似。

这则寓言中蕴含着极其深刻的道德，也可以说是很好的“道德哲学”。巴克斯（Bacchus），即狄俄尼索斯代表着欲望，激情和混乱。欲望的源泉就是满足眼前的善，这种欲望被认为是非法的，因为人们在没有考虑清楚之前就草率地产生了这样的欲望。当欲望开始滋长时，欲望之母也就是满足眼前的善的欲望就会因为忍受不了炽热的欲火而毁灭殆尽。然而，此时的欲望仍旧是发育不完整的胚胎，仍然需要人类灵魂的滋养，就如胚胎在他父亲朱庇特的大腿中一样受到保护。但因为胚胎在身体内部，会造成主人疼痛难忍，扰乱人的意志力和阻碍人的行动，因此朱庇特走路时是一瘸一拐的。当欲望由于习惯和满足逐渐强大起来时，就突然爆发为行动。但婴儿仍旧要在普罗塞皮娜那儿抚养一阵子，欲望也要寻找隐蔽之地，比如说地下洞穴，直到摆脱恐惧与羞耻的统治，它才打着美德的幌子，变得厚颜无耻。另外，炽热的欲望确实具有两性特征，既有男性的阳刚之气又有女性的柔弱气质。

巴克斯的复活也是寓言中非常巧妙的情节。因为欲望有时看来似乎已经寿终正寝不复存在了，但我们不能这样认为。即使欲望已经埋葬在坟墓里了，只要一有机会，马上死灰复燃。

葡萄酒的发明归于巴克斯，这其中也蕴含了智慧。每种欲望都是善于发现滋养自己的营养品。在人类所知的事物中，酒是最能促使人兴奋，产生各种激情的力量。从某种意义上说，酒是所

---

① 阿里阿德涅，国王米诺斯的女儿，曾给情人特修斯一个线团，帮助他走出迷宫。

有欲望激情的燃剂。

另外，巴克斯征服了许多国家，他驾驶着非凡的战车任意驰骋远征他国。因为欲望是永远不会满足于现有的，而是不知足征服更多的事物，所谓欲壑难填。

巴克斯驾驶的战车由老虎来拉，这表示欲望一旦不再步行，套上马车，便使得理性迷惑，引导其走向胜利。此时欲望也变得残忍而充满野性，勇往直前冲破一切阻拦其道路的势力。

值得注意的是，在战车周围有一群妖怪精灵在舞蹈。因为欲望总会让人眼睛里流露出病态的神情，表情上变得愚蠢奇怪，姿态也开始畸形丑陋。所有那些处于欲火中烧激情澎湃的人（比如说愤怒生气，傲慢自大，或恋爱中的人），他们的行动在他们自己看来是勇往直前，荣耀显赫的，但在他人看来却是奇形怪状，荒谬可笑。

据说，缪斯女神也陪伴其左右舞蹈。这说明所有欲望激情都是由艺术相伴抚慰的。人类智慧的放纵却贬损了缪斯的尊严，她们本应该是生活的主人，现在却变成了欲望的追随者。

巴克斯爱上的是被特修斯遗弃的阿里阿德涅，这也是寓言的特意安排。因为欲望所觊觎的事物都是经验所抛弃。人们为了满足其欲望，苦心追求荣誉，财富，荣耀，快乐，知识或其他事物，而这些都是被遗弃的事物。历史上，不同的人都尝试过，然后厌倦了，将之摒弃。

从常春藤的用意来看，巴克斯的圣树是常春藤也具有神秘意义。首先，常春藤在冬天仍然是常青繁茂的。其次，它有攀爬蔓延的习性，能够攀爬在树上，墙上，建筑物之类等各种物体上。至于第一点，每种欲望都会受到压抑后才蠢蠢欲动，最后至活跃兴盛，如寒冷冬天里繁茂的常春藤。至于第二种攀爬的习性，人类每种主导欲望都得依附于行动和决心，牢牢控制。

把迷信的习俗与仪式归于巴克斯也并不奇怪。从某种程度上说，每种失去理智的行为都源自于伤风败俗的宗教中的狂欢。另外，说巴克斯能导致疯狂也是有一定原因的。因为欲望的本质是一种短暂的疯狂，如果任其猛烈发展，持续成一种习惯，最后就导致疯狂。寓言中彭忒乌斯和俄耳甫斯被撕得四分五裂也有其寓意，强烈的欲望是反对好奇的询问与健康有益忠告的。

最后，将朱庇特与巴克斯混为一谈也是寓言值得称道的地方。因为高尚的行为，丰功伟绩有时源自于美德、理智和宽宏大量，而有时却来自隐藏的激情与欲望，在这样尊严与显贵的光环照耀下，人们很难分清楚巴克斯的事迹与朱庇特的玩笑。

阿塔兰特与利益

阿塔兰特（Atalanta）以捷足善跑闻名。她与希伯墨涅斯（Hippomanes）赛跑，条件是，如果希伯墨涅斯获胜，他将娶阿塔兰特为妻，但如果他输了，他将失去生命。所有人都认为胜利一定属于阿塔兰特，只可能有这一个结局。她的速度无人能及，因此有无数人挑战失败而被剥夺生命。希伯墨涅斯于是想出了一个计策，他准备好了三个金苹果比赛时使用。当比赛开始时，阿塔兰特健步如飞领先于希伯墨涅斯，希伯墨涅斯看到自己落后，就想到了自己的秘密武器，他向前滚了一个金苹果，苹果不是朝正前方滚动的，而是偏向一方，阿塔兰特看到金光闪闪的苹果，由于女人特有的禁不住诱惑，就跟过去捡苹果，结果阿塔兰特跑出了跑道。希伯墨涅斯趁机超过她，遥遥领先。但阿塔兰特凭借天生的敏捷，马上补回了失去的时间，又一次超过希伯墨涅斯。但希伯墨涅斯仍乐此不疲地故伎重演，又扔了第二个第三个苹果，最后希伯墨涅斯赢得了比赛，但不是靠真本事而是靠计谋。

这则寓言故事很巧妙地呈现了技艺与自然之间的矛盾。阿塔兰特代表技艺，如果没有阻碍，她的技艺要比自然迅速得多，很快就能达到目的地，这在诸多方面都有体现。就比如树，从果核长到果实需要很长的时间，但如果通过嫁接移植，得到果实就会快很多！你也可以从泥土中发现这样的例子，泥土要变成石头一样硬需要长时间演化，但经过烧制很快就成砖块了。在道德修养上也存在同样的问题，抚平伤痛获得心灵的平静需要很多时日，而掌握了哲学——生活的艺术——很快就能达到这样的心境。但由于金苹果的诱惑，人们总是会偏离正道，影响技艺的正常发挥。因此从来没有一项技艺或科学坚持真正合理的路线以致达到最终目的，总是在兴致盎然的开头以后，如阿塔兰特一样离开正道去追求利益或财物。

“离开正道，追逐滚动的金子。”

因此，也难怪技艺总是无法征服自然，根据比赛的规则又不能处死她；相反，技艺最后臣服于自然，好比妻子听命于丈夫。

普罗米修斯与人类状况

古人们说，普罗米修斯用泥土造出了人类，还从动物身上攫取一些成分粘合在人类身上。他不仅是人类的创造者，同时也是人类的传播者，总想出各种办法来保护自己的作品。普罗米修斯拿着一束树枝，偷偷地溜上天，在太阳马车上点燃后，回到地上将火种带给人类。虽然这给人类带来无尽的恩惠，但人类却不知感谢，相互勾结做出一些忘恩负义的事情，他们向朱庇特控告普罗米修斯以及他的创造。这正好迎合了朱庇特和众神的心意，于是众神非常乐意地同意人类使用火种，并赠给人类渴望已久的礼物——长生不老。人类喜出望外，把众神的礼物让驴子来驮。驴子驮了一阵子后感到口渴，它来到一眼清泉旁准备喝水，但泉水由一条毒蛇把守着，毒蛇要求它以背上驮的东西作为交换，这样才能喝水。愚蠢的驴子答应了毒蛇的条件，于是一口清泉就使得人类长生不老的能力转到了毒蛇身上。

人类失去礼物后，愤懑的普罗米修斯又和人类重归于好。他对朱庇特仍然心怀怨恨，在祭祀中也特意欺骗朱庇特。他宰杀了两头牛，将肉和油脂全填入一头牛的皮里，而在另一头牛皮里全放骨头。他将这两头牛放在祭祀上，让朱庇特选择。朱庇特察觉到他的阴谋伎俩，一心准备报复普罗米修斯，于是故意选择了全是骨头的那头牛。朱庇特发现普罗米修斯对自己的作品——人类是如此引以为豪，他想只有给人类施加痛苦才能打击他们的创造者。于是，朱庇特命令伏尔坎制造出一位美丽精致的女人。制造出来后，每位神祇都赠给她一件礼物，她由此得名潘多拉（Pandora[①]）。众神给了潘多拉一个精致的盒子，里面装满了痛苦和灾难，只有在盒子底部装着希望。潘多拉带着盒子来到了普罗米修斯面前，如他接受她的盒子的话，就马上打开。但谨慎而有远见的普罗米修斯拒绝接受。于是，潘多拉拿着盒子去找埃庇米修斯(Epimetheus)。埃庇米修斯虽然是普罗米修斯的弟弟，但两人却有着完全不同的性格。潘多拉把盒子给他，他欣然接受并马上打开盒子，顿时所有的痛苦、不幸、灾祸一下全飞了出来。埃庇米修斯见状慌张地关上盒子，但为时已晚，所有痛苦都飞了出来，只留下希望在盒底。最终，朱庇特控告了普罗米修斯，将他的罪行一一列举：上天盗火；蔑视神权，在祭祀的牛中填满骨头；公然拒绝神的礼物；另外，还企图强暴帕拉斯。于是普罗米修斯被戴上镣铐，开始了永恒的痛苦折磨。按照朱庇特的指示，他被带到高加索山脉上，紧紧绑在柱子上不得动弹。有老鹰在白天来啄食他的肝脏，到了晚上，被啄食的部分又重新长好，循环往复。但诗人们说，这样的惩罚也有尽头。当赫拉克勒斯（Hercules）乘坐太阳神赠的杯子漂过海洋时，他来到高加索上，用箭射死了每天啄食普罗米修斯的老鹰，并将他释放。为了纪念普罗米修斯，有些国家设立了火炬赛跑，参赛者必须手持火炬。如果半路火炬熄灭者必须退出比赛。所以，第一个到达终点并且火炬仍在燃烧的选手将获得奖励！

这则寓言蕴含了许多道理，对一些问题也作了严肃的思考。有些问题是大家都注意到的，有些还没有人涉及过。

普罗米修斯很明显表示神。在古人看来，创造人类是神的一项特殊职责，这是毋庸置疑的。人的本质是能够思考与理解，这也是神性的所在地。如果说理性与思考来自于聋哑准则，未免有些难以置信。所以得出结论，人的灵魂被赋予了神性。这则寓言

① 潘多拉的意思为“得到所有的礼物”。

主要目的是要表明人类是世界的中心。如果没有了这个中心，万事万物都将迷途失去方向，就像没有捆扎的扫把，没有使用价值。世界上所有事物都为人类服务，人类也利用万事万物产生价值。日月星辰的演化与运转让人分辨时间和世界区域。天气变化使人能够预测暴风雨的来临。风用来推动船只，转动磨房和其他机械。所有植物，动物或其他事物的存在都有益于人类的衣食住行。总之，万事万物似乎不是为本身而是为人类而存在的，减轻劳动强度，给人带来欢乐和安慰。

普罗米修斯造人时从各种生物身上取出部分因子糅合在人身上，因此人类混合了各种成分。这样的细节也是寓意深刻的。因为世界上，万事万物都是包罗万象的。人是最复杂的混合体。古人们称人类为一个微观世界。炼金术士认为人身上糅合着矿物、植物等其他各种物质的成分，这种出于好奇的想法已经使得“微观世界”这个词失去了原本的优雅，只剩下字面意思了。然而，人体确实是一个复杂的有机混合体，所以人类的肌体具备各种各样神奇的能力。那些简单生物体的力量就不能比了，他们运动激烈而短暂，力量还没来得及转化就消逝了，或被混合物吸收；他们相互作用，互相混合构成了万事万物的多样性。人在最初阶段也是赤身裸体，没有防卫能力，不能自助，所以需要借助外物来生存。因此，普罗米修斯匆忙地盗取火种，这样的必需品在各方面都为人类提供了方便。如果说灵魂是各种形式的形式，手是各种工具的工具，火种绝对应得美名——各种助手的助手，各种方法的方法。火为人类的各项劳作提供了无穷无尽的帮助，也推动了机械技艺和科学技术的发展。

上天盗火的行为也是有用意的，这是在描述自然的规律。普罗米修斯是拿着一捆树枝在太阳神的马车上点燃的，而树枝一般是用于鞭挞的，这很清晰地说明火的产生是由于物体之间的剧烈撞击。相互碰撞使物质变得稀薄并开始运动，从天体接受热量与能量。如同盗窃一样，偷偷地从太阳神的马车上划取火种。

寓言接下来的部分描述得很精彩：得到火种后，人类不知感激反而对普罗米修斯表示愤怒和抗议。他们向朱庇特控告他与他盗取的火种，朱庇特无比欢心，因此又给人类更多的恩赐与好处。对自己的造物主忘恩负义的罪恶包含了许多其他的罪恶，这样的行为难道应该得到奖赏吗？寓言的意思显然不是这样的，我们应该这样理解：人类从理性的角度出发，大声疾呼自己本性的缺陷和技艺，得到了比较好的效果。对此沉默者反而受到神的憎恨，对自己也没好处。有些人大肆赞扬人性的优点以及人类渊博的知识，对已经拥有的事物沾沾自喜，认为现有的科学技术已经达到近乎完美的地步。这些人首先缺乏对神灵的敬畏与尊重，试图拿人性的缺陷与神性的完美相媲美。其次，他们的做法也伤害到了人类，因为他们自认为到达了知识的顶峰，于是不再寻求新的高度，固步自封停滞不前了。相反，指控人类的本性缺陷和技艺，并不停抱怨的做法显得更加真诚谦虚。因为这些人一直没有停滞不前，一直在寻找新发现。这使我对某些人愚蠢轻率的本性表示疑惑不解，这些心中只有部分傲慢自大的人，并极其推崇逍遥学派的哲学（尽管逍遥学派只是希腊哲学的一小部分），如果有谁对此学派名声加以诽谤，那就不仅得不到任何好处，还会遭到怀疑和憎恶。我非常赞同疯狂的恩培多克勒斯（Empedocles）与沉着的德谟克利特（Democritus）的见解，他们抱怨道，万事万物都是迷雾一团，我们一无所知，一无所察，真理总是埋藏含混不清之中。真理与谬误奇怪地交织在一起（新学院派在这方面走得太远），比起亚理士多德学派的傲慢自大，我更赞同这两个人的观点。因此，人们应该明白，承认人性的缺陷和技艺的不成熟后，才会对神灵充满感激，同时也将得到神灵更多的恩赐与宠幸。人类对造物主普罗米修斯的控诉虽然猛烈尖刻，但这样的做法比一味地赞扬他的伟大创造要真实有益得多。总之，自满是匮乏的主要原因。

寓言中描述，人类因为指控普罗米修斯而得到神的礼物——永不凋谢的青春之花。这说明，古人们一直在寻找各种方法和药物来延缓衰老延年益寿。人类有些为数不多的弥足珍贵的礼物，人类曾经幸福地拥有过，然后又因疏忽大意失去了。但这件礼物不能列入其内，长生不老一旦失去就再也不可能拥有。这一点表明，人类通过正确地使用火和对滥用技艺的苛刻指控本来是有资格获得神灵的这项礼物的，但人类却因为自己其后的行为失去了资格。他们把众神赏赐的贵重礼物交给又懒又笨的驴子来驮。驴子似乎是经验的象征，愚蠢笨拙，拖拖拉拉。对于这种蜗牛般的闲庭信步，人们无不感叹人生短暂，艺海无涯。坦白说，我个人认为，教条和经验两者并未很好结合在一起。寓言中，众神给的礼物要么说被赋予了飞鸟一般的抽象哲学意义，要么赋予了慢条斯理的驴子一样的经验。我认为，但必须指出，如果驴子不是在运送途中碰巧口渴，他可能能很好地完成任务。所以，如果一个人完全听任经验之谈，按照一定的法则按部就班，不要在半路上受到利欲熏心，鬼迷心窍地将贵重的礼物拿去换了他物。只有这样，才可以对此人放心地委以重任。

寓言中这件长生不老的礼物归属权最后从人转移到毒蛇。这并不是一个多余的细节，而是对人类的羞辱。人类得到了天火以及其他各种技艺，但却不能得到自然赋予其他生物的许多东西。

人类在希望破灭之后马上与普罗米修斯和解，这一细节寓意人类在探索新经验时表现出的轻率和鲁莽。当他们遭遇失败，发现探求的结果与期望相距甚远时，就会立即停止探索，而回到先前的经验上来，继续以前的老路。

寓言中关于人类使用技艺以及其他思维活动的描述传达了宗教的寓意。因为技艺的培养也包含着对神的信仰，虚伪趁机蔓延扩张，玷污了神性。在祭祀中，普罗米修斯呈上了两种祭品：填满肉和油脂的牛皮与塞满骨头的牛皮。前者代表着虔诚的信徒，后者寓指伪君子。献给上帝的油脂在燃烧时发光发热，芳香四溢，这代表着满腔赤忱的信徒对上帝荣耀的敬仰，虔诚直指上天。上帝拥有慈悲心肠和健全的肉体。另外一份祭品中填满了干巴巴的骨头，外表看来却是无比饱满光鲜，像是一份真正的祭品。而这就如一场宗教仪式，形式上奢华盛大，却没有实质内容。人们举行这样的仪式只是为了炫耀，而无助于对上帝的虔诚。伪君子将这样“金玉其外，败絮其中”的祭品呈现给上帝还不够，还把责任推给上帝，似乎责怪上帝自己的选择。在拣选方面，先知曾道出过上帝的意志，“我选择的斋戒日，难道是让你们的灵魂受到一整天的折磨，像弯腰的芦苇一样频频鞠躬的日子吗[①]？”

在谈到宗教状况后，寓言又转向对道德和人类状况的思考。潘多拉通常用来表示肉欲与享乐。火的力量促成了国家生活的各个方面，文化科技的发展，社会生活的进步。寓言中伏尔坎代表着火，也是由他打造出代表奢侈享乐的潘多拉，同时也给人类身心带来了无尽的痛苦、灾难，厄运与后悔莫及。这不仅仅体现在个人身上，还蔓延到整个国家，由此出现了战争，骚乱以及暴政专制。

值得注意的是接下来的寓言中描绘了人类生活的两幅场景，普罗米修斯与埃庇米修斯各自代表不同的生活状态。埃庇米修斯属于目光短浅缺乏深谋远虑的一类人，他们做事情从来不考虑后果，只注重眼前的利益与享受。当他们突然遭遇各种接踵而至的不幸，痛苦与灾难时，整个人生就陷入了永恒的折磨与痛苦之中。与此同时，他们纵情享乐，由于无知而沉醉在甜美温柔乡中，这也让他们意识不到生活的痛苦。然而，普罗米修斯属于小心谨慎并且富有远见的一类人。他能察觉到事情的发展，从而避免不幸的发生。但这一类人，也正由于他们富有远见且谨小慎微，他们也失去了很多常态快乐与生活乐趣。更糟糕的是，他们还不停地受到焦虑，痛苦与恐惧等情绪的困扰和煎熬。普罗米修斯被缚在高加索山脉的柱子上，风驰电掣的苍鹰代表着稍纵即逝的思想。普罗米修斯就这样受着思考无尽的折磨。苍鹰在白天啄食他的肝脏，晚上他才得以休息，放松大脑。但黎明一到来，他又立刻陷入了恐惧与焦虑。

---

① 《圣经·塞亚书》第58章5节。

像这样两种优点都俱全的人也非常少。一方面要能够高瞻远瞩，又要乐观豁达，免于忧虑苦痛的困扰。只有得到赫拉克勒斯帮助，才能两者兼备。也就是既要有坚韧不拔的信念，勇于面对任何情况，沉着冷静，临危不乱，又要有远见卓识，不以物喜，不以己悲。另外值得注意的是，普罗米修斯并非天生具有此优点，而是后天锤炼成的。任何先天的坚韧都不能够抵抗这些痛苦。而这些优点来自遥远的海洋，来自智慧的太阳神，来自对生命反复无常的思考，而人生就如航海。维吉尔在诗中写道：

“如果知道所有的原因
该是多么快乐的事情，
那时，我们将大胆前行，
恐怖，命运，危险，我们都无所畏惧，
面对阴曹地府的咆哮，也无动于衷。”

寓言紧接着描述这位英勇的英雄乘坐杯子或者盘子横渡大海。这样的描述使人欣慰，他们太害怕意志薄弱的人类对自己丧失信心，不能达到坚韧不拔的品质。塞内加（Seneca[①]）把这种坚韧的品质描述为“真正的伟大是将人性的脆弱与神性的强大完全合而为一”。

前面为了考虑叙述完整，我跳过的一个细节，现在我们回到前面这个忽略的细节。这儿我要提的是普罗米修斯的最后一桩罪行，试图强暴女神帕拉斯。毫无疑问，冒犯神灵是罪大恶极的，他也因此被缚在山上，受到老鹰的啄食。这确切地表明人类经常犯的错误，人类经常因为有了学识掌握了技术后就沾沾自喜忘乎所以，将理智与理性凌驾于神性之上。这自然就导致了无尽的痛苦与折磨。所以，我们必须本着谦虚谨慎的态度，将人性与神性区别对待，分清理智与信仰。如果不这样，那就是抱着取悦异教

① 塞内加（公元前45年一公元前4），古罗马哲学家，剧作家。

邪说的目的了。

最后一点要提及的是纪念普罗米修斯的火炬赛跑。比赛是为了纪念火，火暗指科学技术。这里蕴含着一条极其智慧的道理，科学的发展与完善不是靠一个人的机智敏捷就能完成的，需要承前启后，相互接应的。即使最强健敏捷的选手也不可能自始至终保持火炬不熄灭，跑得太快或者太慢都可能导致火炬熄灭。但这项火炬赛跑似乎中断已久，科学技术的发展似乎在亚里士多德、盖伦（Galen）、欧几里得（Euclid）和托勒密（Ptolemy）几位科学家时繁荣昌盛过，再往后就无人作出过重大突破。多么希望恢复纪念普罗米修斯和人性的比赛啊！人们通过竞争来赢得胜利，而不是靠摇晃闪烁的火炬。因此，人们应该振奋精神，多试试自己力量与运气，不要将所有的重任都交到极少数有才华的人手上。

以上就是我从这则古老的寓言中总结出来的观点。不予否认，这其中有些寓意与基督教的神秘极为相似，特别是赫尔克勒斯乘坐杯子横渡大海，解救了被缚的普罗米修斯。这一情节似乎说明神灵以肉身形式显灵，将人类从奴役的地狱中解救出来。但就此打住，不再猜想，以免让异教之火玷污了神的圣坛。

伊卡罗斯，斯库拉与中庸之道

道德行为上的中庸或中庸之道是最为人所称道的。中庸在思想学术界虽然未受到广泛赞扬，却同样有益，但在政治上，人们在采用此路线时，就表现得谨小慎微。古人们用伊卡罗斯的飞翔道路暗指道德上的中庸，而用斯库拉（Scylla）岩石与大漩涡卡律布迪斯（Charybdis）之间的危险航道比作学术上的中庸之道。

伊卡罗斯在飞过海峡时，父亲曾警告他，不要飞得太高或者太低。因为他的翅膀是靠蜡粘合的，如果飞得太高接近太阳，蜡会受热融化；如果飞得太低，大海的湿气会让蜡失去粘合能力，但伊卡罗斯年轻气盛，直飞冲天，结果一头栽下来落入大海。

这则寓言通俗易懂，美德之路不偏不倚地处于过度与不及之间。伊卡罗斯因为飞行过高而失去生命，因为年轻人的年轻气盛正是他们致命的弱点，而老年人又有患得患失的弱点，正好对应了过度与不及这两条有害的道路。年轻人通常选择了更好的一条，不及通常被认为较差的一条。因为过度中包含着宽宏大量，像鸟儿天上飞，接近天堂。而不及，就如低贱的小虫，在地面卑微地爬行。哲学家赫拉克立特（Heraclitus）曾有精彩的见解："干燥的阳光就是最好的灵魂。"如果灵魂一旦吸收到地上的水汽，就会退化堕落。但应该注意的是，这里也需要适度，受到赞誉的阳光理应是细腻稀薄的，否则太炽烈了就容易灼伤事物。这一点是人尽皆知的。

要安全驶过斯库拉岩石与卡律布迪斯漩涡之间的海峡的确需要高超的航海技术。如果航船撞到斯库拉，就触礁破裂；若驶入卡律布迪斯，则被卷入大漩涡。

这则寓言值得思考的地方无穷无尽，但我们只能点到为止。在每一门艺术或科学中，都存在对应的准则和公理。在处理问题时，必须保持中庸之道，就像航行在毁灭之石与吞噬漩涡之间的中间道路一样，如果不小心谨慎，智慧与技术都会遭遇不测。

斯芬克斯与科学

据说，斯芬克斯（Sphynx）是一个多形怪兽。她有着少女一般的脸庞和声音，飞鸟一样的翅膀和鹰狮怪的锋利爪子。她居住在底比斯城（Thebes）附近的山上。常常潜伏在路边，一旦有路人经过，就跳出来惊吓他们。她将路人困住，向他们提出从缪斯女神那儿得来的令人费解的谜语，让他们回答。这些可怜的被困者如果不能立即回答，或者站在那儿冥思苦想，斯芬克斯会立刻将他们撕成碎片。这个国家一直笼罩在斯芬克斯带来的恐怖灾难之中。底比斯城的人们最后提出，如果谁能够解开斯芬克斯之谜，就让谁做底比斯的国王。他们明白，答对斯芬克斯提出的问题是除掉怪兽的唯一方法。于是，巨大的奖赏吸引了俄狄甫斯的到来。这个人能够洞察世事，但一次受伤使他成了跛子。他来到底比斯城，接受了底比斯人的条件，准备背水一战。他大胆无畏地来到斯芬克斯面前，镇定自若。斯芬克斯问他，什么动物出生后首先用四条腿走路，然后用两条腿走路，再用三条腿，最后又用四条腿走路。俄狄甫斯立刻回答道，人。人在婴儿时期靠四肢爬行；不久之后慢慢长大，靠双腿直立行走；在晚年拄着拐杖辅助行走，仿佛有三条腿；到最后，年老体衰，只能靠四肢匍匐，或者卧床不起了。俄狄甫斯给出正确答案，获得了胜利。于是他杀了斯芬克斯，将她的尸体放在驴背上游行，以示胜利。按照底比斯的协议，俄狄甫斯当上了底比斯的国王。

这篇优美的寓言同样也包含了无限的智慧。它似乎在寓指科学，特别是能够应用于实际的科学。但科学并不会无端的被视为怪物，只有无知粗鲁的人才对科学感到大惊小怪，将之视为怪物。

在外形上，科学拥有各种形体，包括它所研究的各式各样的物质种类。它拥有少女的脸庞和声音，表明它美丽的面容和流利的话语。飞鸟的翅膀说明科学以及一切科技发明都会立刻传遍各国，影响世界。科技的传播犹如星星之火，可以燎原。斯芬克斯的尖钩利爪也是科学的一个象征，科学的公理与论证需要严谨有力的思考，环环相扣。圣贤也注意到了这一点："哲人的言语好比一根刺，一颗钉，牢牢地钉住。"

另外，所有的科学位居在陡峭高耸的山顶上，似乎是理应受到尊重的崇高事物。它在顶端俯视无知的芸芸众生，一种"会当凌绝顶，一览众山小"的姿态。

科学的道路上困难重重，因为在人生旅途中或朝圣的途中，我们都会遇到一些难以解决的问题，需要我们绞尽脑汁冥思苦想。

据说斯芬克斯从缪斯那儿得到的各种难解的谜语，然后拿来为难人类。这些问题在缪斯那儿的话不会有这么残酷，只要本着求知的目的，好好研究钻研，思维不会受到禁锢，而是可以自由发散，在怀疑中和探索的多样性中发现各种的乐趣。当这些谜语或问题一旦从缪斯手中转到了斯芬克斯这儿，也就从思考转到了实际应用，必须采取行动，做出抉择。选择的同时伴随着烦恼与头痛。除非问题得到了很好的解决，否则人们将一直处于思考的痛苦折磨之中，让人感觉身心俱裂。

斯芬克斯的谜包含两个方面：不能够揭示谜底的人，思想上会产生各种困惑与烦恼；揭示出谜底的人最后当上了国王。那些清楚知道自己追求什么的人最后能够达到目的，而且，每位工匠都精通本行技艺，是自己领域的国王。

另外，斯芬克斯的谜有两类，一类是关于事物的本质，另一类是关于人的本质。伴随着对这两类本质的渗透，对应着两种性质的统治。第一是自然王国的统治，第二是人类王国的统治。自然哲学的主要目的就是掌握自然万物的规律，物体本身、医药、机械动力等此类数不胜数的事物。经验哲学满足于已经挖掘的知识，总是拿出来夸夸其谈，到处炫耀，他们忽视了实际问题，未能脚踏实地地研究。寓言中，俄狄甫斯揭示了谜底，成为了底比斯的国王，因为他揭示了人的奥秘。凡是洞悉人类哲学的人都是自己命运的舵手，他们天生是国家的统治者。有诗人谈到罗马的治国艺术时说：

罗马，王权的象征，
您将统治万邦，
这些艺术就是治国的法则。

因此，奥古斯都用斯芬克斯的图像做图章，不知他是有意而为还是碰巧而已，但奥古斯都本人不仅治国有道，在生活中的各个方面都是游刃有余。他成功地解开了许多关于人性的谜。如果他不能够凭自己的机智老练恰到好处地处理这些问题，他将无数次地面临危险与毁灭。

这则寓言的最后的描述也非常巧妙，斯芬克斯被杀死后，尸体由驴子驮着。因为当谜底一旦被解开，事物的奥秘一旦被了解以后，也就没有什么神秘性可言了，即使是反应迟钝的人也能够理解。

还有一点值得指出的是，斯芬克斯是死在一个跛子手中的。如果人们对解决斯芬克斯问题太操之过急的话，他们的思想就总是受到各种纷争的困扰，反而欲速则不达。

普罗塞皮娜与精神

在那场划分领域的大事件中，普鲁托（Pluto）成为了冥王，统治阴间。之后，他非常绝望地发现，尽管他花言巧语说了一堆，行动上也大献殷勤，还是没有哪个女神愿意嫁给他。他迫不得已用武力抢走了谷物女神克瑞斯的女儿普罗塞皮娜。当时普罗塞皮娜是位美丽的少女，正在西西里草地上采摘水仙花（即那喀索斯花）。普鲁托看到后驾驶着自己的马车冲过去将她抱进马车，带回了冥府。普罗塞皮娜在冥府很受尊重，被称为冥后（the Lady of Dis）。此后，她的母亲克瑞斯发现她深爱的女儿不见了踪影，她十分担忧。于是手持火把，四处寻找。当她费尽心思寻找也未见女儿踪影时，碰巧知道女儿被带到了冥府。于是克瑞斯痛哭流涕地找到朱庇特，恳求他帮忙把女儿要回来。最后，朱庇特答应了她的请求，但有个条件，如果普罗塞皮娜已经吃了阴间的食物，那么就不可能回到人间。可是普罗塞皮娜已经吃了阴间的三颗石榴子，按照规定她已经不能返回。此时伤心的克瑞斯又再三哀求朱庇特。最后朱庇特答应，一年分为两段时间，普罗塞皮娜在阴间与丈夫在一起六个月，然后回到人间与母亲在一起六个月。

此后不久，特修斯与庇里托俄斯竟然冒险将普罗塞皮娜从普鲁托的冥府中抢出来，他们奔波劳累后在地府的一块石头上歇息，然后就再也没有力气站起来了，永远地呆在那儿。普罗塞皮娜仍然是冥府的王后，并拥有崇高的特权。所有被带到阴间的人都不能重返人间，除了一个特例，那就是来阴间的人如果手持一枝金枝，献给普罗塞皮娜，就可以任意出入冥府。在阴间广阔阴森的树林中，有一种寄生在其他树上的植物，折断它后马上会长出新的枝条来。

这则寓言似乎非常适用于对自然的阐释。上界千姿百态生生不息的生命都源于下界，最后又回归于下界，如此循环往复。

古人们给普罗塞皮娜赋予了上天的精神（ethereal spirit），暴力让这种精神与上天分开，被囚禁在地府，受困于普鲁托。诗人曾写到：

大地与苍穹分离，
在她温暖的子宫内，
孕育着上苍的种子，
她最亲密的纽带①。

寓言中这种上天的精神被地下的势力抢走，因为它一心伺机逃走，什么也抓不住它。唯一的方法就是突然袭击，就像把空气与水混合，只有快速地搅拌，使之产生泡沫。这时，就是水把空气抢夺过去了。

普罗塞皮娜是在山谷中采摘水仙花时被抢走的。水仙花的名字那喀索斯代表着懒惰迟钝。阴间的势力也选择了这样精神恍惚的最佳时机来抢夺她。普罗塞皮娜拥有冥后的桂冠是当之无愧的，她比其他众神的妻子都能干。她的精神统治着阴间的一切，不用无知的普鲁托来帮忙处理。

克瑞斯代表着天国的势力，为了争取这种精神，她作出了不懈的努力。她手持火炬无疑寓指普照大地的太阳。如果找到普罗塞皮娜，太阳也将功不可没。

---

① 奥维德，《变形记》卷一，80行。

由于克瑞斯与朱庇特之间达成的协议，普罗塞皮娜仍然留在了阴间。有两种方式能够将精神禁锢在坚固的物质世界中。一种是强行的拘留，犹如监禁关押；另一种是提供适量的营养品，精神一旦享用食品后，改善了营养，也就不慌于逃跑，最后也就扎根于此。普罗塞皮娜吃下石榴子就是这个意思。如果她没有吞下石榴，那她早就被手持火把的克瑞斯带回人间了。另外，金属与矿物质地非常坚硬，所以存在于金属与矿物之中的精神很难逃脱。而动植物的身体多孔，精神容易渗漏。但因为精神的自足，也就能自愿留在体内。克瑞斯和朱庇特之间的第二条协定是关于六个月的约定。这正是一年四季的划分问题，遍布世界的精神在夏季繁荣于各类生命之中，而在冬季则回归于地下。

至于特修斯与庇里托俄斯企图劫持普罗塞皮娜，这说明，在很多情况下，一些敏感的精神来到下界，企图吸取下界的精神并将其带到上界去。但情况往往相反，这些敏感精神自己被凝固，再也不能回到上界。普罗塞皮娜的冥府反而因此多了些臣民。

我们所有关于金子的了解也确实受到炼金术士的影响，他们能够炼制出长生不老药，点石为金，能够将生命从地狱的入口拉回来。但我们发现，这些炼金术士和对长生不老孜孜以求的人根本就没有合理的根据。我怀疑他们根本就不会成功。先把这些搁置一边，我现在解释一下我对寓言最后一部分的看法。我了解到，古人们对生命的保养和返老还童还是充满了希望，但在他们看来这还是一件神秘且异常困难的事。因此，在寓言中，金枝只有在广阔茂密的树林里才存在。之所以是金子，因为金是永恒的象征。之所以是嫁接上去的，因为这样的效果只有通过技艺才能达到，任何药物或自然力量都是无法企及的。

墨提斯与商议

古代诗人们说，朱庇特曾娶墨提斯（名字意思为商议）为妻。当他发现墨提斯怀上他的孩子后，没等孩子出生就将墨提斯吞下肚。于是朱庇特自己怀上了孩子，但孩子出世的方式非常令人惊奇，从朱庇特的脑到里诞生了全副武装的帕拉斯（Pallas）。

这则寓言故事初看似乎非常得荒谬可怕，但却包含着关于治国的秘密与智慧。这是国王处理与国会关系的准则。这样的关系既能使国王稳固统治，确保他们的威信，又能得到人民的拥护与尊重。国王与国会的关系似乎是婚姻关系。在国家的重大问题上，国王与国会一同商议，这并不有损国王的君威。一旦面临决策时，也就是决策分娩时，国王就开始限制国会的权力了，以免在他人看来，所有的重大决策都是在国会酝酿诞生的。所以，到最后，除了国王不愿处理的事情以外，其他重大事情国王会与国会商讨，就如在母体子宫中酝酿。但国王仍然在乎所得荣誉与赞扬，所有最后的决策和执行力看起来一定是出自国王之手，就如全副武装的帕拉斯从力量中横空出世。另外，让世人看来所有决策是出自国王本人的独立意志与权威还不够，还要让世人看到，决策来自于国王的大脑，来自于他们的智慧，他们正确的思考和敏锐的判断力。

塞壬与享乐

塞壬的寓言用来比喻享乐邪恶的诱惑力再适合不过了，但这样的比喻太粗俗了。在我看来，古人的智慧不仅仅这么简单，一定蕴含着更深刻的道理。如果这样理解这则寓言，那就如遭到践踏的葡萄，虽然挤出了汁水，但精华却被丢弃了。

据说，塞壬是缪斯女神之一特耳西科瑞（Terpsichores）和河神（Achelous）的女儿。塞壬起初长得有翅膀，但后来她们向缪斯挑战并与之争辩，缪斯折断了她们的翅膀，用其羽毛为自己编织王冠。因此，除了塞壬的母亲特耳西科瑞以外，所有缪斯女神的头上都有羽毛王冠。

塞壬居住在大海之中的一座逍遥岛上。她们一旦发觉到靠近的船只，立刻唱出优美动听的歌声，诱惑水手们上岸，然后控制住他们，将他们杀掉。塞壬的歌曲并不总是一个曲调，而是会根据不同的人变换调子，她们会用最合适的声音来诱惑俘获来者。塞壬在这片海域造成了巨大的灾难，在她们所在岛屿上，很远就能望见方圆百里都是未经掩埋的累累白骨。

在所有路过者中，只有尤利西斯与俄耳甫斯分别用各自的方法逃脱了塞壬的诱惑。尤利西斯让水手们用蜡封住他的耳朵，然后让人将自己捆绑在主桅杆上，并嘱咐，即使他再三请求也不许给他松绑。俄耳甫斯则没选择捆绑，他驶过塞壬海域时，演奏竖琴，放声高歌，来赞美众神。他的歌声盖过了塞壬的歌声，于是逃脱了灾难。

这是一则关于人类道德的寓言，寓意明了简单。享乐产生于物质的富足和心灵的愉悦。这样的享乐一开始就让人兴奋不已，飘飘欲仙，就如插上了翅膀一样。但教育与学识让人懂得克制，知道做事情时要考虑后果，这就仿佛拔去了享乐的翅膀。缪斯也因此获得了极大的荣耀。很明显，哲学能通过榜样的力量让人鄙视空虚的享乐，能够让人肃然起敬。同时能够提升人的灵魂，让人的沉思生出翅膀，飞上天空。但塞壬的母亲却没有翅膀，只能靠双脚走路，这说明轻松浅薄的学术，目的只为娱乐，佩特罗尼乌斯（Petronius）就喜好此类知识。当他拿到死刑判决书，都快踏入死亡的大门时，他仍然寻找自娱自乐的东西。据塔西佗说，佩特罗尼乌斯需要书中寻找慰藉时，并不会去读那些激励他意志的诗歌，而是欣赏那些空想华丽的辞藻：

让我们及时行乐，
将老人言抛之脑后。

另外还有诗句：

让老人们紧握法律，
分清是非，严明纪律。

这些说理似乎想把羽毛从缪斯的王冠上摘下来，再还给塞壬。这些塞壬居住在人迹罕至的荒岛上，因为享乐需要一片属于个人的乐土，不需要太多人的陪伴。塞壬的歌声充满诱惑力，是个温柔的陷阱，这不需要多说了。岛上延伸百里的累累白骨说明这样一个道理，虽然有了前人之鉴，后人仍然就范，意志薄弱的人们仍然抵挡不住享乐的诱惑。

最后，这则寓言留给人思索的寓意虽然神秘，但却意义深刻。寓言中有三种方法用来抵制诱惑：两种哲学的方式，另外一个来自于宗教。第一种逃脱诱惑的方法是在一开始就努力避开所有堕落、腐蚀心灵的场合，像寓言中用蜡来封住耳朵，拒绝歌声。这样的方式比较适合于像尤利西斯的船员水手那样的普通人。再者，如果拥有更崇高的心灵以及坚强的意志，这样的人可以来到享乐面前，坚定立场，增强自己的意志力。让自己的美德与意志都得到严峻的考验。不能屈服于享乐，而是要洞悉享乐虚荣荒唐的本质。所罗门国王（Solomon）谈起自己在面对各种享乐的诱惑时说道："智慧仍然伴我左右。"由此看来，这类英雄人物在威力巨大的诱惑面前，仍然能够稳如泰山，在享乐的途中也懂得如何克制自己。他们必须以尤利西斯为榜样，不要听从旁人有害的建议，以免扰乱心灵，动摇意志。寓言中的三种方法，从各个方面来看，推俄耳甫斯的方法为最佳。他歌颂诸神，压住了塞壬的魔力歌声，让心灵不受到干扰，因为沉醉于神性的思考要比感观享受更纯净更崇高。